普通高等院校电子商务类专业信息化系列教材

网络营销理论与实践
（第2版）

主　编　马莉婷
副主编　林立达　林　桓　李志敏
　　　　李　捷　施　玮　李　铃
　　　　林宝灯
参　编　洪栋煌

北京理工大学出版社
BEIJING INSTITUTE OF TECHNOLOGY PRESS

内 容 简 介

本书立足于应用型本科高校电子商务专业的教学特点,融合思政元素,注重培养学生的实践技能。全书分为理论篇与实践篇,共十一章,较系统、全面地阐述了网络营销最重要的知识模块。理论篇阐述网络营销重要的理论知识模块,包括网络营销概述、网络营销环境分析、网络消费者分析、网络市场调研、网络营销战略概述、网络营销策略、网络广告概述。实践篇结合企业实践展开,包括网络营销常用方法、新媒体营销、网络营销常用工具、数据化营销。

本书凸显课程思政特色,体例形式丰富,每章开篇均设置有知识目标、技能目标、思政目标及导入案例,在章节中穿插小案例及相关新闻报道、研究报告等,在每章最后均设置本章小结、关键术语、配套实训、复习思考题。

本书不仅可作为高等院校电子商务、市场营销、工商管理、国际经济与贸易、经济学、信息管理与信息系统、会计学、金融学等相关专业的教材,也可作为电子商务、市场营销等从业及创业人员的参考用书。

版权专有　侵权必究

图书在版编目（CIP）数据

网络营销理论与实践 / 马莉婷主编. --2 版. --北京：北京理工大学出版社，2022.2（2024.1 重印）
ISBN 978-7-5763-0906-5

Ⅰ. ①网… Ⅱ. ①马… Ⅲ. ①网络营销-高等学校-教材 Ⅳ. ①F713.365.2

中国版本图书馆 CIP 数据核字（2022）第 015325 号

出版发行 / 北京理工大学出版社有限责任公司	
社　　址 / 北京市海淀区中关村南大街 5 号	
邮　　编 / 100081	
电　　话 /（010）68914775（总编室）	
（010）82562903（教材售后服务热线）	
（010）68944723（其他图书服务热线）	
网　　址 / http://www.bitpress.com.cn	
经　　销 / 全国各地新华书店	
印　　刷 / 涿州市新华印刷有限公司	
开　　本 / 787 毫米×1092 毫米　1/16	
印　　张 / 16.25	责任编辑 / 李慧智
字　　数 / 382 千字	文案编辑 / 李慧智
版　　次 / 2022 年 2 月第 2 版　2024 年 1 月第 3 次印刷	责任校对 / 刘亚男
定　　价 / 49.80 元	责任印制 / 李志强

图书出现印装质量问题，请拨打售后服务热线，本社负责调换

第2版前言

《网络营销理论与实践》自2017年8月出版以来,被全国十余所高校选用为教材,并得到了较高评价:体例新颖,教学资源完备,方便教学;内容与时俱进,彰显学科前沿动态;注重培养学生的实践技能。

《网络营销理论与实践》为本书主编主持的2018年省级本科教学团队"电子商务创新创业实战实验教学型本科教学团队"的研究成果。2020年7月,本书获"福建江夏学院教学成果奖"一等奖。依托本书开发的慕课"网络营销理论与创新实践"已在超星学银在线和中国大学MOOC两个平台上线,选课人数近万。2020年4月,"网络营销理论与创新实践"被教育部高等学校电子商务类专业教学指导委员会评选为"推荐慕课"。2018年3月,本书主编以"网络营销理论与创新实践"课程参加"福建省高校第一届移动教学大赛",荣获一等奖。

党的二十大报告强调,"加快发展数字经济,促进数字经济和实体经济深度融合,打造具有国际竞争力的数字产业集群"。当前,新一轮科技革命和产业变革正在重构全球创新版图、重塑全球经济结构,数字技术、数字经济作为世界科技革命和产业变革的先机,日益融入经济社会发展各领域全过程,全球经济数字化转型已是大势所趋。抢抓数字经济发展的先机,促进数字经济和实体经济深度融合,是把握新一轮科技革命和产业变革机遇、加快推动实体经济高质量发展和建设以实体经济为支撑的现代化产业体系的战略选择。网络营销和数字经济之间存在着密不可分的联系。数字经济以其优势为网络营销的开展提供了源源不断的力量。通过数字技术企业可以更准确地把握生产和市场的动态,充分发挥自身优势,制定更为精准、有效的网络营销策略。而网络营销的开展又推动了数字经济的持续增长。为了紧跟学科前沿发展动态,更好地与实践相结合,在北京理工大学出版社的组织下,我们开展了对《网络营销理论与实践》一书的修订工作。《网络营销理论与实践》(第2版)凸显课程思政特色,继承了第一版体例活泼、资源丰富、内容新颖、表述精练、重点突出、注重实践等特点,增加了抖音营销等新的知识点,替换了陈旧的案例、统计报告,并针对重点知识点增加了相应的授课视频,便于学习和理解;致力于打造优秀的信息化教材,提供更为全方位、立体化的教学资源。

我们倡导跨校合作,校企合作,优势互补。本书由福建江夏学院马莉婷教授担任主编，负责全书的策划、统稿及修订工作。具体编写分工如下：第一章由福建江夏学院马莉婷教授与福建思域电子商务有限公司洪栋煌总经理共同编写，第六章由福建江夏学院林立达副教授编写，第十章、第十一章由福建商学院林桓讲师编写，第八章、第九章由阳光学院李志敏讲师编写，第二章、第三章由福建江夏学院李捷讲师编写，第七章由阳光学院施玮副教授编写，第五章由福建省邮电学校李铃高级讲师编写，第四章由福建江夏学院林宝灯高级实验师编写。

  本书的编写得到了教育部高等学校电子商务类专业教学指导委员会主任、厦门大学博士生导师彭丽芳教授的指导，在此深表感谢！本书参考了国内外同行的许多著作和文献，引用了大量的企业案例、新闻报道、统计报告，在此一并向原作者表示衷心的感谢。

  由于编者水平有限，书中难免存在不足之处，敬请专家、读者批评、指正。

  读者登录超星学银在线平台、中国大学 MOOC 平台或扫描下方二维码，无须注册，即可直接查看与本书配套的慕课"网络营销理论与创新实践"的全部资源。

超星学银在线平台慕课门户

中国大学 MOOC 平台慕课门户

编　者

视频："网络营销理论与实践"慕课片头

第1版前言

电子商务是国民经济发展的重要组成部分,是促进实体经济发展的新引擎。我国政府已出台多项促进电子商务发展的政策,电子商务企业面临前所未有的发展契机。利用电子商务触网的企业已不再满足利用互联网拓宽原有的销售渠道,更希望通过互联网进行销售体系整合、品牌推广,希望通过掌握网络营销的工具和方法,把握新媒体营销的机会,依托大数据开展精准营销,以提升网络营销效果。

在这样的背景下,作为一线教师的我们深刻意识到,为培养符合企业需求的网络营销人才,教学用书一定要与时俱进,要能够反映网络营销的前沿发展动态,同时要注重培养学生的实践技能,本书就是结合所有编者多年实践教学经验及研究成果而推出的。

本书立足于应用型本科高校电子商务专业的教学特点,较系统、全面地阐述了网络营销最重要的知识模块。全书分为理论篇与实践篇。理论篇包括网络营销概述、网络营销环境、网络消费者行为、网络市场调研、网络营销战略、网络营销策略、网络广告概述。实践篇包括网络营销常用方法、新媒体营销、网络营销常用工具、数据化营销。

本书在编写上力求做到"新、精、实"。"新"是指教材在编写体例和内容上都力求与时俱进,结合网络营销发展的时代背景,引入大量最新案例,彰显网络营销日新月异的发展变化和前沿动态;"精"是指教材编写不追求"大而全",而追求囊括网络营销最精华的知识模块;"实"是指教材编写强调实践性,每章都设置技能目标和配套实训模块,以提升学生实践技能,满足应用型本科高校对网络营销人才的培养需求。

本书被列入"福建江夏学院2016年度校级重点规划教材",由福建江夏学院马莉婷副教授担任主编,负责全书的策划、统稿工作。具体编写分工如下:第一章、第六章由福建江夏学院马莉婷副教授编写,第十章、第十一章由福建商学院林桓讲师编写,第八章、第九章由阳光学院李志敏讲师编写,第二章、第三章由福建江夏学院李捷讲师编写,第七章由阳光学院施玮讲师编写,第五章由福建省邮电学校李铃讲师编写,第四章由福建江夏学院林宝灯实验师编写。

本书的编写得到了教育部高等学校电子商务类专业教学指导委员会主任、厦门大学博士生导师彭丽芳教授的指导,在此深表感谢!

本书参考了国内外同行的许多著作和文献，引用了部分资料，特向这些作者表示诚挚的谢意。由于编者水平有限，加之时间仓促，书中难免存在不足之处，敬请专家、读者批评、指正。

编　者

2017.6

目 录

理 论 篇

第一章　网络营销概述 (3)
 第一节　网络营销的产生基础 (4)
 第二节　网络营销的发展历程 (6)
 第三节　网络营销的定义和特点 (10)
 第四节　网络营销的任务和层次 (12)
 第五节　网络营销与传统营销的联系、区别与整合 (13)
 第六节　网络营销的理论基础 (17)

第二章　网络营销环境分析 (25)
 第一节　网络营销环境 (27)
 第二节　网络营销宏观环境 (29)
 第三节　网络营销微观环境 (35)

第三章　网络消费者分析 (42)
 第一节　网络消费需求与网络消费者 (44)
 第二节　网络消费者的购买过程 (48)
 第三节　影响网络消费者购买的因素 (50)
 第四节　数据时代的网络消费者行为分析 (53)

第四章　网络市场调研 (57)
 第一节　网络市场调研概述 (60)
 第二节　网络市场调研的步骤 (63)
 第三节　网络市场调研的方法 (64)
 第四节　网络市场调研的策略 (65)

第五章　网络营销战略概述 (69)
 第一节　网络营销战略 (70)
 第二节　网络市场细分 (73)

第三节　网络目标市场选择 ·· (76)
　　第四节　网络市场定位 ·· (79)
第六章　网络营销策略 ··· (84)
　　第一节　网络营销产品策略 ·· (86)
　　第二节　网络营销服务策略 ·· (89)
　　第三节　网络营销价格策略 ·· (94)
　　第四节　网络营销渠道策略 ··· (102)
　　第五节　网络营销促销策略 ··· (104)
第七章　网络广告概述 ·· (114)
　　第一节　网络广告的发展历史 ·· (115)
　　第二节　网络广告的定义和特点 ··· (118)
　　第三节　网络广告的类型 ·· (120)
　　第四节　网络广告的计费方式 ·· (125)
　　第五节　网络广告策划 ··· (129)
　　第六节　网络广告效果评估 ··· (133)

实　践　篇

第八章　网络营销常用方法 ·· (143)
　　第一节　搜索引擎营销 ··· (145)
　　第二节　电子邮件营销 ··· (151)
　　第三节　网络口碑营销 ··· (155)
　　第四节　网络事件营销 ··· (161)
　　第五节　网络会员制营销 ·· (165)
第九章　新媒体营销 ··· (171)
　　第一节　新媒体营销概述 ·· (177)
　　第二节　微博营销 ··· (179)
　　第三节　微信营销 ··· (185)
　　第四节　定制营销 ··· (190)
　　第五节　抖音营销 ··· (192)
第十章　网络营销常用工具 ·· (196)
　　第一节　即时通信工具 ··· (197)
　　第二节　电子邮件营销工具 ··· (201)
　　第三节　网络营销客户服务工具 ··· (207)
第十一章　数据化营销 ·· (234)
　　第一节　数据化营销概述 ·· (235)
　　第二节　数据化营销分析指标体系 ·· (236)
　　第三节　数据化营销的常用工具 ··· (243)

参考文献 ·· (251)

理论篇

目次

第一章 网络营销概述

学习目标

知识目标

1. 掌握网络营销产生的技术基础、观念基础和现实基础；网络营销的定义和特点；网络营销的任务和层次；网络直复营销、网络关系营销、网络软营销、网络整合营销、新4Cs理论、六度分隔理论、长尾理论、网络效应理论的含义。

2. 理解网络营销1.0、网络营销2.0、网络营销3.0的特点，了解网络营销与传统营销的联系、区别与整合。

3. 了解网络营销的发展历程。

技能目标

1. 能正确认识网络营销，理解网络营销的内涵和任务。

2. 能熟练运用网络直复营销、网络关系营销、网络软营销、网络整合营销、新4Cs理论、六度分隔理论、长尾理论和网络效应理论。

思政目标

1. 把握学科前沿发展动态。

2. 增强学生的民族自豪感和爱国热情。

3. 培养学生的工匠精神。

导入案例

网络营销新模式——直播带货

2020年新冠肺炎疫情暴发以来，直播带货风生水起。从"网红"到官员，从主播到名人，可谓"只有想不到，没有看不到"。企业家亲自直播带货的行业，也极为广泛，涵盖旅游、餐饮、家电、服饰鞋包、美妆、个护、数码3C、生鲜电商、母婴产品等领域。

她读：小程序直播带货第一案例

2019年4月，社交电商服务平台小电铺正式接入"腾讯直播"工具开发接口，联合时尚类头部自媒体"她读"，在微信生态内打造了首个小程序直播电商案例。2小时直播中，在线观看人数达11 951次，订单数有1 228笔，转化率达18.32%。

此次直播活动需要由App和小程序两端共同协作完成。公众号主发起直播从App

端进入,可生成小程序卡片或小程序码内嵌在公众号推文中;用户可一键点击"腾讯直播"小程序进行预约、观看以及互动。

此次她读的试水,堪称小程序直播第一案例。"腾讯直播"的推出,让公众号的内容承载形式趋向多元化,为内容变现拓宽了边界,自媒体开始尝试新的变现场景——小程序电商直播。

蒙牛京东超级品牌日:2小时卖出超10万箱

2019年8月,蒙牛京东超级品牌日正式开启。晚上8点,众"网红"开启直播,同台带货。通过亲身体验、产品成分讲解、牛奶搭配指南等,各"网红"使用浑身解数。在2小时直播中,PURE MILK牛奶一款产品订货超10万箱。

京东曾宣布,将至少投入10亿元资源推出红人孵化计划,邀请知名MCN机构参与其中,最终孵化出不超过5名的超级网红,成为"京品推荐官"。据了解,该项目启动后,京东已在站内、站外开始投入资源力推。京东App还为"京品推荐官"搭建了专属页面,该页面分为直播会场和短视频板块。

京东此次推出"京品推荐官"活动主要是为吸纳头部超级网红,聚合平台内的粉丝数量。接下来,将最大限度地发挥"京品推荐官"的能力,为"网红"、品牌、MCN机构、消费者搭起桥梁,实现多赢。

讨论:作为网络营销新模式的直播带货,具有怎样的特点?

第一节 网络营销的产生基础

一、技术基础

互联网的飞速发展和信息通信技术的广泛应用为网络营销的产生提供了技术基础。互联网最早起源于美国高级研究计划署ARPAnet(Advanced Resarch Project Agency)。ARPAnet于1969年投入使用,是现代计算机网络诞生的标志。20世纪80年代以后,网络的商业价值被挖掘,逐步发展为全球最大的计算机网络系统,即互联网。互联网的主要功能在于资源共享和数据通信。早期的互联网主要用于军事领域。万维网(World Wide Web)技术的应用,推动了互联网的商业化进程。1983年,ARPA和美国国防部通信局研制成功TCP/IP协议;1986年,美国国家科学基金会(National Science Foundation,NSF)成立了NSFnet;1991年,Internet开始用于商业用途,企业和个人纷纷加入,带动了因特网的发展;1992年,CERN(法语:Conseil Européenn pour la Recherche Nucléaire,英语:European Organization for Nuclear Research,欧洲核子研究组织)研发成功WWW,促进了因特网的普及。我国于1994年4月20日正式接入因特网,从此中国的网络建设进入了大规模发展阶段。在互联网技术飞速发展的大环境下,网络营销应运而生。

视频:
网络营销认知

小链接：万维网发明者——蒂姆·伯纳斯·李

二、观念基础

网络时代，消费观念的变化奠定了网络营销产生的现实基础。消费者主导的营销时代已经来临，企业营销活动的开展必须围绕着消费者的需求。网络时代的消费者需求呈现出新的特征。

（一）个性消费的回归

每个消费者都有自己的个性化需求，心理的认同感已经成为消费者购买和决策的先决条件，每一个人都希望自己与众不同，不希望被复制。因此，从长尾理论来说，网络营销企业不应该仅仅关注那些有大批消费群体的商品，更应关注那些只有小众消费者的产品或者服务。

（二）需求具有明显的差异性

网络消费者来自世界各地，由于国别、民族、信仰以及生活习惯的不同，产生了明显的需求差异性。不同的网络消费者因所处的时间、环境不同而产生不同的需求，不同的网络消费者在同一需求层次上的需求也会有所不同。这种差异性远远大于实体营销活动的差异。所以，企业开展网络营销要想取得成功，必须在整个生产过程中，从产品的构思、设计、制造到产品的包装、运输、销售，满足这种差异性，并针对不同消费者的特点，采取有针对性的方法和措施。

（三）消费主动性增强

如今，网络消费者为了满足自己的个性化需求并避免购物风险，会主动通过网络及各种渠道搜集有关产品、服务及物流的各类信息，主动性较线下购物有明显增强。

（四）对购买追求方便性和乐趣并存

在网上购物过程中，消费者除了追求购买的方便性之外，还乐于与网友沟通交流，分享心得体会，获得购物乐趣。

 小链接：唯品会的"养咩咩"游戏

（五）价格仍然是影响消费者心理的重要因素

由于互联网天生具有免费和共享的基因，人们习惯于在网络上浏览免费的新闻资讯，使用免费的邮箱，因此低价更加符合网络消费者的习惯性认知。同时，网络购物需要承担更多的购物风险，并耗费一定的等待时间，也决定了人们更易接受低价商品。

三、现实基础

激烈的市场竞争奠定了网络营销产生的现实基础。比尔·盖茨曾说："21世纪要么电子商务，要么无商可务。"如今，企业正面临着来自全世界的竞争。企业为取得竞争优势，必然会想尽各种办法降低成本、创新营销方式、吸引顾客，传统营销方法已经难以帮助企业在竞争中脱颖而出。企业的经营者也迫切地在变革，以尽可能降低商品从生产到销售的整个供应链所占用的成本和费用比例，缩短运作周期。网络营销的产生给企业的经营者带来了希望。企业开展网络营销，不仅可以节约店铺租金，减少库存资金占用，甚至可以做到无库存运作；可以扩大经营规模，不受场地限制；还可以方便地采集客户信息，与客户加强互动沟通，提升客户的满意度，维系客户的忠诚度。总体而言，企业开展网络营销，可以大幅降低总体经营成本和费用，缩短运作周期，从根本上增强企业的竞争优势。

第二节 网络营销的发展历程

一、国外网络营销发展概况

1993年，第一批网络和浏览器出现在互联网上。1994年，美国著名的杂志 Wired 推出了网络杂志网站（www.hotwired.com）；美国电话电报公司（American Telephone & Telegraph，AT&T）等14个客户的横幅广告在 Hotwired 网站上投放，成为广告史上的一个里程碑。自此以后，网络广告成为互联网的热点。

（一）美国——逐步完善法律政策，为网络营销保驾护航

美国作为互联网的发源地，也是最早实施互联网营销的国家之一。由于起步较早，积累了丰富的经验，发展速度自然快于其他国家。但随之而来的也有一些问题，比如税收征管、产品质量和消费者信息失窃等。鉴于网络购物发展势头强劲，也是新的经济增长点，为此，美国国会、联邦政府等部门，不断完善互联网营销的法律法规体系，为消费者创造一个良好的网络购物环境。

目前，美国有3个机构协同配合来应对网络营销中所产生的问题。首先是国会，根据美国宪法规定，征税权在国会。所以，对网络营销的征税管理的法律都出自国会。截至目前，美国对网络营销征税的法律主要有《互联网免税法案》《互联网税收反歧视法案》《互联网免税法案2007年修正案》。

美国现行的互联网免税法案并不是简单地免除消费者网络购物的所有税收。在美国的税收体系中，零售税也叫"使用税"，相关税收一般归州政府所支配。网络购物是否免税，主要看消费者所在的州内是否有相关销售公司的分店或办公地点，如果没有就不用缴纳零售税。《互联网免税法案》等法律的征税理念是，你购买了本州公司的商品，该公司把零售税上缴州政府，州政府把此类税收用于本州的基础设施建设上，从而使消费者从中受益。另外，管理和规范网络营销的主要责任由联邦政府来承担，如，联邦贸易委员会就是网络营销的主要管理机构；同时，地方政府也加强了对网络营销的监管力度。有这些法规和体制的保障，美国的互联网营销得到了飞速发展。

（二）新加坡——致力于打造安全的发展环境

新加坡政府制定相关政策法规，引导企业进行信息化基础设施建设，推动网络营销的

发展。为了保证网络营销有序进行，使网上交易有法可依，先后制定并通过了《电子交易法案》和《电子交易（认证机关）法规》，消除电子商务发展的安全障碍，并确保网上交易者获得全面、安全和高质量的服务。

为了使企业和消费者能放心安全地进行网上交易，新加坡政府还引导企业参与安全协议的制定推广，以及电子支付系统的建设。新加坡资讯通信媒体发展管理局召集新加坡金融管理局、星展银行、新加坡电信公司等19家政府机构和企业，组成公共核心基础设施论坛，共同制定公共核心基础设施安全协议，探讨如何加强网上交易的安全性。公共核心基础设施安全协议旨在验证网上交易各方的身份，保证数据在传输过程中不被更改，并防止任何一方否认曾经发出的信息，从而确保在电子环境下，发送高价值或敏感信息的安全性和私密性，为网络交易提供保障。

在电子支付系统方面，新加坡资讯通信媒体发展管理局引进了微软、星展银行及大华银行等提供的多种先进的在线支付系统，并与新加坡金融管理局合作，为银行借记卡和信用卡持有者提供方便快捷的电子支付服务。发卡行在电子银行系统中可以通过密码、数字甚至生物特征等多种认证方式，验证在线交易的持卡人身份。这不仅有助于增强商家对互联网营销的信心，同时也保证了消费者能够在安全环境下在线支付。

（三）德国——便捷网上购物

在德国几乎没有什么商品不能在网上购买，大到汽车、家具，小到服装鞋帽和蔬菜水果。由于蔬菜水果需要专业保鲜设备进行配送，所以价格要高于普通商店。但大件商品在网上购买的价格要普遍低于市场零售价格。

德国网上商店有两种：一种是专门做网上交易的商店。这类商店消费者可以通过网购平台直接从生产厂家发货，购买者可以光顾德国国内甚至是海外的多家网站，可以购买到同类商品中品牌知名度高、价格又合理的商品。在欧元升值、美元贬值期，许多想换车的德国人就抓住机会通过网络直接从美国订货。同一个品牌、同一家企业生产的汽车，包括运费和关税在内，至少比在德国或欧洲其他国家购买便宜5%。

另一种则是通过商场销售和网络营销相结合。这种商店也可分为两类。一类是世界知名品牌的商店，由于其知名度高、产品货真价实，消费者能购买放心，所以销售额较大。另外一类是书店和普通商店，这类商店主要是做附近消费者的生意。这些消费者可能因工作繁忙无暇购物，也可能因行动不便无法前来购物，所以需要送货上门。这类商店的发展空间就在于方便消费者，尽管销售价格高于普通商店，但还是受到了一部分特定消费群体的青睐。

另外，还有其他发达国家将其本土特色产业运用互联网营销，取得了骄人的成绩。比如，法国的一些企业开设网上商店面向全球销售葡萄酒。据波尔多商学院估算，2012年法国葡萄酒网上销售额达5.34亿欧元。以电子产品著称的日本也正在积极实施互联网营销，而这对于加大电子产品在全球的市场占有份额，促进企业转型，助推经济增长起到了关键作用。

二、我国网络营销发展概况

从1997年开始，中国互联网步入快速发展阶段。1998年6月，京东成立。1998年11月，腾讯成立。1999年9月，阿里巴巴成立。1999年11月，当当网成立。2000年1月，百度成立。2011年5月，美团成立。2015年9月，拼多多成立。2000年，新浪、搜狐、网易三大门户网站先后登录纳斯达克，中国互联网企业纷纷在海外上市。然而，受美国互联网泡沫破灭的影响，中国互联网的发展也受到冲击。挺过艰难的几年，在短信服务、网络游戏、音乐下载等业务的支撑下，中国网民数量在2002年飙升至5 910万，中国互联网再度迎来了发展的春天。从2003年起，中国互联网找到了适合中国国情的盈利模式，互联网应用呈现多元化局面，电子商务、网络游戏、视频网站、社交娱乐等多种形式全面开花。2003年5月，淘宝网诞生。京东于2004年正式涉足电商领域。2008年6月，中国网民数量达到2.53亿，首次大幅超越美国，跃居世界首位。2009年，以移动互联网的兴起为主要标志，中国互联网步入了新的发展阶段。2012年，中国移动互联网用户首次超过PC（个人电脑）端用户，网络购物市场规模直逼美国，成为全球第二大互联网销售市场。与此同时，互联网企业变得更加理性开放，传统企业也在与互联网企业的交锋中逐步走向融合共生。

2020年，在总市值高达4万亿规模的同时，上市电子商务企业两极分化也较为严重。截至2020年9月3日，全国范围内共有260万家电子商务相关企业。企查查数据显示，2020年1—8月，新增电子商务相关企业45.4万余家。在这"百万大军"中，上市电子商务企业无疑是行业中最亮眼的星。投资者网对A股、港股、美股"电子商务"概念下上市电子商务企业（以下简称"电商企业"）进行梳理发现，我国上市电子商务企业有90家，涵盖零售电商、跨境电商、生活服务电商、产业电商等类型。受益于行业加速发展，截至2020年9月7日，有六成上市电商企业股价较年初出现上涨。美团、京东、拼多多、小米集团、御家汇、阿里健康、兰亭集势等13家上市电商企业涨幅超100%；而良品铺子、微盟集团、跟谁学、中国有赞涨幅甚至超230%。其次，有12家上市电商企业的涨幅在50%与100%之间，包含无忧英语、平安好医生、芒果超媒、有道、好想你、南极电商、焦点科技等；涨幅在50%以内的企业有29家。

三、我国网络营销的发展历程

相对于欧美许多国家，我国网络营销起步较晚。我国的网络营销的发展大致可分为5个阶段：传奇阶段（1994—1997年）、萌芽阶段（1997—2000年）、应用和发展阶段（2000—2003年）、高速发展阶段（2004—2008年）、社会化阶段（2009年至今）。

(一) 传奇阶段（1994—1997年）

1994年4月20日，我国正式接入因特网。但这一时期，网络营销相对陌生，大多数人没有相对清晰的网络营销概念和方法。作为网络营销经典案例的是"山东农民网上卖大蒜"。据现在可查到的资料记载，山东陵县（今陵城区）西李村支部书记李敬峰上网的时间是1996年5月，所采用的网络营销方法是：注册域名，把西李村的大蒜、菠菜、胡萝卜等产品的信息全部搬上互联网，发布到世界各地。此案例的成效为：1998年7月，青岛外贸企业通过网址主动与李敬峰取得联系，两次出口大蒜共计870吨，销售额270万元，初战告捷。

在这一阶段，网络营销的基本特征为：概念和方法不明确，是否产生效果主要取决于偶然因素，多数企业对于上网几乎一无所知。

（二）萌芽阶段（1997—2000 年）

据 CNNIC（China Internet Network Information Center，中国互联网络信息中心）于 1997 年 11 月发布的《第一次中国互联网络发展状况统计报告》显示，截至 1997 年 10 月底，我国上网人数为 62 万人，WWW 站点数约 1 500 个。无论上网人数还是网站数量均很少，但发生于 1997 年前后的部分事件标志着中国网络营销进入萌芽阶段，如网络广告和 E-mail 营销在中国诞生、电子商务的促进、网络服务如域名注册和搜索引擎的涌现等。我国第一个商业性的网络广告出现在 1997 年 3 月，传播网站是 Chinabyte（比特网），广告表现形式为 468×60 像素的动画旗帜广告。Intel 和 IBM 是国内最早在互联网上投放广告的广告主。到 2000 年年底，多种形式的网络营销实现应用，网络营销呈现出快速发展的势头。

（三）应用和发展阶段（2001—2003 年）

进入 2001 年之后，网络营销已不再是空洞的概念，而是进入了实质性的应用和发展时期，主要特征表现在六个方面：网络营销服务市场初步形成，企业网站建设发展迅速，网络广告形式和应用不断发展，E-mail 营销市场环境亟待改善，搜索引擎营销向深层次发展，网上销售环境日趋完善。

（四）高速发展阶段（2004—2008 年）

2004 年之后，我国网络营销的最主要特点是第三方网络营销服务市场蓬勃兴起，包括网站建设、网站推广、网络营销顾问等付费网络营销服务都获得了快速发展。这不仅体现在网络营销服务市场规模扩大上，同时也体现在企业网络营销的专业水平提高、企业对网络营销认识程度和需求层次提升，以及更多的网络营销资源和网络营销方法不断出现等方面。

（五）社会化阶段（2009 年至今）

网络营销社会化的表现是网络营销从专业知识领域向社会化普及知识发展演变，这是互联网应用环境发展演变的必然结果，这种趋势反映了网络营销主体必须与网络环境相适应的网络营销社会化实质。需要说明的是，网络营销社会化并不简单等同于基于 SNS 的社会化网络营销，社会化网络营销只是网络营销社会化所反映的一个现象。

四、网络营销 1.0、网络营销 2.0、网络营销 3.0

（一）网络营销 1.0

Web 1.0 是第一代互联网，始于 20 世纪 90 年代，主导其发展的是以互联网和信息技术为代表的技术创新。以新浪、搜狐为代表的门户网站和以谷歌、百度为代表的搜索引擎是 Web 1.0 的典型代表。在 Web 1.0 时代，用户上网主要是浏览与搜索信息，提升流量和获取广告收益是这一时期互联网商业模式的核心体现。Web 1.0 的主要特点是用户通过浏览器获取信息，用户被动接受企业发布的信息。网络营销 1.0 的主要方式有网络广告、搜索引擎营销、电子邮件营销、IM（即时通信）营销、BBS（电子公告板）营销等。

（二）网络营销 2.0

Web 2.0 是指以 Blog（博客）、Tag（网摘）、SNS（社交网络服务）、RSS（简易信息聚合）、Wiki（维基）等应用为核心，依据六度分隔理论、长尾理论、XML（可扩展标记语言）、AJAX（异步 JavaScript 和 XML）等理论和技术实现的互联网新技术。Web 2.0 注重用户的交互作用，用户既是网站内容的浏览者，也是网站内容的制造者。Web 2.0 将互联网的主导权交还给网民群体，极大地激发了网民的创作潜能，使互联网的创造力出现了历史性的提升。网络营销 2.0 的本质是互动，它让网民更多地参与信息产品的创造、传播和分享。网络营销 2.0 的主要方式有 Blog（博客）、Tag（网摘）、SNS（社交网络服务）、RSS（简易信息聚合）、Wiki（维基）、P2P（对等网络）。

（三）网络营销 3.0

网络营销 2.0 的缺点是没有体现出网民参与"劳动"的价值，缺乏商业价值。网络营销 2.0 时代，网民通过 Blog、SNS 在网络上辛勤"参与"创造了网络内容，但因为是免费的，所以用户的"参与"很难换成现实的财富。网络营销 3.0 是在网络营销 2.0 的基础上发展起来的，能够更好地体现网民的劳动价值，能够实现价值均衡分配。

网络营销 3.0 是从电子商务领域和在线游戏开始的。在在线游戏中，角色扮演者通过不断地提升游戏等级，可以通过积分的方式获得声誉和财富，而这些财富通过一定的方式可以在现实中兑换成金钱。

网络营销 3.0 的主要方式包括精准营销、嵌入式营销、数据库营销等。威客（Witkey）就是网络营销 3.0 的典型运用。Witkey 的英文是由 wit（智慧）、key（钥匙）两个单词组成，是指那些通过互联网把自己的智慧、知识、能力、经验转换成实际收益的人，他们在互联网上通过解决科学、技术、工作、生活、学习中的问题而让知识、智慧、经验、技能转化为经济效益。猪八戒网于 2005 年创立，是我国最早的专业技能分享经济平台。猪八戒网聚集了超过千万专业技能人才和机构，超过 600 万家企业通过猪八戒网找专业人做专业事，购买标识设计、编程、知识产权、财税等服务。2017 年开始，猪八戒网推出了主打专业品质服务交易的高端市场——天蓬网，更专业地满足 B 端企业或者政府的品质服务需求。

第三节　网络营销的定义和特点

一、网络营销的定义

网络营销（E-Marketing）是企业整体营销战略的一个组成部分，是为实现企业总体经营目标所进行的，以互联网为基本手段，营造网上经营环境的各种活动的总称。

二、理解网络营销概念必须注意的问题

（一）网络营销不是网上销售

网络营销是企业为增加销售而采用的一系列活动，而网上销售只是网络营销发展到一

定阶段的结果。比如，塑造品牌、客户沟通等都属于网络营销，但这些过程不一定会直接达成产品的销售结果。销售与营销的区别如图1-1所示。

图1-1 销售与营销的区别

由图1-1可知，销售（Sales）的出发点为企业，以产品为中心，以推销和促销为手段，通过扩大市场来创造利润；营销（Marketing）的出发点为目标市场，以顾客需求为中心，以营销组合为手段，通过满足需求来创造利润。

（二）网络营销不等于电子商务

电子商务强调的是交易方式和交易过程的各个环节，而网络营销本身并不是一个完整的商业交易过程，而是为促进交易提供支持，尤其是在售前发挥信息传递的作用。网上支付和商品配送都不属于网络营销范畴。

（三）网络营销不是营销活动的全部

并非所有的营销活动都可以在网上进行，而且目前网络营销的受众范围有限（截至2021年6月，我国互联网普及率为71.6%），企业还要依靠传统方式来推广自己的企业或产品。网络营销只是企业营销活动的一个有益而必要的组成部分，企业必须实行"实体+网络"的线上线下相结合的营销方式。

（四）网络营销不等于网站推广

网络营销不仅要做好网站推广，还要制订系统、周密的网络营销计划，才能切实看到效果。如果不能赋予网站充分的营销职能，就算网站推广很成功，也没有意义。

三、网络营销的特点

（一）跨时空

互联网能够超越时间约束和空间限制进行信息交换，使营销脱离时空限制进行交易变成可能，企业有了更多的时间和更大的空间进行营销，可实现"7×24小时"模式，随时随地提供全球性营销服务。

（二）多媒体

在互联网上可以传输多媒体信息，如文字、声音、图像、动画、视频等，可以充分发挥营销人员的创造性和能动性，还可以增强视觉冲击感。

（三）交互性

互联网通过展示商品图像、信息资料供消费者查询，来实现供需互动与双向沟通，还可以进行产品测试与顾客满意度调查等活动。互联网为产品联合设计、商品信息发布、宣传推广以及各项技术服务提供了最佳工具。

（四）个性化

企业通过网络可以更好地收集消费者的各项信息及个性化需求，并根据消费者需求提供个性化定制服务，提升产品及服务的竞争力。

（五）成长性

互联网使用者快速增长并遍及全球，使用者多属年轻人、中产阶级，具有高教育水准，这部分群体购买力强且具有很强的市场影响力，网络市场有极大的成长空间和发展潜力。

（六）整合性

网络营销可将商品信息呈现、客户咨询与回复、收付款、提供售后服务整合在一起，是一种全程营销。企业可以借助互联网将不同的传播营销活动进行统一设计规划和协调实施，以便向消费者传达统一信息，避免不同渠道传播信息不一致而产生的消极影响。

（七）超前性

互联网是一种功能强大的营销工具，它同时兼具渠道、促销、电子交易、互动顾客服务以及市场信息分析等功能。它具备一对一营销能力，符合定制营销与直复营销的发展趋势。

（八）高效性

计算机可储存大量的信息，供消费者查询，可传送的信息数量与精确度远超其他媒体，并能应市场需求及时更新产品或调整价格，能及时有效地了解并满足顾客的需求。

（九）经济性

通过互联网进行信息交换，取代实物交换，一方面可以减少印刷与邮递成本，可以无店面销售，免交租金，节约水电与人工成本；另一方面可以减少由于迂回多次交换带来的损耗。

（十）技术性

网络营销建立在以高技术为支撑的互联网的基础上，企业实施网络营销必须有一定的技术投入和技术支持，改变传统的组织形态，提升信息管理部门的功能，引进懂营销与计算机技术的复合型人才，才会具备竞争优势。

第四节　网络营销的任务和层次

一、网络营销的任务

网络营销有三大任务：发布信息，开发顾客群，为顾客服务。

（一）发布信息

企业可以在网络上发布企业及产品相关信息，拓宽宣传渠道，提升宣传效果。

（二）开发顾客群

企业可以通过网络为客户提供咨询服务，解答客户提出的问题，更好地将潜在客户开发为现实客户。

（三）为顾客服务

网络营销基于互联网，因此可以充分发挥互联网优势，采用多种客户服务工具，为客户及时、高效地提供服务，降低客户成本，提升客户体验。

二、网络营销的层次

企业开展网络营销，其层次由初级到高级可以分为企业上网宣传、网上市场调研、网上直接销售及网络营销集成。

（一）企业上网宣传

企业上网宣传是网络营销的初级层次。此时，企业通过在网络上发布企业及产品信息，丰富宣传渠道，提升宣传效果。

（二）网上市场调研

企业通过网上市场调研，收集被调研者的信息、意见和建议，形成调研报告，进而为决策提供依据。

（三）网上直接销售

在此层次，企业的主要目标是直接促成销售，提升销售效果。

（四）网络营销集成

在网络营销集成层次，企业依靠网络与供应商、制造商、消费者建立密切联系，并通过网络收集、传递信息，从而根据消费者的需求，充分利用网络伙伴的能力，完成产品设计、制造及销售服务的全过程。

第五节　网络营销与传统营销的联系、区别与整合

一、网络营销与传统营销的联系

（一）两者都是企业不可或缺的营销活动

网络营销与传统营销都是企业不可或缺的营销活动，离开传统营销，不利于企业为线下更大范围的消费群体服务；离开网络营销，不利于企业降低运营成本、拓宽渠道、获取竞争优势。网络营销与传统营销必须结合使用。

（二）两者都要完成企业的既定目标

网络营销与传统营销都要完成企业的既定目标，即通过满足消费者需求来创造利润，

进而提升市场占有率。

（三）两者都把满足消费者需求作为一切活动的出发点

营销与销售的差异在于：营销从目标市场出发，以顾客需求为中心。因此，网络营销与传统营销都以满足消费者需求作为一切活动的出发点。

（四）两者对消费者需求的满足，不仅停留在现实需求上，还包括潜在需求

当消费者既具备购买欲望又具备购买力时，消费者需求表现为现实需求。当消费者缺乏购买欲望或购买力时，消费者需求表现为潜在需求。因此，网络营销与传统营销不仅要满足消费者的现实需求，更要能创造需求、激发需求，满足消费者的潜在需求。

二、网络营销与传统营销的区别

4Ps 营销组合包括产品（Product）、价格（Price）、渠道（Place）和促销（Promotion）四方面的内容。网络营销与传统营销在这四个方面存在明显的差别。

（一）产品

网络营销遵循产品的选择原则，即产品的消费对象与网民结构一致，产品以传统方式难以购买，产品的质量容易鉴别，产品的配送成本适合网上销售。因此，类似于易腐商品及古董商品等，均适合在线下销售，不适合开展网络营销。

（二）价格

网络营销定价策略更加灵活，要考虑到来自世界各地竞争对手价格变动的影响，要做到价格的实时调整，以保证价格优势。

（三）渠道

网络营销具有距离为零和时差为零的优势，改变了传统的迂回模式，可以采用直接的销售模式，减少中间环节，降低成本，同时可以实现零库存的高效运作。

（四）促销

在网络上开展促销活动可以充分发挥网络的优势，呈现出丰富多彩的信息，采用多种促销组合方式，以激发潜在消费者的购买欲望，增强促销效果。

三、网络营销与传统营销的整合

2021 年 8 月，CNNIC 发布《第 48 次中国互联网络发展状况统计报告》。报告显示，截至 2021 年 6 月，我国网民规模达 10.11 亿，较 2020 年 12 月增长 2 175 万，互联网普及率达 71.6%。我国网民规模经历近 10 年的快速增长后，人口红利逐渐消失，网民规模增长率趋于稳定。2020 年，我国互联网行业在抵御新冠肺炎疫情和疫情常态化防控等方面发挥了积极作用，为我国成为全球唯一实现经济正增长的主要经济体、国内生产总值（GDP）首度突破百万亿、圆满完成脱贫攻坚任务做出了重要贡献。中国网民规模和互联网普及率情况如图 1-2 所示。

图 1-2 中国网民规模和互联网普及率

截至 2021 年 6 月，我国手机网民规模为 10.07 亿，较 2020 年 12 月新增手机网民 2 092 万，网民中使用手机上网的比例为 99.6%。中国手机网民规模及其占网民比例如图 1-3 所示。

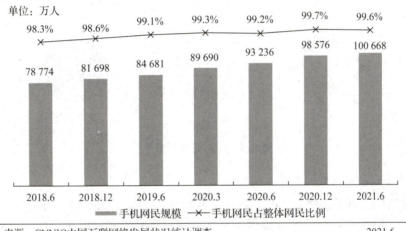

图 1-3 中国手机网民规模及其占网民比例

截至 2021 年 6 月，我国网络购物用户规模为 8.92 亿，较 2020 年 12 月增长 2 965 万，占网民整体的 80.3%。

从以上数据可以发现，近几年，网络尤其是移动互联网呈现爆发式增长，未来网络购物用户规模及使用率还将继续攀升。这意味着，网络营销是大势所趋，同时对企业而言，意义更为重大；但也必须注意到，现阶段仍然有一部分消费者群体分布在线下消费渠道，因此企业不能顾此失彼，应该做到线上与线下相结合，做好网络营销与传统营销的整合。

四、O2O 营销模式

（一）O2O 营销模式的含义

O2O 营销模式又称离线商务模式，是指通过线上营销和线上购买带动线下经营和线下消费。O2O 通过打折、提供信息、服务预订等方式，把线上的消费者吸引到线下实体店进行消费。美团网、大众点评网、百度糯米、拉手网等团购网站均是采用 O2O 营销模式的典型代表。

(二) O2O 营销模式的原理

O2O 营销模式的原理为:线下商家将产品及服务信息在网络上展示;消费者上网通过在线搜索寻找到满足需求的商品和服务信息,并在线支付,进而进入线下商家实体店现场体验。通过 O2O 营销模式,线下商家和消费者之间完成了需求传递、信息传递和价值双向传递。O2O 营销模式原理如图 1-4 所示。O2O 营销模式的关键在于:如何将线上消费者引入线下实体店。

图 1-4　O2O 营销模式原理

(三) O2O 营销模式的意义

O2O 营销模式对于消费者、线下商家及服务提供商而言,都有重要的意义。

(1) 对于消费者而言,O2O 提供丰富、全面、及时的商家折扣信息,能够让消费者通过电商平台快速搜索、浏览、筛选、下单订购所需的商品或服务,价格优惠,消费者能获得物美价廉的购物体验。

(2) 对于线下商家而言,消费者在线下实体店获取产品及服务时必须要进行手机短信或二维码验证,这样可以让线下商家了解消费者购物的渠道,方便线下商家对消费者购买数据的搜集,找准推广渠道,进而达到精准营销的目标,更好地维系客户,提升客户体验。

(3) 对于服务提供商而言,通过展示线下商家的产品或服务信息,为客户提供便捷的浏览、搜索、选购、支付服务,可以提升客户黏性,进而提升对线下商家的吸引力,争取到更多的商家资源。同时,在掌握客户消费行为的大数据后,可以为商家提供更多的增值服务。

第六节 网络营销的理论基础

一、网络直复营销

网络直复营销即任何与消费者或企业直接进行沟通,以直接产生回应的营销方式。

视频：
网络营销理论基础

直复营销中的"直"即"direct",直接的意思,是指不通过中间分销渠道而直接通过媒体连接企业和消费者；"复"即"response","回复"的意思,是指企业与顾客之间的交互,顾客对这种营销能够有一个明确的回复,企业可以统计到这种明确回复的数据,由此可以对以往的营销效果进行评价,"回复"是直复营销与直接销售的最大区别。消费者对企业营销活动的"回复"表现各有不同,在线咨询、注册、直接订购、与企业客服人员联系、到特定地方去参观等,都属于直复营销的表现形式。

互联网作为一种交互式的可以双向沟通的渠道和媒体,为企业与客户之间架起了方便的双向互动的桥梁。通过互联网,顾客可以方便地通过互联网直接向企业提出建议和购买需求,可以直接通过互联网获得售后服务,可以直接参与从产品设计、定价、订货到付款的生产和交易全过程。通过互联网,企业可以从顾客的建议、需求和要求的服务中,找出企业的不足之处,按照顾客的需求进行经营管理,减少营销费用；可以直接获得市场需求情况,开发产品、接收订单、安排生产并直接将产品送达顾客。

同时,网络直复营销的效果是可测试、可度量和可评价的。有了及时的营销效果评价,企业才可以及时对自己的营销活动进行调整、改进,以取得更满意的营销效果。

二、网络关系营销

网络关系营销是一种与关键对象(顾客、供应商、分销商)建立长期满意关系的活动,以便维持各方之间长期的优先权和业务合作。

在网络营销环境下,企业试图与供应商、分销商建立长期稳定的关系,以保证企业的生产、经营活动能够顺利进行。企业如能与供应商建立长期稳定的关系,就可以保证原材料供应及时、稳定,缩短生产周期；企业如能与分销商建立长期稳定的关系,就可以保证流通渠道畅通,保持市场占有率；而企业如能与顾客建立长期关系,就可能不断加深对客户的了解,把握客户的个性化需求,拉近彼此的情感距离,从而更好地为客户提供个性化服务,满足客户的个性化需求。

关系营销的核心是保持顾客,为顾客提供高满意度的产品和服务,在与顾客保持长期关系的基础上开展营销活动,实现企业的营销目标。

研究表明,争取一个新顾客的费用是保持老顾客费用的5倍甚至更多。然而,很多企业不重视维系老顾客,而致力于开发新客户,结果花费了大量成本,却无法达到预期目标。因此,保持老顾客对企业而言,能够起到事半功倍的效果。

三、网络软营销

网络软营销强调企业在进行市场营销活动的同时必须尊重消费者的感受和体验，让消费者主动接受企业的营销活动。

与软营销相反的是强势营销，主要采取两种促销手段：传统广告和人员推销。在传统广告中，消费者常常是被动地接受企业推送的信息，可能导致反感而无效果可言；在人员推销中，推销人员试图将接触到的每一个人当作推销对象，而不考虑对方是否有这样的需求。

可见，软营销的主动方是消费者，而强势营销的主动方是企业。强势营销由于不尊重消费者的感受和体验，不仅无法达到预期的营销效果，还可能招致消费者的反感甚至报复。美国著名的 AOL 公司曾经对用户强行发送 E-mail 广告，结果招致用户的一致反对，许多用户约定同时给 AOL 公司服务器发送 E-mail 进行报复，结果使得 AOL 的 E-mail 服务器瘫痪，最后不得不道歉平息众怒。

四、网络整合营销

网络整合营销是指为了建立、维护和传播品牌，以及加强客户关系，而对品牌进行计划、实施和监督的一系列营销工作。网络整合营销就是把各个独立的营销工作综合成一个整体，以产生协同效应。这些独立的营销工作包括广告、直接营销、销售促进、人员推销、包装、事件、赞助和客户服务等。

网络整合营销是指在一段时间内，营销机构以消费者为核心重组企业和市场行为，综合协调使用以互联网渠道为主的各种传播方式，以统一的目标和形象，传播连续、一致的企业或产品信息，实现与消费者的双向沟通，迅速树立品牌形象，建立产品与消费者的长期密切关系，以更有效地达到品牌传播和产品行销的目的。

五、新 4Cs 理论

随着市场竞争日趋激烈，媒介传播速度越来越快，4Ps 理论越来越受到挑战。1990 年，美国学者罗伯特·劳特朋（Robert Lauterborn）提出了与传统营销的 4Ps 相对应的 4Cs 营销理论。4Cs 分别指 Customer（顾客）、Cost（成本）、Convenience（便利）和 Communication（沟通）。

随着营销理论与实践的不断发展，"4Cs 理论"又进一步演变为"新 4Cs 理论"，即 Creativity（创意）、Communication（沟通）、Confrontation（对抗）、Coordination（协同）。

新 4Cs 理论强调创意的重要性，新颖、奇妙的创意可以吸引眼球。企业只有另辟蹊径，才能在同质化竞争中脱颖而出。

新 4Cs 理论强调强调信息的交流与传递，企业应重视与客户的双向互动沟通，以提升客户的满意度、维系客户的忠诚度。

新 4Cs 理论强调"在竞争中合作，在合作中竞争"（竞合模式），原来互为竞争对手的企业如今通过错综复杂的关系网络，已在一定意义上成为合作伙伴。

2014 年 3 月 10 日，腾讯与京东联合宣布，腾讯入股京东 15%，成为其重要股东。

2014 年 8 月 29 日上午 11 点，万达集团、腾讯、百度在深圳举行战略合作签约仪式，宣布共同出资成立万达电子商务公司。万达电商计划在三年时间内投资人民币 50 亿元，第一年投资10亿元，万达集团持有70%股权，百度、腾讯各持15%股权。

2015年2月14日，滴滴与快的宣布实现战略合并。滴滴打车CEO及快的打车CEO同时担任联合CEO。两家公司在人员架构上保持不变，业务继续平行发展，并将保留各自的品牌和业务独立性。

2015年8月7日，京东与永辉超市签署了战略合作框架协议，双方同意充分发挥各自优势，建立联合采购机制，打通线上与线下，合作探索零售金融服务。

2015年8月10日，阿里巴巴与苏宁开启全面战略合作，阿里巴巴将以约283亿元人民币战略投资苏宁，成为第二大股东；苏宁将以140亿元人民币认购不超过2 780万股的阿里巴巴新发行股份；双方将打通线上线下全面提高效率，为中国及全球消费者提供更加便捷的服务。

2015年9月6日，苏宁云商与万达集团达成战略合作。苏宁云店进驻现有的万达广场，万达方面为苏宁提供物业资源的开发定制。

2015年10月8日，大众点评网与美团网联合发布声明，宣布达成战略合作，双方共同成立一家新公司。

2016年4月6日，国美在线与百度结盟。资源整合、资本合作已经成为"互联网+"时代的特色之一。在天猫与苏宁易购结盟、腾讯与京东结盟后，国美在线与百度结盟，三大互联网巨头与三大家电零售商分别携手的新格局隐现，电商三大阵营正式确立。

2017年2月20日，阿里巴巴集团与百联集团在上海宣布达成战略合作，两大商业领军企业基于大数据和互联网技术，在全业态融合创新、新零售技术研发、高效供应链整合、会员系统互通、支付金融互联、物流体系协同六个领域展开全方位合作。

2018年4月2日，阿里巴巴联合蚂蚁金服，以95亿美元对饿了么完成全资收购。饿了么依托外卖服务形成的庞大立体的本地即时配送网络，协同阿里新零售"三公里理想生活圈"、盒马"半小时达"和24小时家庭救急服务、"天猫超市一小时达"、众多一线品牌"线上下单门店发货两小时达"等，成为支撑各种新零售场景的物流基础。

六、六度分隔理论

1967年，哈佛大学的心理学教授斯坦利·米尔格拉姆做过一次连锁信实验，尝试证明平均只需六个人就可以联系任何两个互不相识的美国人，由此提出六度分隔理论。六度分隔理论也称六度空间理论，是指在这个社会中，任何两个人建立联系，最多需要六个人（不包括这两个人在内）。无论这两个人是否认识，生活在地球什么地方，他们之间最多只有六度分隔。

六度分隔说明，社会上普遍存在的"弱纽带"发挥着非常强大的作用。有很多人在找工作、找朋友或与外界进行其他交流时，会体会到这种弱纽带的作用。通过弱纽带，人与人的距离会变得非常"近"。曾经，六度分隔理论只能作为理论而存在，但是，随着社会化网络媒体的产生，已经能够反映和促进真实的社会关系的发展和交往活动的形成，使一切成为现实。

六度分隔理论已在微博营销中得到验证。微博营销通过微博粉丝的评论、转发达到"1→N→∞"的宣传效果，这种信息传递方式完全吻合六度分隔理论。因此，如何让网民关注企业微博成为微博粉丝，激发微博粉丝的活跃度，鼓励粉丝自发或转发微博内容，已成为企业开展微博营销的关键所在。

七、长尾理论

2004年10月，美国《连线》杂志主编克里斯·安德森在他的文章中第一次提出长尾理论，他认为，商业和文化的未来不在热门产品，不在传统需求曲线的头部，而在于需求曲线中那条无穷长的尾巴。克里斯·安德森举例：在互联网的音乐与歌曲、新书甚至旧书等的销售中，尽管单项的热门制品畅销，高居营业额的前列，但是，由于仓储的无限和联邦特快的存在，那些看上去不太热门的制品也在创造出乎意料的营业额，成为这些新媒体销售收入的主要部分。图1-5为长尾理论模型示意。

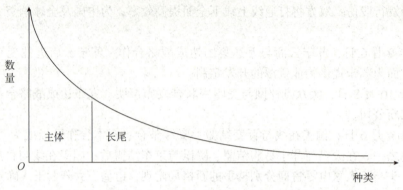

图1-5　长尾理论模型示意

简而言之，长尾理论指只要产品的存储和流通的渠道足够大，需求不旺或销量不佳的产品所共同占据的市场份额可以和那些少数热销产品所占据的市场份额相匹敌甚至更大，即众多小市场汇聚可产生与主流大市场相匹敌的市场能量。也就是说，企业的销售量不在于传统需求曲线上那个代表"畅销商品"的头部，而是那条代表"冷门商品"的经常被人遗忘的长尾。

举例来说，一家大型书店通常可摆放10万本书，但亚马逊网络书店的图书销售额中，有四分之一来自排名10万以后的书籍。这意味着消费者在面对无限的选择时，真正想要的东西和想要取得的渠道都出现了重大的变化，一套崭新的商业模式也跟着崛起。简而言之，长尾所涉及的冷门产品涵盖了几乎更多人的需求，而有了需求后，会有更多的人意识到这种需求，从而使冷门不再冷门。

八、网络效应理论

网络效应理论是指技术对用户的价值随着使用者数量的增加而提高，用户通过使用相同或可兼容的产品以获得信息共享、互补性产品供给增加、规模效益带来的价格降低等多方面的利益。

网络效应可以分为直接网络效应和间接网络效应两种。

直接网络效应是指网络消费者之间的相互依赖性，即网络消费者从某产品获得的效用随着购买相同产品或兼容产品的其他网络消费者数量的增加而增加。例如，1999年2月，腾讯QQ上线，当仅有2人注册时，注册用户只能选择对方作为聊天对象，只能彼此聊天，此时QQ的效用对注册用户而言是极为有限的。但到了2010年，腾讯QQ的注册用户数量已突破10亿；截至2016年第二季度，QQ的月活跃账户数达到8.99亿，最高同时在线账户数达到 2.47 亿,这意味着 QQ 用户已可选择海量的聊天对象,QQ 的效用急剧增加。

 小链接:信息化时代的四大定律

间接网络效应主要产生于基础产品和辅助产品之间技术上的互补性,这种互补性导致了产品需求上的相互依赖性,即网络用户使用一种产品的价值取决于该产品的互补产品的数量和质量,互补产品越多,那么该产品的市场需求也就越大。如,DVD 播放机和 DVD 碟片、打印机和打印纸就属于互补产品。

直接网络效应和间接网络效应的存在使企业的竞争格局发生了巨大变化。网络效应带来的最直接影响就是,正反馈现象能否在早期获得更多用户的支持,进入向上的正反馈,对厂商具有重要意义。要使网络效应朝着有利于自己的方向发展,突破临界安装容量是其关键。所谓临界安装容量,是指能使网络效应进入良性循环的最小安装基础。临界安装容量也就是用户的数量门槛。网络规模一旦突破临界安装容量,网络效应将进入有利于自己的良性循环,这就是网络效应的"阈值现象"。

本章小结

本章梳理我国及世界网络营销发展历程,帮助学生把握学科前沿发展动态;通过介绍我国网络营销理论与实践的快速发展,增强学生的民族自豪感和爱国热情;辅以案例,加深学生对知识点的理解,启发思考,培养学生的工匠精神。

互联网的飞速发展和信息通信技术的广泛应用为网络营销的产生提供了技术基础。在网络时代,消费观念的变化奠定了网络营销产生的现实基础,激烈的市场竞争奠定了网络营销产生的现实基础。

网络时代的消费者需求呈现出如下新特征:个性消费的回归;需求具有明显的差异性;消费主动性增强;对购买追求方便性和乐趣并存;价格仍然是影响消费者心理的重要因素;网络消费具有层次性;需求具有交叉性、超前性和可诱导性。

相对于欧美许多国家,我国网络营销起步较晚。我国的网络营销的发展大致可分为五个阶段:传奇阶段(1994—1997 年)、萌芽阶段(1997—2000 年)、应用和发展阶段(2000—2003 年)、高速发展阶段(2004—2008 年)、社会化阶段(2009 年至今)。

Web 1.0 的主要特点是用户通过浏览器获取信息,用户被动接受企业发布的信息。网络营销 1.0 的主要方式有网络广告、搜索引擎营销、电子邮件营销、IM(即时通信)营销、BBS(电子公告板)营销等。Web 2.0 注重用户的交互作用,用户既是网站内容的浏览者,也是网站内容的制造者。网络营销 2.0 的主要方式有 Blog(博客)、Tag(网摘)、SNS(社交网络服务)、RSS(简易信息聚合)、Wiki(维基)、P2P(对等网络)。网络营销 3.0 是在网络营销 2.0 的基础上发展起来的,能够更好地体现网民的劳动价值,能够实现价值均衡分配。网络营销 3.0 的主要方式包括精准营销、嵌入式营销、数据库营销等。

网络营销(E-Marketing)是企业整体营销战略的一个组成部分,是为实现企业总体经营目标所进行的,以互联网为基本手段营造网上经营环境的各种活动的总称。网络营销不是网上销售;网络营销不等于电子商务;网络营销不是营销活动的全部;网络营销不等于网站推广。

网络营销具有跨时空、多媒体、交互性、个性化、成长性、整合性、超前性、高效性、经济性、技术性等特点。

网络营销有三大任务：发布信息，开发顾客群，为顾客服务。

企业开展网络营销，其层次由初级到高级可以分为企业上网宣传、网上市场调研、网上直接销售及网络营销集成。

网络直复营销即任何与消费者或企业直接进行沟通，企图能直接产生回应的营销方式。

网络关系营销是一种与关键对象（顾客、供应商、分销商）建立长期满意关系的活动，以便维持各方之间长期的优先权和业务合作。

网络软营销强调企业在进行市场营销活动的同时必须尊重消费者的感受和体验，让消费者主动接受企业的营销活动。

网络整合营销是指为了建立、维护和传播品牌，以及加强客户关系，而对品牌进行计划、实施和监督的一系列营销工作。网络整合营销就是把各个独立的营销工作综合成一个整体，以产生协同效应。这些独立的营销工作包括广告、直接营销、销售促进、人员推销、包装、事件、赞助和客户服务等。

随着营销理论与实践的不断发展，"4Cs 理论"进一步演变为"新 4Cs 理论"，即 Creativity（创意）、Communication（沟通）、Confrontation（对抗）、Coordination（协同）。

六度分隔理论也称六度空间理论，是指在这个社会中，任何两个人建立联系，最多需要六个人（不包括这两个人在内）。无论这两个人是否认识，生活在地球什么地方，他们之间最多只有六度分隔。

长尾理论指只要产品的存储和流通的渠道足够大，需求不旺或销量不佳的产品所共同占据的市场份额可以和那些少数热销产品所占据的市场份额相匹敌甚至更大，即众多小市场汇聚可产生与主流大市场相匹敌的市场能量。

网络效应是指技术对用户的价值随着使用者数量的增加而提高，用户通过使用相同或可兼容的产品以获得信息共享、互补性产品供给增加、规模效益带来的价格降低等多方面的利益。网络效应可以分为直接网络效应和间接网络效应两种。直接网络效应是指网络消费者之间的相互依赖性，即网络消费者从某产品获得的效用随着购买相同产品或兼容产品的其他网络消费者数量的增加而增加。间接网络效应主要产生于基础产品和辅助产品之间技术上的互补性，这种互补性导致了产品需求上的相互依赖性，即网络用户使用一种产品的价值取决于该产品的互补产品的数量和质量，互补产品越多，那么该产品的市场需求也就越大。

关键术语

网络营销、O2O 营销模式、网络直复营销、网络关系营销、网络软营销、网络整合营销、新 4Cs 理论、六度分隔理论、长尾理论、网络效应理论、直接网络效应、间接网络效应、网络效应的"阈值现象"

配套实训

1. 登录中国互联网络信息中心，下载最新的《中国互联网络发展状况统计报告》

（CNNIC 每年发布两次），了解与电子商务及网络营销有关的统计数据。

2. 浏览下列网络营销相关网站：
- 网上营销新观察（www.marketingman.net）
- 网络营销指南
- 艾瑞网（www.iresearch.cn）
- 亿邦动力网（www.ebrun.com）
- 网经社（www.100ec.cn）

搜集相关资料，总结网络营销在最近三年的发展变化，并分析网络营销在某一行业的发展方向。

复习思考题

一、单选题

1. （　　）强调企业在进行市场营销活动的同时必须尊重消费者的感受和体验，让消费者主动接受企业的营销活动。
   A. 网络关系营销　　　　　　　　B. 网络软营销
   C. 网络直复营销　　　　　　　　D. 网络整合营销

2. （　　）是指任何与消费者或企业直接进行沟通，以直接产生回应的营销方式。
   A. 网络关系营销　　　　　　　　B. 网络软营销
   C. 网络直复营销　　　　　　　　D. 网络整合营销

3. （　　）是一种与关键对象（顾客、供应商、分销商）建立长期满意关系的活动，以便维持各方之间长期的优先权和业务。
   A. 网络关系营销　　　　　　　　B. 网络软营销
   C. 网络直复营销　　　　　　　　D. 网络整合营销

4. （　　）是指为了建立、维护和传播品牌，以及加强客户关系，而对品牌进行计划、实施和监督的一系列营销工作。
   A. 网络关系营销　　　　　　　　B. 网络软营销
   C. 网络直复营销　　　　　　　　D. 网络整合营销

5. 下列选项中，不属于"新4Cs理论"的是（　　）
   A. Creativity（创意）　　　　　　B. Confrontation（对抗）
   C. Cost（成本）　　　　　　　　D. Coordination（协同）

6. （　　）指出，众多小市场汇聚，可产生与主流大市场相匹敌的市场能量。
   A. 网络整合营销理论　　　　　　B. 六度分隔理论
   C. 长尾理论　　　　　　　　　　D. 网络效应理论

二、填空题

1. Web 1.0 的主要特点是用户通过_____获取信息，用户被动接受企业发布的信息。

2. Web 2.0 注重用户的_____作用，用户既是网站内容的浏览者，也是网站内容的制造者。

3. 网络营销3.0是在网络营销2.0的基础上发展起来的，能够更好地体现网民的"劳

23

动"价值，能够实现_____。

4. 销售的出发点为企业，以产品为中心，以推销和促销为手段，通过扩大市场来创造利润；营销的出发点为_____，以_____为中心，以_____为手段，通过_____来创造利润。

5. 4Ps营销组合包括产品、价格、渠道和_____。

6. O2O营销模式的关键在于_____。

7. 关系营销的核心是_____。

8. 软营销的主动方是_____，而强势营销的主动方是_____。

9. _____是指在这个社会中，任何两个人建立联系，最多需要六个人（不包括这两个人在内）。无论这两个人是否认识，生活在地球什么地方，他们之间最多只有六度分隔。

三、简答题

1. 简述网络营销的产生基础。
2. 简述网络营销的任务和层次。
3. 简述网络营销与传统营销的联系和区别。
4. 简述O2O营销模式的原理。
5. 简述O2O营销模式的意义。

四、案例讨论

美特斯·邦威：打造不走寻常路的青年文化品格

第二章 网络营销环境分析

学习目标

知识目标
1. 掌握网络营销的宏微观环境及其主要内容。
2. 培养对于不同环境因素对企业网络营销产生影响的理解能力。

技能目标
1. 培养对网络营销环境变化的分析判断能力。
2. 能总体规划企业面对网络营销环境所产生影响的应变对策。

思政目标
1. 把握学科前沿发展动态。
2. 引导学生自觉树立正确的网络营销价值观。
3. 培养良好的职业道德素质。

导入案例

"网红"经济

当模特遭遇互联网,这个行业正在发生翻天覆地的变化。近几年来电子商务蓬勃发展,促进了配套产业链的快速发展,并产生了一系列的全新职业,如网络议价师、网络装修师、网络主播等,而最火爆的要数"网红"模特了,而"'网红'模特+淘宝网店"成为"网红"赚钱的黄金搭配。

"网红"是互联网信息化技术发展的产物。随着产业的发展,电商模特已经不再是人们眼中配合卖家拍几张照片这么简单,电商模特中涌现出一批"网红"群体,这些"网红"利用个人社交平台的影响力,开始掘金粉丝经济。在互联网高速发展的条件下,模特行业悄然升级。而"网红"已经不仅仅局限于通过颜值推销淘宝产品的美少女,这些"网红"有颜值,有自己特定的风格,有影响力,"网红"已经成为社交媒体的话题人物、意见领袖、流行主力的统称。

以雪梨为例,她的淘宝店铺自 2011 年年底开张以来,累计成交好评已达 266 万多笔(网店实际销售量大于好评量,淘宝规定买家一个月最多给 5 件货品好评),若按照店内商品平均单价 240 元估算,总销售额远超过 6 亿元。仅最近半年,店内成交好评就有近 46 万笔。像雪梨这样的女孩在淘宝上还有很多,销售额排在她前面的赵大喜、张超林（LIN）等也同样是"网红"出身。如今，这个群体的总数据统计已经超过1 000家。在2015年淘宝女装C店年度销售额排行TOP 10中，来自"网红"的店铺有5家；2016年"双11"淘宝服饰TOP 10中，"网红"占据8席；2016年"双11"当天，三家"网红"店铺单店破亿元。

纺织服装行业通过切入社交电商服装供应链将成为最先受益于"网红"经济的行业。以浙江城市义乌为例，目前电商行业产值已经超千亿，2014年，义乌电商交易额为1 100多亿元人民币，2015年同比增长30%，义乌电商的发展非常迅速，"网红"功不可没。

与粉丝互动是"网红"的必备技能。很多"网红"说，她们每天至少要花两三小时在微博上与粉丝互动，要懂社交和粉丝运营。

在互联网时代，做的是流量运营，淘宝"双十一""双十二"也在做流量运营。流量、用户运营是"网红"经济里最重要的关键词。"网红"的商业运作方式正散发着愈发成熟的气息。

粉丝关注"网红"，不单单是因为商品，其实更多的是因为内容，或者说是消费观、价值观的认同。有一些粉丝直接说"我想跟她一样"。有"网红"认为，她卖的不是商品，她卖的是粉丝变美的梦想。

"网红"经济是以一位年轻貌美的时尚达人为形象代表，以网络红人的品位和眼光为主导，进行选款和视觉推广，在社交媒体上聚集人气，依托庞大的粉丝群体进行定向营销，从而将粉丝转化为购买力。中国的"网红"经济在2016年达到528亿元人民币的产业规模。"网红"的商业化逐步形成一个成熟的生态产业链，催生了一系列"网红"孵化经纪公司、"网红"第三服务公司和各种"网红"变现平台。在"网红"经济渐渐兴起时，淘宝平台上已经出现以莉家和榴莲家为代表的"网红"孵化公司。这些孵化公司原本是比较成功的淘宝商家，但在跟"网红"的合作中，"网红"们负责和粉丝沟通、推荐货品，孵化公司则将精力集中在店铺日常运营、供应链建设以及设计上。

"网红"经济在2016年集中爆发，但之前也经历过三个阶段。我们可以从无线时代的特征去看这件事。无线时代的特征有以下几种：

第一，个性化。每个人的手机App都不一样，在电商领域里大量的人需要获取不一样的东西，每一个"网红"都是一种态度、一种风格的代表，所以每个人都是个性化的。

第二，年轻化。在无线时代里，年轻人愿意尝试各种各样的东西。

第三，强场景。无线场景非常强，比如说支付是用无线的场景，今天O2O领域或者各个领域里设计一个场景，如马桶时间、被窝时间等。在无线端一天有过亿活跃用户，平台里有10亿种商品，单店无线流量甚至占比达到99.9%。

讨论：

1. 哪些环境因素的改变导致了网红经济的集中爆发？
2. 网络营销活动与网络营销环境之间有何关联？

第一节 网络营销环境

网络营销与传统营销比较,在环境方面发生了巨大变化。互联网已经成为面向大众的普及性网络,其无所不包的数据和信息,为上网者提供了便利的信息搜集途径。网络营销的范围突破了原来按商品销售范围和消费者群体、地理位置和交通便利条件划界的营销模式,技术的飞速发展极大地压缩了时间及空间的距离,国际营销、全球营销和区域营销之间的界线和区分逐步缩小。同时,在电子商务时代,媒体发生了很大变化,从电视、报纸、广播等传统媒体转向以互联网为主的新媒体。

面对网络所带来的变化,企业的营销环境也与以前大不相同。企业的网络营销环境是指影响企业的网络营销活动及其目标实现的各种影响因素及其变化趋势。网络营销环境的变化既可能为企业提供网络营销机会,也可能给企业造成网络营销威胁。如何不断地分析、观察和适应变化的网络营销环境是网络营销取得成功的关键。适应性强的企业总是随时关注环境的发展变化,以保证现行战略对环境的适应性。

市场营销环境是市场营销者的行为时空。互联网络自身构成了一个市场营销的整体环境。信息是市场营销过程的关键资源,各种信息是互联网络的血液,互联网络最终将全面反映现实世界的各类信息。每一个上网者都是互联网上的一分子,可以基本无限制地接触互联网络的全部,并在这一过程中受到互联网的影响。几乎所有现实世界的最新动态都可以迅速出现在网上,信息的不断更新是互联网的生命力所在。涉及企业活动的各因素在互联网上通过网址来体现,如企业、金融、服务、顾客等,它们通过鼠标的点击相互联系。信息处理是互联网络的反应机制,各种各样的浏览、搜索软件工具使互联网络能实时提供人们所需的各类信息,而且可以高效率地在网上完成信息交流。

一、营销理念的变化

在网络环境下,信息的传播方式发生了变化。

(一)由单向向双向的变化

信息源以传统的单向面向用户展现自己信息和产品的方式,转变为信息源在传播、展现产品、信息的同时,用户也在主动寻找自己需要的信息。

(二)由推向拉互动的变化

在信息化社会,人们接收信息的途径极多,不必拘泥于被动地接收,而是越来越多地主动从网上收集个人所需要的信息(我们将它称为"拉"的过程),顾客成了参与者和控制者。

(三)由分离的传播模式向多媒体传播方式的变化

报纸、杂志、出版社主要传播文字信息,电视台主要传播视频信息,电台主要传播音频信息,而网络可将这三者统一。

信息传播的变化导致营销理念的变化，促使企业营销的重心由"推销已有产品"转变为"满足客户需求"，由"以产品为中心"转向"以客户为中心"，由此导致企业营销管理的重心由传统的"4Ps"（产品、价格、渠道和促销，英文为 Product, Price, Place, Promotion）转变为"4Cs"（客户、成本、便利、沟通，英文为 Customer, Cost, Convenience, Communication）。

二、网络营销环境的内容

根据营销环境对企业网络营销活动影响的直接程度，网络营销环境可以分为网络营销宏观环境与网络营销微观环境两部分。**网络营销微观环境是指与企业网络营销活动联系较为密切、作用比较直接的各种因素的总称，主要包括企业和供应商、营销中介、顾客、竞争者、合作者以及网络公众等企业开展网络营销的上下游组织机构**，如图2-1所示。不同行业企业的微观营销环境是不同的，因此，微观营销环境又称行业环境因素。**网络营销宏观环境是指那些给企业造成市场机会与环境威胁的主要社会力量，主要包括社会人口、社会经济、政治法律、网络文化、科学技术等环境因素**，如图2-2所示。微观环境中所有的因素都要受宏观环境中各种力量的影响。

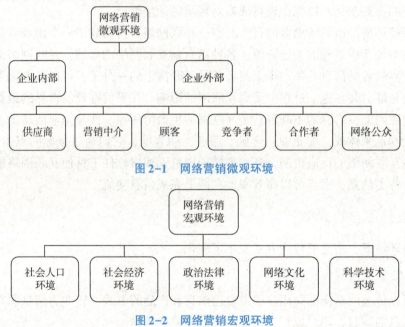

图 2-1　网络营销微观环境

图 2-2　网络营销宏观环境

网络营销环境，根据是否与互联网特性有关来划分，又可以分为市场营销的网络环境和网络营销的现实环境两部分。**市场营销的网络环境是指网络在市场营销活动中的运用，使企业的市场营销行为表现出许多与过去不同的特征和规律**，企业可以在网上发现大量新的营销机会和一个更为广阔的市场空间。同时，网络经济也给企业的营销活动带来了更多的挑战与威胁。企业开展网络营销活动的前提是明确认识网络本身对营销活动的影响，从而做到企业营销活动与网络的完美结合，使网络在市场营销方面应用取得显著的效果。**网络营销的现实环境，即在网络与营销做到比较完美的结合后，能对网络营销活动造成直接或间接影响的各种因素的总称**。

第二节 网络营销宏观环境

一、社会人口环境

在社会人口环境因素中,最重要的是网上人口环境。网上人口环境是指网民的数量、分布、年龄和性别结构等情况。从企业营销的角度看,市场是由有现实或潜在需求且有支付能力的消费者群体构成的。网络营销企业必须时刻关注网上人口环境的变化与发展,一方面可以直接收集一手资料,通过网民数量、结构等内容的分析发现营销机会;另一方面,也可以收集二手资料了解网络营销人口环境,从而制定行之有效的营销策略。

视频:
社会人口环境

截至2021年6月,我国网民男女比例为51.2∶48.8,与整体人口中男女比例基本一致。

我国网络支付用户规模达8.72亿,占网民整体的86.3%。网络购物用户规模达8.12亿,较2020年12月增长2 965万,占网民整体的80.3%。

从月收入来看,在2 001～5 000元的网民群体占比为32.7%;在5 000元以上的网民群体占比为29.3%;在8 000元以上占比14.8%;有收入但月收入在1000元及以下的网民群体占比为15.3%;无收入网民群体占比10.8%。

截至2021年6月,我国30～39岁网民占比为20.3%,在所有年龄段群体中占比最高;40～49岁、20～29岁网民占比分别为18.7%和17.4%,在所有年龄段群体中列二、三位;6～19岁网民规模达1.58亿,占网民整体的15.7%;中老年群体网民规模增速最快,50岁及以上网民占比为28.0%,较2020年6月增长5.2个百分点。

在职业结构特征上,在我国网民群体中学生最多,占比为21.0%;在网民学历结构上,43%的网民为初中学历,受过大学专科及以上教育的网民群体占比为19.5%。

二、社会经济环境

社会经济环境是指构成企业生存和发展的社会经济状况和国家经济政策,是影响消费者购买能力和支出模式的因素,它包括收入的变化、消费者支出模式的变化等。传统市场营销学认为,市场是由那些想购买物品并且有购买力的人构成的,而且这样的人越多,市场的规模就越大。购买力是构成市场和影响市场规模的一个重要因素。具体到网络营销,网上购买力是一个重要因素,而网上购买力又直接或间接受网民的收入、价格水平、储蓄、信贷等经济因素的影响。因此,企业的网络营销不仅受网上人口环境的影响,而且受到经济环境的影响。

网络营销发展迅猛,覆盖面越来越广,形式越来越多,各种新型的媒体平台不断涌现。网络营销在促进就业、扩大内需、提振经济、脱贫攻坚等方面发挥了积极作用。无论是老牌劲旅搜索引擎,还是新兴宠儿信息流和新媒体营销,都在不断地更新并丰富网络营销平台,可谓是百家争鸣、百花齐放。每一种新渠道出现,就代表着网络营销更往前推进了一步;同时,企业对于网络营销的认知和利用程度也在加深。2020年我国社会消费品零售总额391 981亿元,其中,线上零售额占比约为30%,比例逐年递增。2020年全国居民人均可支配收入达32 189元,也在逐年递增。

自2013年起,我国已连续八年成为全球最大的网络零售市场。2020年,我国网上零售额达11.76万亿元,较2019年增长10.9%。其中,实物商品网上零售额达9.76万亿元,占社会消费品零售总额的24.9%。网络零售不断培育消费市场新动能,通过助力消费质量双升级,推动消费双循环。在国内消费循环方面,网络零售激活城乡消费循环;在国际国内双循环方面,跨境电商发挥稳定外贸作用。此外,网络直播以"线上引流+实体消费"的数字经济新模式实现蓬勃发展。直播电商成为广受用户喜爱的购物方式,66.2%的直播电商用户购买过直播商品。

新媒体、自媒体以及短视频快速成长了起来,新冠肺炎疫情更是推动网络直播的快速发展,企业的营销方式发生了巨大变化。截至2020年12月,我国在线教育、在线医疗用户规模分别为3.42亿、2.15亿,占网民整体的34.6%、21.7%。未来,互联网将在促进经济复苏、保障社会运行等方面进一步发挥重要作用。

智能手机、平板、笔记本、电脑等高科技产品不断涌现并更新换代,以及电子支付的便捷化,客观上为消费者进行网络购物提供了更多可能。

小链接:智能手机给我们的生活带来多少变化?

三、政策法律环境

政策法律环境是指一个国家或地区的政治制度、体制、方针政策、法律法规等方面。企业的网络营销决策还要受其政策和法律环境的影响。网络营销政策法律环境是指能对企业的网络营销活动起到规范或保障作用的有关法律、法令、条例及规章制度等法律性文件的制定、修改与废除及其立法与司法等因素的总称。

视频:
网络营销宏观环境

政府对信息化和电子商务的态度与政策是对网上经营形成压力和动力的源泉。网络营销作为一种新兴的商业活动形式,必须遵循统一的规则,才能顺利开展。各国的社会制度、政治、法律、经济、文化状况千差万别,因此各国之间的合作、协调极为重要。企业必须懂得本国和有关国家的法律和法规,才能做好国内和国际网络营销管理的工作。在网络营销中涉及的法律问题主要有侵犯隐私、域名抢注、电子签名认证,以及黑客侵犯等问题。

我国已成为全球网络营销第一大市场,但立法滞后和监管不力等问题使网络营销发展面临诸多难题。一方面,网络营销的各个环节与问题需要相关的法律法规加以规范;另一方面,政策法律的每一措施也都左右着网络营销的发展前程。网络营销是一种新的商业形式,旧的法律无法解决新出现的问题,因此迫切需要建立新的法律体系。

从国际上看,经济合作与发展组织(Organization for Economic Co-operation and Development,OECD)形成了一批对电子商务实际运作具有指导性意义的文件,主要有《OECD电子商务部长级会议结论》《全球电子商务行动计划》《国际组织和地区性组织电子商务活动和计划报告》等。渥太华会议是迈向全球电子商务的里程碑,推动了电子商务的全面发展,促进了国际政策的进一步协调,为各种经济体充分利用新的电子平台提供了广阔的空间。

从国内看,中国香港2000年颁布了《电子交易条例》;中国台湾于2001年制定了《电子签章法》;《中华人民共和国电子签名法》在2005年4月1日起正式实行,赋予电子签名与手写签名或盖章同等的法律效力,明确了电子认证服务的市场准入制度,对中国电子商务的发展产生了重大的影响。

2011年1月,《商务部关于规范网络购物促销行为的通知》下发,规范网络购物促销行为;2012年3月,原国家工商总局下发《关于加强网络团购经营活动管理的意见》,以规范网络团购市场经营秩序,维护网络消费者和经营者的合法权益;国家税务总局宣布于2013年4月1日起实行《网络发票管理办法》,加强普通发票管理,保障国家税收收入,规范网络发票的开具和使用。

2014年3月15日,《网络交易管理办法》与新《中华人民共和国消费者权益保护法》颁布实施。其中"网购七天无理由退货"的规定为网购提供了法律保障,欺诈行为更是要受到三倍惩罚。新法规定,消费者也可以向网络交易平台提供者要求赔偿;网络交易平台提供者做出更有利于消费者的承诺的,应当履行承诺。

2014年7月海关总署颁布《关于跨境贸易电子商务进出境货物、物品有关监管事宜的公告》和《关于增列海关监管方式代码的公告》,从政策层面承认了跨境电子商务。

2015年3月,政府工作报告中,首次提出"互联网+"行动计划,7月国务院发布了《国务院关于积极推进"互联网+"行动的指导意见》;随后出台了《"互联网+流通"行动计划》,提出深化电子商务与其他产业的融合;深化普及网络化生产、流通和消费;同时完善标准规范、公共服务等支撑环境。

2015年6月,《国务院办公厅关于运用大数据加强对市场主体服务和监管的若干意见》发布,要求加大网络和信息安全技术研发和资金投入,建立健全信息安全保障体系。采取必要的管理和技术手段,切实保护国信息安全以及公民、法人和其他组织信息安全。

2015年7月,新《中华人民共和国国家安全法》实施。新法要求建设网络与信息安全保障体系,提升网络与信息安全保护能力,实现网络和信息核心技术、关键基础设施和重要领域信息系统及数据的安全可控。

2015年8月,第十二届全国人民代表大会常务委员会第十六次会议正式通过《中华人民共和国刑法修正案》(九),明确了网络服务提供者履行信息网络安全管理的义务,加大了对信息网络犯罪的刑罚力度,进一步加强了对公民个人信息的保护,对编造和故意传播虚假信息犯罪设立了明确条文。

2015年9月国务院办公厅印发《关于推进线上线下互动加快商贸流通创新发展转型升级的意见》,提出大力发展线上线下互动,对推进实体店转型、促进商业模式创新、增强经济发展新动力具有重要意义。

2015年9月1日正式实施的新《中华人民共和国广告法》新增了关于互联网广告新规,强化对大众传播媒介广告发布行为的监管力度。互联网是一个新生事物,在原《广告法》中没有关于互联网广告的章节。新法规定,未经当事人同意或请求,不得向其住宅、交通工具发送广告,也不得以电子信息方式发送广告;弹出广告应当确保一键关闭;对于互联网信息服务提供者利用其平台发布违法广告的,应当予以制止。

2015年11月,原国家工商总局《关于加强网络市场监管的意见》(以下简称《意见》)提出,加强事前规范指导,强化事中事后监管,构建线上线下一体化的网络市场监管工作格局，全面加强网络市场监管，推进"依法管网""以网管网""信用管网""协同管网"。《意见》突出对网络交易平台的重点监管，建立网络交易商品定向监测常态化机制。加大网络交易商品质量抽检力度，依法查处各类网络商品交易违法行为。加强行政指导，督促网络交易平台经营者落实法定责任和义务，遏制侵权、假冒、刷信用等违法行为，完善消费维权措施。督促、引导网络经营者和网络交易平台落实消费者个人信息保护、七天无理由退货等新规定，健全完善消费环节经营者首问制度和赔偿先付制度，加大对网络虚假违法广告的查处力度，依法打击网络经营企业滥用市场支配地位从事违法行为，依法查处利用互联网进行引人误解的虚假宣传、诋毁他人商业信誉和产品声誉等不正当竞争行为。

2016年9月1日我国互联网络领域广告管理第一个部门规章《互联网广告管理暂行办法》（以下简称《办法》）开始实施。《办法》明确规定，互联网广告是指通过网站、网页、互联网应用程序等互联网媒介，以文字、图形、音频、视频或者其他形式，直接或者间接推销商品或者服务的商业广告。明确了互联网付费搜索的广告性质，而且将一些电子娱乐产品中包含推销商品或者服务信息的内容认定为广告，将电子邮件广告和推销商品、服务链接行为纳入广告监管范畴，明确自媒体广告也需要担责。

2016年3月，财政部、海关总署、国家税务总局联合发布《关于跨境电子商务零售进口税收政策的通知》；4月，财政部等11个部门发布《关于公布跨境电子商务零售进口商品清单的公告》，海关总署发布《关于跨境电子商务零售进出口商品有关监管事宜的公告》，对跨境电商零售进口的税收和监管进行了规范。

2017年6月1日起施行《中华人民共和国网络安全法》。针对通信信息诈骗特别是新型网络违法犯罪多发态势，《中华人民共和国网络安全法》增加了惩治网络诈骗等新型网络违法犯罪活动的条款，规定不得利用网络发布与实施诈骗，制作或者销售违禁物品、管制物品以及其他违法犯罪活动有关的信息，并增加规定了相应的法律责任。

2019年1月1日，呼唤已久的《中华人民共和国电子商务法》实施。《中华人民共和国电子商务法》首次定义电子商务以及第三方平台，明确电商需办工商登记并依法纳税，不得未经授权收集个人信息，不得刷好评或删差评。《中华人民共和国电子商务法》中对于电子合同的规定，不仅肯定了电子合同的法律效力，而且对解决网络签约，实现电子商务从线上交易、线上签约到线上支付的一体化服务有重大意义，也为解决互联网纠纷提供了重要的法律保障。

从2020年起，我国在网络营销领域的立法速度明显提高，基本每隔一段时间就会有新的法律出台。例如，《国务院反垄断委员会关于平台经济领域的反垄断指南》《常见类型移动互联网应用程序必要个人信息范围规定》《在线旅游经营服务管理暂行规定》《规范促销行为暂行规定》《关于加强网络直播营销活动监管的指导意见》《药品网络销售监督管理办法（征求意见稿）》《常见类型移动互联网应用程序必要个人信息范围规定》等。

2020年11月6日，国家市场监管总局发布《关于加强网络直播营销活动监管的指导意见》。

2020年11月13日，国家网信办发布《互联网直播营销信息内容服务管理规定（征求意见稿）》。

2020年11月23日，国家广播电视总局下发《国家广播电视总局关于加强网络秀场直播和电商直播管理的通知》。

2021年5月1日，《网络交易监督管理办法》开始实施。该办法特别针对直播带货网络交易活动中的经营者做出专门规定，也明确了网络社交、网络直播等网络服务提供者为经营者同时提供网络经营场所、商品浏览、订单生成、在线支付等网络交易平台服务，应当依法履行网络交易平台经营者的义务。

2021年5月27日，国家互联网信息办公室、公安部、商务部等七部门联合发布《网络直播营销管理办法（试行）》，对直播营销平台提出事前预防、事中警示以及事后惩处等要求，包括要求平台对粉丝数量多、交易金额大的重点直播间，采取安排专人实时巡查、延长直播内容保存时间等防范措施；建立风险识别模型，采取弹窗提示、显著标识、功能和流量限制等调控措施；对违法违规行为采取阻断直播、关闭账号、列入黑名单、联合惩戒等处置措施。

这些法律法规在一定条件下影响了网络营销生态体系，为广大网络营销从业者和消费者树立法律意识起到了重要的作用。

四、网络文化环境

网络文化环境是民族特征、价值观念、生活方式、风俗习惯、伦理道德、教育水平、语言文字、社会结构等的总和。与网络营销关系较为密切的文化因素主要包括教育水平、语言文字、价值观念、宗教信仰、审美观、风俗习惯等。据调查，中国网民中具备中等教育程度的群体规模最大。

互联网技术和应用飞速发展，对文化环境造成了巨大的冲击，催生了网络信息时代全新的人类文化形态——网络文化。新媒体拥有多种信息传播渠道，也拥有很强大的信息传播能力，这些都为生活提供了便捷，也使之成为公众舆论平台。当今风行的网络文化在其生成与发展过程中表现出强烈的"人-人共生"特征。它渗透到了世界的各个角落和人们生活的各个方面，创造了新的需求并对人们的生活和工作产生了巨大的影响。

网络文化有如下特点：

1. 网络文化是速度文化

网络社会靠的是信息，信息以高速进行传递和更新。只有随时掌握最新的信息才能做出最佳的决策。互联网革命就是一场速度革命。在"碎片化"的媒体时代里，数字营销更能满足消费者零散的时间分布。网络营销中只有最新、配送最快、服务最及时的产品，才最能被公众所喜爱。

2. 网络文化是创新文化

网络创造了注意力经济、眼球经济、网络经济、QQ、淘宝、微信，甚至网络木马病毒，催生了弹幕视频、垂直兴趣社区及个性化表达产品，使原本无法参加传统市场竞争的小企业也加入与大企业的竞争行列中，让创新成为网上企业克敌制胜的法宝。

3. 网络文化是虚拟文化

虚拟企业、虚拟市场的出现对传统的企业组织结构和传统的市场带来了巨大冲击，同时，也为企业带来了巨大的发展机遇。虚拟社区的出现改变了人们的生活方式，并创造了新的需求。因此，网上企业应该充分思考并利用网络文化，及时把握顾客的心理和行为在网络文化作用下的变化，开发出符合顾客消费倾向的创新产品，制定满足顾客消费欲望的网络营销策略，才能在众多的网络营销者中脱颖而出。

网络社会学问题也值得我们分析研究。研究网络社会行为及社会行为体系，就是研究网络社会的构成及其特点；网络特定文化现象；网民及其特点；网络社会行为互动模式；网络社会群体和网络社会组织；网络社区；网络社会秩序靠什么维系；网络社会的运作与现实社会的关系；网络社会兴起给现实社会带来了什么样的问题，网络本身的问题是怎样的；网络社会的未来；等等。

 小链接：法国人投票为何更理性？早期法国互联网文化帮了忙

五、科学技术环境

科学技术环境是指与本行业有关的科学技术的水平和发展趋势。科学技术是影响企业营销活动各因素中最直接、力度最大、变化最快的因素。

技术的进步改变了网络用户的结构，同时也扩展了网络营销的范畴，宽带技术的发展使视频点播、多媒体网络教学成为可能，无线上网技术的发展吸引了更多的人移动办公、移动炒股、移动购物，在给消费者提供更多便利的同时也给企业带来了更多的机会。

 小链接：人工智能快速发展 智能互联网时代到来

（一）第三方认证环境

数字证书机制已在国内网上银行领域普及化，主要是通过数字证书来完成交易实体的身份鉴别，以 PKI 技术为基础的信息安全机制。

在互联网这种开放的、不设防的、复杂的信息交互环境中，第三方认证机构为信息交互双方承担了网上信息安全的部分责任，对交易双方起到规避风险的作用。例如，在出现网银交易纠纷时，第三方认证机构可以为当事人双方提供相应的具有法律效力的证明，其中包括：签发此张客户证书的 CA 证书；在交易发生时，该客户证书在或不在 CA 的证书废止列表内的证明；对证书、数字签名、时间戳的真实性、有效性进行的技术确认等。

（二）电子支付环境

互联网给营销带来了全新的资金流转环境，这就是电子支付。所谓电子支付是指网上交易的当事人，包括消费者、厂商和金融机构，使用安全电子支付手段通过互联网进行货币支付或资金流转。电子支付的发展，疏通了电子商务交易过程的资金流，打通了电子商务发展的支付瓶颈，能提高经济贸易资金的流转效率，给政府货币政策提供更大的空间。

2011 年 6 月，中国支付清算协会在北京成立，标志着我国电子支付管理的进一步升级。从整个支付体系看，电子支付已经成为我国支付市场和支付体系的重要组成部分。新冠肺炎疫情加速了中国政企数字化转型，推动消费服务线上化，为电子支付市场拓展了更多政务、民生、消费等细分垂直场景。

根据中国支付清算协会 2021 年的调查数据，借记卡和第三方支付账户是用户选择电子支付方式的首选方式，信用卡支付占比明显提升。用户使用电子支付过程中最担心遇到的安全问题是个人信息被泄露。

近几年，我国移动支付业务量和移动支付金额持续增长。根据中国银联发布《2020移动支付安全大调查报告》的数据，有98%的受访者将移动支付视为最常用的支付方式，平均每人每天使用移动支付三次，其中二维码支付最受欢迎。未来移动支付业务量将保持快速增长态势。2016年我国移动支付业务量仅257.1亿笔，2019年突破1 000亿笔，2020年全国移动支付业务达1 232.20亿笔，同比增长21.48%。

支付宝、财付通（微信支付）成为具有世界影响力的电子支付公司，并且已经在一些国家和地区开拓市场、发展业务。这也让不少人对通过大型互联网支付公司的国际化发展，推动人民币国际化加快进程，甚至允许大型互联网支付公司自主创设或参与到超主权互联网代币的运行，增强中国在互联网支付与数字货币领域的国际竞争力和影响力充满期待。

我国是移动支付普及程度最高的国家，在用户数量、产品种类、服务范围、使用频率、结算规模等方面取得了世界领先的优势。中国移动支付市场规模连续三年全球第一，是美国的50倍。2016年全国移动支付金额为157.55万亿元，2017年突破200万亿元，2020年全国移动支付金额达432.16万亿元，同比分别增长24.50%。

中国支付清算协会发布的《2020年移动支付用户问卷调查报告》显示，近四分之三的用户每天使用移动支付。用户单笔支付金额100元以下比例显著提高至38.4%，500元以上支付比例较2019年降低20%，移动支付小额化特征日渐显著。用户最常使用的移动支付产品是微信支付、支付宝和银联云闪付。

中国在能提高用户支付体验的刷脸支付技术探索和商业化方面更是领先世界。2020年，中国刷脸支付用户规模为2.43亿人。

小链接：银行上线ATM机"刷脸取款"功能

第三节　网络营销微观环境

视频：
网络营销微观环境

在传统营销中，企业所处的微观环境对企业为其目标市场的服务能力起着举足轻重的作用。同样，网络营销微观环境对企业网络营销的成败起着至关重要的作用。

微观环境因素包括：企业内部环境、供应商、营销中介、顾客、竞争者和网上公众等。营销部门的工作就是通过创造顾客价值来吸引顾客并建立与顾客的联系。要实现这一任务，企业就必须把各因素联系起来，形成基本的营销系统。

一、企业内部环境

企业内部环境包括企业各部门的关系及协调合作。企业内部环境包括市场营销部门之外的某些部门，如企业最高层管理层、财务、研究与开发、采购、生产、销售等部门。这些部门与网络营销部门密切配合、协调，构成了企业网络营销的完整过程。企业在制订网络营销计划时，不仅要考虑企业外部环境力量，而且要考虑企业的内部环境力量。

在互联网条件下，企业营销能力实际上就是企业适应环境的能力。企业进行网络营销要求企业具有较高的信息化水平，要进行网络化建设。企业营销能力的高低很大程度上取决于组织信息化的状况，主要取决于营销组织是否能适应市场的需求、是否具有较高的战斗力。

基于信息交换的主体不同，企业的网络可分为企业内部的网络和企业外部的网络。企业内部的网络，包括建立内部局域网和外联网，建立相应的网站，有些企业建立了MIS（管理信息系统）、DSS（决策支持系统），还有一些企业建立了ERP（企业资源计划）和CRM（客户关系管理）系统。企业内部的信息化和网络化是企业开展网络营销的基础。企业外部的网络，又分为企业与企业之间的网络（B2B）和企业与消费者之间的网络（B2C）。企业与企业间的网络可以降低企业的交易成本，缩短交易时间，提高企业的工作效率；企业与消费者之间的网络可以使企业与消费者之间缩短时空的距离，为消费者提供交互式的服务。

二、供应商

供应商是指向企业及其竞争者提供生产经营所需原料、部件、能源、资金等生产资源的公司或个人。企业与供应商之间既有合作又有竞争，这种关系既受宏观环境影响，又制约着企业的营销活动。企业一定要注意与供应者搞好关系，供应者对企业的营销业务有实质性的影响。

在网络经济的条件下，为了适应网络营销的要求，企业对供应商的依赖性增强，企业与供应商合作性更强。

三、营销中介

营销中介是指在促销、分销以及把产品送到最终购买者方面给企业以帮助的那些机构或个人。

网络营销中介包括网络服务提供商（ISP）、网络中间商（如网络批发商、网络零售商、经纪人和代理商）、第三方物流提供商、认证中心以及网上金融提供商等。网络营销中介的存在和发展是市场经济发展的必然，它可以直接连接生产者和消费者，相对于传统中间商，它降低了企业和消费者的付出成本，还可以创造一定的利益价值。网络技术的发展可以降低中间商的交易费用，可以吸引更多的生产者利用网络营销中间商销售自己的产品，而生产者则集中力量进行产品的开发研制和服务，突出自己的竞争优势，从而推动生产的进步，满足消费者日益复杂多样的需求。

在网络时代，企业可以借助网络直接与最终用户接触，从而减少中间环节，降低交易成本，提高竞争优势，这使中间商的地位受到了严峻的挑战。但是正如互联网作为新的第五种媒体还不能完全取代广播、电视、报纸、杂志一样，网络营销虽然会使一部分中间商走向灭亡，但中间商并不会完全消失，而是其功能和服务发生了变化，同时又会产生具有崭新功能的新的市场中介。例如，原来的运输商转变为提供全方位物流配送的第三方物流提供商，同时出现了新的市场中介认证中心，也出现了像亚马逊书店这样的基于网络的中间商。

四、顾客

顾客又称用户,是企业产品销售的市场,是企业直接或最终的营销对象。网络技术的发展极大地消除了企业与顾客之间的地理位置的限制,创造了一个让双方更容易接近和交流信息的机制。互联网真正实现了经济全球化、市场一体化,它不仅给企业提供了广阔的市场营销空间,同时也增强了消费者选择商品的广泛性和可比性。

网络经济条件下,网络营销目标市场、顾客消费观念、消费行为与传统经济条件下相比,会有很大差异,如何跨越时空、文化差异实现顾客关系再造,是企业网络营销需要深入研究的问题。如何通过互联网发现顾客、吸引顾客、满足顾客需求、留住顾客并与顾客建立稳固的联系等,都是网络营销活动必须认真解决的问题。

按照购买者的类型不同进行划分,网络顾客分为网上消费者市场、网上生产者市场和网上政府市场三类。

(一)网上消费者市场

网上消费者市场是指为了个人消费而通过网络进行购买的个人和家庭所构成的市场。

(二)网上生产者市场

网上生产者市场是指为了生产并取得利润而通过网络进行购买的个人和企业所构成的市场。

(三)网上政府市场

网上政府市场是指为了履行职责而通过网络进行购买的政府机构所构成的市场。

上述各种网上市场都有各自的特点,网络营销人员需要对各个市场进行仔细的研究,根据企业的营销目标,对不同的网上市场制订不同的网络营销计划。

五、竞争者

竞争是商品经济活动的必然规律。在开展网上营销的过程中,不可避免地遇到业务与自己相同或相近的竞争对手。研究对手、取长补短,是克敌制胜的好方法。在网络环境下,企业所要做的并非仅仅迎合目标客户的需要,而要通过有效的网络手段,为顾客提供更方便的查询、更低廉的价格、更安全的交易和支付、更快捷的配送、更良好的支持等服务,从而使企业的产品和竞争者的产品在消费者的心中形成明显的差异,以取得竞争优势。

对竞争者的分析主要包括了解竞争者的类型、研究如何应对竞争对手等。

在网络时代,企业的竞争者分为在线竞争者和离线竞争者,离线竞争者由于其产品的的差异性一般不会成为网络营销企业的主要竞争者,所以网络营销企业的主要竞争者是在线竞争者。

关于竞争与竞争者需要了解以下要点:

(一)识别竞争者的难度加大

在覆盖全球的网上虚拟市场中,竞争对手数量大大增加,而且有着更大的隐蔽性。同时,由于高新技术的应用行业边界日益模糊,竞争的面更宽,竞争对手也更加难识别。

（二）企业竞争的国际化进程加快

互联网的应用加速了经济全球化的进程，企业间竞争的国际化日益明显。互联网贸易不受时间、地域的限制，不论企业的大小、强弱，为每个竞争者提供大量机会，同时也带来了竞争加剧的威胁。

（三）合作发展比竞争更重要

在网络经济条件下，企业通过网络组成合作联盟，并以联盟所形成的资源规模创造竞争优势，是未来企业经营的重要手段。如何运用网络与众多竞争者建立多元化、动态化的竞争与合作关系，既是企业生存与发展能力的一种体现，也是取得整体竞争优势的关键。

六、网上公众

对网上公众的分析主要是处理好同公众的关系，树立企业的良好形象，促进网络营销活动的顺利开展。

传统营销中企业面对的公众有金融公众、媒体公众、政府公众、市民公众、地方公众、一般群众和企业内部公众。网络营销企业所面对的网上公众就是网上一般公众、网上金融公众、网络媒体公众、内联网公众和政府公众。

（一）网上一般公众

网上一般公众都是企业的潜在客户，企业需要关心网上一般公众对其网站、产品和服务的态度。

（二）网上金融公众

网上金融公众影响网上经营企业在线支付系统的建立与获得资金的能力，主要的网上金融公众包括网上银行、风险投资公司和股东等。

（三）网络媒体公众

网络媒体公众由可以发表网上新闻、网上特写功能的一些机构组成，主要包括电子化报纸、电子化杂志、搜索引擎、提供网站评估服务方面的专业网站等。

（四）内联网公众

内联网公众包括企业的董事会、经理、员工等，企业往往用企业内联网给内部公众传递信息、鼓舞士气。当员工对自己的企业感觉良好时，他们的积极态度也会通过各种在线交流等影响到外部网上公众。

（五）政府公众

政府负责管理网络企业的审批、网络链接、网络交易、网络安全、网络立法，其有关机构即构成政府公众。企业的管理层必须关注政府对互联网络管理的相关动态。

本章小结

面对网络所带来的深刻变化，企业的营销环境也与以前大不相同。本章通过对网络营销环境的分析，引导学生自觉树立正确的网络营销价值观；由网络信息的传播方式改变，掌握最新的网络营销环境动态变化，提升网络营销职业道德素质。

企业的网络营销环境是指影响企业的网络营销活动及其目标实现的各种影响因素及其变化趋势。网络营销环境的变化既可能为企业提供网络营销机会，也可能给企业造成网络营销威胁。不断分析、观察和适应变化着的网络营销环境是网络营销取得成功的关键。适应性强的企业总是随时注视环境的发展变化，以保证现行战略对环境的适应。

在网络环境下，信息的传播发生了变化，导致营销理念的变化，促使企业营销的重心由"推销已有产品"转变为"满足客户需求"；由"以产品为中心"转向"以客户为中心"；由此导致企业的营销管理的重心由传统的"4Ps"（即产品、价格、渠道和促销）转变为"4Cs"（即客户、成本、方便、沟通）。

根据营销环境对企业网络营销活动影响的直接程度，网络营销环境可以分为网络营销宏观环境与网络营销微观环境两部分。网络营销微观环境是与企业网络营销活动联系较为密切、作用比较直接的各种因素的总称，主要包括企业和供应商、营销中介、顾客、竞争者、合作者以及网络公众等企业开展网络营销的上下游组织机构。不同行业企业的微观营销环境是不同的，因此，微观营销环境又称行业环境因素。网络营销宏观环境是指那些给企业造成市场机会与环境威胁的主要社会力量，主要包括政策法律、社会人口、社会经济、网络文化、科学技术等环境因素。微观环境的所有因素都要受宏观环境中的各种力量的影响。

网络营销宏观环境包括网上人口环境、社会经济环境、政策法律环境、网络文化环境、科学技术环境。

网络营销微观环境因素包括企业内部、供应商、营销中介、顾客、竞争者和网上公众等。

关键术语

4Ps、4Cs、网上人口环境、社会经济环境、政策法律环境、网络文化环境、科学技术环境、网络营销微观环境

配套实训

一、网络营销环境调查

（一）确定调查的行业

可选行业：零售、银行、证券、保险、旅游、医药、教育、制造、邮政、交通、物流、农业、电脑IT、其他。

（二）分析网络市场环境。

（三）网上市场规模和购买力水平情况。

（四）分析商品的自身性质与特点、产品在线销售的可能性。

二、网络竞争者环境调查

（一）网上竞争者（三家）同类或相似产品和供求状况，包括产品品牌、数量、品种、质量、分销渠道、付款及交货方式、服务质量、市场容量和价格等。

（二）本企业产品和竞争者的同类产品在网络上的销售情况，包括市场规模、潜在需求规模、顾客的收入水平、消费习惯和销售季节变化等。

（三）本企业产品及竞争者的同类产品的价格、成本和利润分析。

（四）竞争对手网络营销状况。

三、网络顾客调查

网络消费者的消费心理、行为特征、需求情况、品牌偏好和各种影响因素；顾客对本企业产品的满意度。

四、网络销售调查

市场销售容量、市场占有率、销售范围、网络分销渠道、消费者的消费行为习惯和个性化需求。

五、网络促销调查

各种网络促销方法的使用及取得的效果。

复习思考题

一、单选题

1. 代理中间商属于网络营销环境的（　　）因素。
   A. 内部环境　　　　　　　　　　B. 竞争者环境
   C. 市场营销渠道企业　　　　　　C. 公众环境
2. 下列选项中，属于有限但可以更新的资源是（　　）。
   A. 水　　　　B. 森林　　　　C. 石油　　　　C. 煤
3. 在网络营销环境中，（　　）被认为是一种创造性的毁灭力量。
   A. 新技术　　B. 网络资源　　C. 网络文化　　C. 政治法律
4. 消费习俗属于（　　）因素。
   A. 人口环境　B. 经济环境　　C. 文化环境　　C. 地理环境
5. 消费流行属于（　　）因素。
   A. 社会文化环境　B. 人口环境　C. 地理环境　　C. 顾客环境
6. 与企业紧密相连直接影响企业营销能力的各种参与者，被称为（　　）。
   A. 营销环境　B. 宏观营销环境　C. 微观营销环境　C. 竞争者

二、填空题

1. 为了适应网络营销的要求，企业与供应商主要表现出以下两方面变化：企业对供应商的依赖性_____；企业与供应商合作性_____。
2. 离线竞争者由于_____一般不构成网络营销企业的主要竞争者，所以网络营销企业的主要竞争者是_____。
3. 客户流失是指_____的现象。许多流失客户是可以挽回的，挽回的重点应该是_____的流失客户。
4. 客户满意和行为忠诚之间_____关系。_____是形成客户忠诚感的必要条件。
5. CRM的终极目标就是帮助_____满足_____。

三、判断题

1. 企业的网络营销环境包括宏观环境和微观环境。　　　　　　　　　　（　　）
2. 企业可以按自身的要求和意愿随意改变网络营销环境。　　　　　　　（　　）
3. 公众是指对企业实现其市场营销目标构成实际或潜在影响的任何团体。（　　）

4. 宏观环境是企业可控制的因素。 (   )
5. 市场是由那些想买东西并且有购买力的人构成的。 (   )
6. 消费者的购买力来自消费者的收入。 (   )
7. 同一个国家不同地区企业之间网络营销环境基本上是一样的。 (   )
8. 文化对网络营销环境的影响多半是通过直接的方式来进行的。 (   )
9. 营销活动只能被动地受制于环境的影响。 (   )
10. 在经济全球化的条件下,国际经济形势也是企业网络营销活动的重要影响因素。
 (   )

四、案例讨论

从"人找酒"到"酒找人"

第三章 网络消费者分析

学习目标

知识目标

1. 了解网络消费者行为特征。
2. 理解网络消费者的需求特征、购买动机及购买过程。
3. 掌握在网络消费者购买过程的各个阶段，网络企业采取的营销措施。

技能目标

1. 能进行网络营销消费者信息的搜集与处理。
2. 能对网络消费者行为特征进行分析。

思政目标

1. 把握学科前沿发展动态。
2. 引导学生自觉树立正确的网络价值观、消费观。
3. 培养良好的职业道德素质。

导入案例

2020"双十一"千亿消费洞察报告

2020"双十一"于11月12日凌晨落下帷幕，天猫、京东交易额分别达到4 982亿元和2 715亿元。作为疫情后最大消费季，"双十一"点燃了全民消费热情，展现了新发展格局下中国市场的活力。

主流平台促销继续维持良好战绩

11日凌晨0点26秒，2020天猫"双十一"订单创下峰值，每秒达58.3万笔。京东11日开场9分钟，下单金额超2 000亿元。"双十一"全面促进消费，是中国经济内循环的重要组成部分。专家指出，随着百强县、百强镇，包括新二线城市的崛起，中国新的消费阶层、新的消费力正在呈现，总的消费盘子在持续上涨，总体的消费力乐观。

消费升级人们更加关注品牌品质

报告首先提出的是消费升级，这主要是因为消费者对品牌品质的关注度增加了。很多过去的爆款在今天出现了变化，出现了新一代的爆款，出现了新一代的明星商品。这些商品和过去相比质量更高、更多样化、更个性化，它们来自全球各地。以京东为例，2013年至2015年的"双十一"期间，消费者对品牌品质的关注度有逐年上升迹象，其中"70后""80后""90后"人群对此更为关注。不仅如此，人们的促销敏感度和评价敏感度也呈上升趋势，且更加年轻化。在2015年"双十一"期间，有超过90%的"80后"人群对促销敏感，说明他们对电商的应用已经较为成熟；而对评论最敏感的人群则是"90后"，这充分显示了他们关注商品本质的特色。

随着这三代人的崛起，消费结构已然从生存型消费向享受型、发展型消费转变，同时也带来了新的消费观念。其中最能反映这种新观念的就是消费产品的变化。

从京东这三年"双十一"销售增长额上来看，健康和智能产品一跃成为新兴消费品。这都是"80后"和"90后"这些消费主力群体新的消费理念造成的，这两代人的物质生活相对上一辈更充裕，所以更注重提升健康水平，乐于接受创新与新事物。

直播电商风潮更趋旺盛

在新冠肺炎疫情影响下，直播电商带货的模式在2020年发展势头更加迅猛。iiMedia Research（艾媒咨询）数据显示，2020年中国直播电商市场规模规模预计达到9 610亿元。而直播电商模式不仅从规模上实现增长，在影响力上也发展为重要的电商消费模式，直播活跃程度、覆盖商品类型、主播类型等都实现延展。在2020年"双十一"期间，直播电商也成为各平台和商家重点注视的市场。

直播电商领域的快速发展，使"双十一"各大电商平台均加大力度布局电商直播，品牌商家目光也纷纷投向电商带货。数据显示，在"双十一"期间，各大电商平台破万场直播，以淘宝为例，"双十一"淘宝直播累计时长为1 660小时，商家直播GMV占比超六成。

七成电商用户对"双十一"新活动方法感到理解困难

iiMedia Research（艾媒咨询）数据显示，仅31.1%受访电商用户表示充分了解"双十一"玩法，约七成受访电商用户表示对"双十一"玩法的理解存在困难，其中约三成受访电商用户因为"双十一"玩法过于复杂而完全不了解。随着"双十一"活动连续多年举行，各平台也探索新颖的活动玩法，但部分活动玩法过于复杂烦琐也在一定程度上给消费者带来困扰。

"双十一"回归优惠本质，消费者购物行为更加理性

"双十一"作为促销节点，商品折扣优惠才是吸引消费者的本质。过往"双十一"在追求活动措施创新的情况下，容易忽视促销活动本质，也影响消费者体验。但2020年"双十一"各大电商平台开始更加注重优惠措施简单化，同时加强优惠力度。未来电商平台回归对优惠的重视将成为"双十一"发展趋势，也有利于消费者对"双十一"热情回升。

人们购物对品牌品质关注度在不断提高，导致因为价格低廉而产生的投机消费行为越来越少，这说明人们对于购物越来越理性了。商品购买的必要性以及是否与个人需求相匹配成为影响用户最终消费的核心要素。购物前"货比三家"的越来越多，思考也越来越久。用户的购物决策不再将价格作为唯一考量因素，而是兼顾对品牌、品质、服务、价格等多重因素的理性判断，网络购物节的消费趋于理性。

讨论：
1. 研究网络消费者行为有何实际意义？
2. 哪些因素影响网络消费者的购物决策？

第一节 网络消费需求与网络消费者

随着中国经济的展翅腾飞，人均可支配收入呈现逐年递增的趋势，且增长率一直维持在较高的水平，网络消费规模也逐年递增。在中国，每天都网络购物的消费者增长速度远高于其他国家。2016年中国网络购物市场交易规模为4.7万亿元，占社会消费品零售总额的14.2%。与全球消费者相比，中国消费者更愿意广泛使用零售商的数字化技术。伴随中国消费者数字化程度提高，消费品部分品类的线上渗透率已在50%以上，消费者购物独具全渠道特色。平均看来，每个消费者的购买行为中均有多个可能与互联网有关的激发点，中国消费者与互联网的紧密联系显著高于世界各国同龄消费者。线上零售正缓慢蚕食线下零售，网络购物对经济的贡献越来越大，是目前零售的主流渠道。

视频：
消费者购买动机

可以说，随着我国成为全球第二大经济体，长期的发展积累了庞大的经济总量。在当前的电商市场模式下，研究网络消费者行为以适应消费需求变化，完善政策措施，改善消费环境，促进消费稳定增长是十分有必要的。

一、网络消费需求的特点

（一）消费具有层次性

网络消费本身是一种高级的消费形式，但就其消费内容来说，仍然可以分为由低级到高级的不同层次。需要注意的是，在传统模式下，人们的需求一般是由低层次向高层次逐步延伸发展的，只有当低层次的需求基本满足之后，才会产生高一层次的需求。而在网络消费中，人们的需求是由高层次向低层次扩展的。在网络消费的开始阶段，消费者侧重于精神产品的消费，如通过网络书店购书，通过网络光盘商店购买光盘。到了网络消费的成熟阶段，消费者在完全掌握了网络消费的规律和操作，并且有了一定的信任感后，才会从侧重于精神消费品的购买转向日用消费品的购买。

（二）网络消费者的需求具有明显的差异性

不同的网络消费因所处的时代、环境不同而产生不同的需求，不同的网络消费者在同一需求层次上的需求也会有所不同。这是因为网络消费者来自世界各地，国别不同，民族不同，信仰不同，生活习惯也不同，因而产生了明显的需求差异，且远远大于实体商务活动的差异。

（三）网络消费者的需求具有交叉性、超前性和可诱导性

在网络消费中，各个层次的消费不是相互排斥的，而是具有紧密的联系，需求之间广泛存在交叉的现象。例如，在同一个订单里，消费者可以同时购买最普通的生活用品和昂贵的饰品，以满足生理的需求和尊重的需求。这种情况的出现是因为网络消费者可以在网络平台一站式购齐所有物品，可以在较短的时间里浏览、比较多种商品，从而产生交叉性的购买需求。网络冲浪者大都是具有超前意识的年轻人，他们对新事物反应灵敏，接受速

度很快。因此，开展网络营销的企业应充分发挥自身优势，采用多种促销方法，启发、刺激消费者消费的新需求，促使消费者产生购买欲望，促使网络消费者将潜在的需求转变为现实的需求，付诸购买行动。

二、网络环境下消费者的特征及心理变化

不同时代，消费需求、观念、技术特性等发生变化，消费者行为每年都在变化，学者们对网络消费者行为的研究从未间断，通过不断了解消费者行为的变化，提供满足消费者需求的产品和服务。

（一）新势力崛起

"80后"群体中的大多数人已经成为社会发展的中坚力量，也成为消费主力军。数据显示，全国有2.1亿的消费者是"80后"人群，位列各年龄段之首，占全国消费者总数的16%。"80后"有较强的经济能力，并成为中国消费的中流砥柱。24岁至32岁、年收入10多万元、对时尚潮流敏感、身在北上广深杭等一二线城市的人，是海淘和跨境购物的核心人群，是中产消费的代表。而"泛90后"、老年人、女性成为消费新动力，网络营销企业应提供更精准的服务，来满足不同消费群体的需求。图3-1显示了不同消费群体的消费差异，新用户群体的消费习惯与消费能力均将发生巨大变化，也将持续推动和主导新的网络消费模式的演进与演替。

职业方面，白领与一般职员群体占比最高，是互联网消费的主要群体；学生和教师群体的购买用户也相当庞大，占据全平台近三分之一。

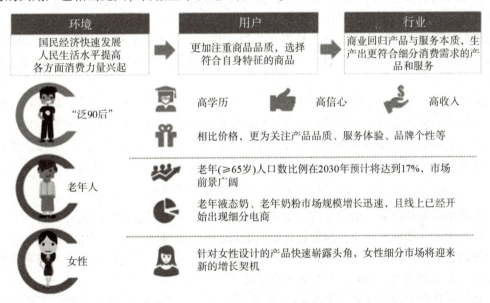

图3-1 不同消费群体的消费差异

（二）品牌和品质

随着国民消费升级，消费者网购由以前一味关注价格升级为注重商品品质，追求高性价比。用户对品牌和品质的追求已经高于价格，45.6%的消费者在购物时看中品质，商品质量左右消费者的决定；而"品牌授权、货源渠道正规、售后有保障"成为网购消费者对

"品质商品"的三大重要判断因素。另外,手机数码、电脑办公、家用电器销售品牌 TOP 5 占有率,在近 3 年呈现越来越高的趋势,手机数码类五大品牌占有率在 2016 年超过了 70%。可见,消费者对大品牌的认可度不断提高。

近年来,消费者对品质关注度持续上升,高品质、高科技、个性化代表消费升级方向。从母婴、体育及全球购等品类的数据来看,越来越多的中国人注重品质消费,对品质的关注度越来越高。浙江、上海、北京、江苏等发达地区,成为消费者对品质最关注的省市。在消费行为上,对品质的进一步追求,被认为是消费理性化的另一大体现。

2020 年中国跨境网购用户达 2.11 亿人,其中很大一部分是新中产,其购买力惊人。其中,一线城市聚集了近三分之一的跨境网购用户,头部效应明显。这些消费者对更昂贵、更精美、更新奇商品的兴趣越来越浓,消费能力升级明显。海外商品与国内同类商品相比较价格实惠,品质有保证,符合国内网购消费者消费升级的需求。留存顾客两年间购买单价和频次都大幅提升。跨境网购消费者的年轻化趋势同样值得关注。根据百度搜索大数据,跨境网购人群中"90 后"用户的比重逐年增加,2020 年占比达到 41%,"00 后"的比重也超过了 11%。新中产人群之外,年轻妈妈和职场新人群体在跨境网购中保持着活跃,同样以"90 后"的年轻人居多,呈现娱乐化、二次元、运动潮等多元进口消费趋势。

(三)追求性价比

从消费的角度来说,价格不是决定消费者购买的唯一因素,却是消费者购买商品时肯定要考虑的因素。40.9% 的消费者看中价格,性价比对他们来说比较重要。首先,质量和价值将成为消费者主要的考虑因素,即在公平价格上的高质量,尤其是品牌。他们想用最低的价格买到最好的质量,因此,价格仍然是电商消费的吸引力之一,即使在发达的营销技术面前,消费者对价格的敏感仍然不可忽视。其次,明智的消费者希望全面了解产品,包括其对个人和社会的效益。通过产品和服务的信息交流,消费者对价值的追求得到最大的满足。

随着商品质量和服务质量的不断提高,消费者的主要注意力转向挑选更高性价比的产品。促销对消费作用明显,特别对于许多年轻女性消费者而言。网上购物发展迅速的重要原因之一是网购渠道相对低廉的价格和便捷的比价方式。通过网络销售产品减少了经销商、代理商、店铺等运营成本,因此和同种商品相比,网上的价格会更低。

(四)消费个性化

在网络市场环境下,消费品市场变得越来越丰富,消费者进行产品选择的范围越来越广、产品的设计趋向多样化,消费者开始制定自己的消费准则,整个市场营销回到了个性化的基础之上。从理论上说,没有一个消费者的心理是完全一样的。心理认同感是消费者进行购买决策的前提,因此,个性化消费必将成为消费的主流。

社群时代产品的目标客户分类趋向精细化,小众消费崛起。成长于大众消费时代的"90 后"群体消费偏好更加个性化,消费者需求从必需品扩散至非必需品,追求小而精的购物体验。需要多元化产品来满足不同小群体消费偏好,这在新兴消费领域尤其明显。

(五)消费理性化

网络环境为消费者挑选商品提供了前所未有的广阔选择空间,在这个空间里,消费者可以轻松获得产品信息,比如产品规格、过往评价、供应商评级,所以在消费时更加清醒。爱花钱、不任性的他们会利用在网上得到的信息对商品进行反复比较，以决定是否购买。同时，消费者也可以不必面对传统市场嘈杂的环境及各种影响和诱惑，理性地规范自己的消费行为。消费者更多从个人偏好方面进行网购，广告促销、导购信息对他们的影响相对较少。消费者经常大范围进行选择和比较，以求所购买的商品价格最低、质量最好、最有个性。目标明确型消费人群与理想比较型消费人群已经成为两大主力消费群体，冲动型消费人群和犹豫型消费人群明显有所下降。这反映出消费观念已经日趋理性化，冲动消费的人越来越少。

（六）消费便利化

随着居民生活水平的提高，中国消费者越来越享受更加便利的生活，同时快节奏生活带来的压力为简单方便的快捷消费方式创造了需求。这一需求促使日常网购次数增加，消费者追求时间和劳动成本的尽量节省，特别是对于需求和品牌选择都相对稳定的日常消费品，这点尤为突出，由此孵化出社区、餐饮、旅游的"懒人经济"：社区O2O把服务送到家门、餐饮O2O把饭送到身边，旅游O2O把行程送到眼前；数据表明，34.6%的网购消费者使用"蚂蚁花呗"分期付款，20.6%的网购消费者使用过"京东白条"，11.2%的网购消费者使用"唯品花"。网购消费者喜欢选择能够提供灵活支付服务的购物网站，在享受分期付款便利性的同时缓解自身资金压力。同时，移动端消费成为主流，消费受时间、地点的影响越来越小；嵌入场景中的移动购物，或许会成为潮流。

（七）消费娱乐化

在消费升级的大背景下，消费者需要满足的不仅是对更高的产品质量的需求，还有对更加愉快的购物体验的需求。除了完成实际的购物需求以外，消费者在购买商品的同时，还能得到许多信息，并得到在各种传统商店没有的乐趣。一些消费者希望通过购物消遣时间，寻找生活乐趣，保持与社会的联系，减少心理孤独感，因此愿意多花时间和精力进行网购。消费者网购时已不仅仅是满足需求，而是成为一种社交行为，即使无明确需求，也会上网随意浏览，了解资讯，逛着逛着偶遇惊喜，突发奇"买"。

截至2020年12月，我国网络购物用户规模达7.82亿，较2020年3月增长7 215万，占网民整体的79.1%。手机网络购物用户规模达7.81亿，较2020年3月增长7 309万，占手机网民的79.2%。用户消费习惯的转移、各企业持续发力移动端是移动端不断渗透的主要原因。未来几年，中国移动网购仍将保持较快增长，移动端的便利性、碎片化、高互动等特征，让移动端成为纽带，助推网购市场快速发展。

三、网络消费者心理变化

互联网用户作为一个特殊群体，有着与传统市场群体截然不同的特征。网络营销的企业竞争是一种以客户为焦点的竞争形态。消费者心理变化和行为的变化要求营销策略必须针对这种变化而变化。这种变化主要体现在以下几个方面：

（一）个性消费的复归

消费品市场发展到今天，多数产品无论在数量还是品种上都已极为丰富，消费者能够以个人心理愿望为基础挑选和购买商品或服务。更进一步，他们不仅能选择，而且还渴望选择。他们的需求更多了，变化也更多了。逐渐地，消费者开始制定自己的准则，不惧怕向商家提出挑战。用精神分析学派的观点考察，消费者所选择的已不单是商品的使用价值，而且还包括其他的"延伸物"，这些"延伸物"及其组合可能各不相同。因而从理论上看，没有一个消费者的心理是完全一样的，每一个消费者都是一个细分市场。心理上的认同感已成为消费者做出购买决策的先决条件，个性化消费正在也必将再度成为消费的主流。

（二）消费主动性增强

在社会分工日益细化和专业化的趋势下，即使在许多日常生活用品的购买中，大多数消费者也缺乏足够的专业知识对产品进行鉴别和评估，但他们对于获取与商品有关的信息和知识的心理需求却并未因此消失，反而日益增强。尤其在一些大件耐用消费品（如电脑）的购买上，消费者会主动通过各种可能的途径获取与商品有关的信息并进行分析比较。这些分析也许不够充分和准确，但消费者却可从中获得心理上的平衡，降低风险感和购后后悔的可能，增加对产品的信任和心理上的满足感。

互联网的发展和普及为消费者提供了更加广阔的互动平台，在选择商品时，可以随时与厂商或企业进行及时沟通，自己对商品的意见能够得到回馈，要求能够得到及时满足，甚至可以订购个性化产品，这无疑增强了消费者的行为主动性。在研究产品时，33%的中国消费者会首先访问品牌网站，12%的中国消费者会前往社交媒体网站查询，4%的中国消费者选择访问相关品牌的手机应用。

（三）消费心理稳定性降低，转换速度加快

现代社会发展和变化速度极快，新生事物不断涌现。消费心理受这种趋势带动，稳定性降低，在心理转换速度上趋向与社会同步，在消费行为上则表现为产品生命周期不断缩短。过去一件产品流行几十年的现象已极为罕见，消费品更新换代速度极快，品种层出不穷。产品生命周期的缩短反过来又会促使消费者心理转换速度进一步加快。例如，电视机在中国由黑白发展为彩色经历了十几年时间，但现在几乎每年都有采用新技术的电视机推出，消费者今年才买的电视机到明年可能就过时了，以至于一些别出心裁的商家开始经营电视机出租业务，以配合某些消费者求新、求变的需求。

第二节　网络消费者的购买过程

网络消费者的购买过程，也就是网络消费者购买行为形成和实现的过程。这不仅仅是简单地买或不买，而是一个较为复杂的过程。与传统的消费者购买行为相似，网络消费者的购买行为早在实际购买之前就已经开始，并且延长到实际购买后的一段时间，有时甚至是一个较长的时期。从酝酿购买开始到购买后的一段时间，网络消费者的购买过程可以粗略地分为五个阶段：需求确认、收集信息、比较选择、购买决策和购后评价。

一、需求确认

网络购买过程开始于需求确认——消费者认识到一个问题或需求，即消费者觉察到目前实际状况与理想状况的差异。需求可能由内部刺激引起，也可能由外部引起。每个消费

者的购买行为中均有多个可能与互联网有关的激发点。

当消费者对某种商品或某种服务产生兴趣后,才可能产生购买欲望。这是消费者消费决策过程中不可缺少的基本前提。如不具备这一基本前提,消费者也就无从进行网购决策。在各大社交平台可以观察到,雾霾是年轻人热议的话题之一,这亦反映在消费当中。2016 年,年轻人标记与雾霾相关的支出较 2015 年多出 8.7%,人均雾霾支出为 998.7 元。其中,防霾口罩和空气净化器在雾霾消费中占比近九成。

二、收集信息

当需求被唤起之后,每一个消费者都希望自己的需求能得到满足。所以,收集信息、了解行情,成为消费者购买过程的第二个环节。这个环节的作用就是收集商品的有关资料,为下一步的比较选择奠定基础。

产生了需求的消费者也可能不会寻求更多的信息。如果消费者的动机很强烈而又有现成满意的产品,那么消费者极有可能进行直接购买。

在购买过程中,收集信息的渠道主要有两个:内部渠道和外部渠道。内部渠道是指消费者个人所储存、保留的市场信息,包括购买商品的实际经验、对市场的观察以及个人购买活动的记忆等;外部渠道则是指消费者可以从外界收集信息的通道,包括:

①个人来源,如亲戚朋友、邻居熟人。
②商业来源,如广告、销售人员、经销商、包装、陈列。
③公共来源,如新闻报道、社交媒体、消费者信誉机构等。

三、比较选择

消费者需求的满足是有条件的,这个条件就是实际支付能力。没有实际支付能力的购买欲望只是一种空中楼阁,不可能导致实际的购买。为了使消费需求与自己的购买能力相匹配,比较选择是购买过程中必不可少的环节。消费者对由各条渠道汇集而来的资料进行比较、分析、研究,了解各种商品的特点和性能,从中选择最为满意的一种。一般说来,消费者的综合评价主要考虑产品的功能、可靠性、性能、样式、价格和售后服务等。通常,一般消费品和低值易耗品容易选择,而对耐用消费品的选择则比较慎重。

调查研究发现,2016 年消费者网购时最关注的因素依次是品牌、品质、价格、品类、服务及物流。其中品牌的重要性凸显,它影响着 51.5% 的网购用户的购物决策;45.6% 的消费者在购物时看中品质,商品质量左右消费者的决定;40.9% 的消费者看中价格,性价比对他们来说比较重要;35.4% 和 21.5% 的网购用户看中服务与物流。

四、购买决策

网络消费者在完成了对商品的比较选择之后,便进入购买决策阶段。网络购买决策是指网络消费者在购买动机的支配下,从两件或两件以上的商品中选择一件满意商品的过程。购买决策是网络消费者购买活动中最主要的组成部分,它基本上反映了网络消费者的购买行为。

五、购后评价

网购商品安全送达购买者手中就万事大吉了吗?不,还有一些意外可能会发生。网购消费者真正看到商品时的反应，决定了是否会有退换货、商品质量判定等后续问题。如今的网购消费者普遍具有维权意识，不再闷声吃哑巴亏，如有售后投诉问题，会选择多种渠道反馈，如市场监督管理局、中消协以及中国电子商务投诉与维权公共服务平台等第三方维权机构，来维护自己的权益。

购买产品后，消费者可能会满意，也可能会不满意。答案在于消费者的期望和产品被觉察到的性能之间的关系。如果产品未达到消费者期望，消费者就会失望；如果达到了期望，消费者就会满意；如果超出了期望，消费者就会惊喜。消费者往往通过使用对自己的购买选择进行检验和反省，重新考虑这种购买是否正确，使用是否理想，以及服务是否周到等问题。

这种购后评价不仅决定了该消费者今后的购买动向，同时也是推动潜在消费者从购买意愿转化为购买行动的关键催化因素。研究表明，82%的网购消费者在进行购物选择之前会阅读商品评价，93%的消费者表示在线评论会影响他们的购物选择。大多数消费者有阅读在线评论的习惯，并且对评论的信任度较高，在涉及购物决策时，这些评论也同样具有十足的影响力。这也是在线评论成为最佳的商业营销工具的原因所在。

第三节　影响网络消费者购买的因素

网络消费者购买行为主要受外部因素和内部因素的影响。外部因素包括文化因素、社会因素、网络购物环境等；内部因素包括个人因素以及心理因素，如职业、经济收入、生活方式、个性等。这些因素将综合在一起对网络消费者购买行为产生作用。

一、外部因素

（一）文化因素

文化可以被定义为某个人群共同具有的关于价值、信仰、偏好和品位等的一套整体观念，它对消费者购买行为具有最广泛和最深远的影响。不同国家和民族有着不同的文化，具有不同文化背景的消费者会形成各自不同的价值观、信仰、审美观念、生活方式等，从而也就导致了千差万别的消费行为。

小链接：不同国家使用智能手机方式不同

（二）社会因素

社会因素的影响主要是指消费者所处的家庭、社会地位、生活群体等对其购买行为的影响。随着现代化进程的加快，人们的生活发生了巨大的改变。网上购物不再仅仅是一种购物的方式，而是一种生活方式，网络已经成为日常生活中不可缺少的一部分。

家庭是社会的基本组成单位，也是社会基本的消费单位。家庭对消费者的购买行为起着直接和潜移默化的影响。

家庭购买决策可分三种：一人做主；全家参与意见；全家共同决定。

家庭购买行为在很大程度上受到家庭所处的生命周期的影响。不同家庭生命周期阶段及各阶层有以下的购买特点：

1. 单身阶段

这个阶段是指年轻、不住在家里。单身阶段的人有一定收入，几乎没有经济负担，不考虑储蓄，是新观念的带头人，关心时尚，崇尚娱乐和休闲。

2. 新婚阶段

这个阶段是指年轻、无子女。经济情况比下一阶段要好，具有比较大的需求量和比较强的购买力，耐用消费品的购买量高于处于其他阶段的消费者。新婚家庭在汽车和住房方面的购买意愿是最高的，在美容保健、交通通信、文化娱乐、住宅、旅游、电子产品、服装、家用电器等方面的支出意愿也很高，借贷消费意愿较高，喜欢购买中高档产品和奢侈品。

3. 满巢阶段

这个阶段是指第一个孩子出生到所有子女独立离开父母。此阶段家庭开支主要用于子女。一般而言，第一个孩子的到来会增加家庭负担，使其在经济和闲暇时间上都非常紧张。这个阶段的消费主要用于子女抚养方面，包括基本的生活消费、子女的教育消费等，此时可谓是上有老、下有小，消费比较多，消费量比较大，是经济负担最重的时期。在服装、教育培训、旅游、电子产品方面的支出意愿很高，消费非常理性，精打细算；不奢侈、不浪费，倾向于购买大规格包装的产品，配套购买。

4. 离异独居

这个阶段是指夫妇因为某种原因而离婚后独居或者带有孩子生活时期。带孩子生活的青年，儿童用品的消费水平呈现"相对高消费"的特征；相对而言，没有孩子的离婚青年收入可完全自由支配，且购买力强。

5. 空巢阶段

这个阶段是指子女已经成年并且独立生活。处于这一阶段的消费者经济状况最好，大部分拥有自有住宅，经济富裕有储蓄。这个阶段虽然子女并没有直接花父母的钱，但是父母还会间接地为子女消费，会为子女的孩子消费。与此同时，父母也可以接收到儿女的馈赠，对旅游、娱乐、自我教育尤感兴趣。这一阶段的消费者对新产品不感兴趣，也很少受到广告的影响，消费更趋谨慎，倾向于购买有益健康的产品。

6. 老年阶段

这个阶段是指退休之后。老年阶段的消费者收入锐减，主要内容是安度晚年，投资和花费通常比较保守，消费量很小。主要需要医疗产品，特别需要得到关注、情感和安全保障。

（三）网络购物环境

1. 网站环境

商店设计界面和商品陈列的影响。首页、站内布局、商品陈列等方面所营造出的氛围会对消费者的行为产生较大的影响。

2. 网络购物是否安全便捷

（1）网络购物的安全性和可靠性问题。由于在网上消费，消费者一般需要先付款后送货，使过去一手交钱一手交货的现场购买方式发生了变化，网上购物中的时空发生了分离，消费者有失去控制的离心感。因此，为降低网上购物的这种失落感，在网上购物各个环节必须加强安全措施和控制措施，保护消费者购物过程的信息传输安全和个人隐私保护，以及树立消费者对网站的信心。

（2）网络购物的便捷性问题。网络购物的便捷性是消费者选择购物渠道的首要考虑因素之一。一般而言，消费者选择网上购物，会考虑两个方面的便捷性，一是时间上的便捷性，可以不受时间的限制并节省时间；另一方面，是可以足不出户，在很大范围内选择商品。

除此之外，网上服务态度、物流、售后服务、品牌等因素对消费者行为也具有巨大影响。

二、内部因素

（一）个人因素

网络消费者的购买行为或购买决策不仅会受网络文化的影响，还会受其个人特征的影响，主要体现于以下几个方面：

1. 消费者的经济状况，即消费者的收入、存款与资产、借贷能力等

消费者的经济状况会强烈影响消费者的消费水平和消费范围，并决定消费者的需求层次和购买能力。消费者经济状况较好，就可能产生较高层次的需求，购买较高档次的商品，享受较为高级的消费。相反，消费者经济状况较差，通常只能优先满足衣食住行等基本生活需求。

2. 消费者的职业

不同职业的消费者，对于商品的需求与爱好往往不尽一致。职业对一个人的消费行为的影响不仅关系密切，而且会很持久，甚至会影响到今后一生在消费及选择商品的偏好和习惯。消费者的职位不同，也影响着其对商品的购买。身在高位的消费者，会购买能够显示其身份与地位的较高级的商品。

3. 消费者的年龄与性别

消费者对产品的需求会随着年龄的增长而变化，在生命周期的不同阶段，相应需要各种不同的商品。如在幼年期，需要婴儿食品、玩具等；而在老年期，则更多需要保健和延年益寿产品。不同性别的消费者，其购买行为也有很大差异。烟酒类产品较多为男性消费者购买，而女性消费者则喜欢购买时装、首饰和化妆品等。

4. 消费者的个性与自我观念

个性是指一个人所有的心理特征，它表现为自主性、选择性、适应性等方面。实践证明，消费者的个性类型与其购买行为具有很大的相关性。刚强的消费者在购买中表现得大胆自信，而软弱的消费者在挑选商品缩手缩脚。

5. 生活方式

生活方式是通过一个人的日常生活起居、生活规律、兴趣、观点等方面表现出来的一

种生活模式。不同的生活方式的消费者对需求会有很大不同。网络营销人员要分析不同地区、不同阶层消费者的生活方式，经营适合他们的商品。

（二）心理因素

网络消费者的消费心理大致可以分为以下几类：追求实惠的价格心理；追求快捷、方便的心理；追求名利、炫耀的心理；追求个性化消费心理等。

第四节 数据时代的网络消费者行为分析

随着信息化技术、互联网和移动互联网以及视频等传感器的发展，并且为消费者越来越广泛地使用，消费者的日常生活、购买等行为轨迹越来越多地被记录和映射到了网络、手机传感器上，普通消费者的生活轨迹正在变得数据化。

视频：
网络消费者购买行为

反映消费者行为轨迹的数据在网络上大量沉淀，对消费者数据的采集和行为的分析逐步扩展至更多数据源，需要结合购物网站、其他网页浏览信息、社交媒体平台信息、移动终端、搜索引擎等多个平台去接触消费者，挖掘数据，进行综合评估和分析。对详细历史消费记录的追踪和分析是对消费者行为深层次理解的开始，而现今则实现了从理解消费者行为到掌握消费者意图的转变，从追踪消费者消费记录扩展到新兴的数据源。

网站在为大数据研究收集原始信息中扮演了越来越重要的角色。基于购物网站的点击率、访问量及其他网络数据量化指标被大量采集，形成对消费者行为路径的概括和综合描述。65%的公司认为它们使用网站收集客户数据，这使网站成为最热门的信息来源渠道。对于一些电子商务网站，顾客每时每刻从哪些平台和页面跳转到网站、点击了什么页面，浏览了哪些页面，光标集中停留在哪部分，都会得到即时抓取、追踪。据此企业动态调整网站、页面和图片，以及网站背后的各个环节的运营，从而让企业营运的投放变得极为精准。在上海家化电子商务部门，有专门跟踪消费者在网站内浏览行为的团队，他们会及时将网站内的信息反馈到各个部门，实现联动。

一、消费者行为分析

在大数据时代，消费者研究的范式逐步转向对互联网沉淀的海量数据的聚类、挖掘和运算，通过静态数据、流数据的分析、建模，得出分析结论，由此进行相应的营销策略判断。网络消费者分析主要是基于Web挖掘发现消费者的媒介习惯、内容喜好和消费倾向，是当前应用大数据较多的形式。

企业可以通过顾客的网络痕迹，以及海量顾客的行为数据，来分析出顾客的购买周期、购买前的迹象、顾客下一个最可能购买的商品、顾客流失的迹象等，从而发现可能成为忠诚顾客的人，以及将要流失的忠诚顾客，再针对性地进行营销刺激和定向唤醒。

二、消费者精准细分

进入 Web 2.0 互联网时代，对消费者的精准细分研究分为几个阶段，门户时代的目标人群定位主要依托网站锁定企业和品牌营销传播对象，搜索引擎时代则通过对消费者主动的关键词匹配方式进行消费者细分，社交媒体时代则通过广泛的渠道去尽可能覆盖多的细分人群。进入大数据时代，寻求更精准、细化的消费者细分这一目标逐步得到更好的实现。在当前的研究中，静态的数据库可以升级为实时数据流，记录消费者个体的线上行为轨迹，这些轨迹除了消费者的基本信息和购物记录外，还包括网站浏览习惯、社交媒体评论、阅读喜好等综合信息，同时大数据技术可以实现将消费者这些线上信息与线下的人口学特征、线下购物记录和传统 CRM 相联系，实现企业和品牌针对个体和群体细分消费者的多层式营销效果评估。

首先，企业作为其产品的经营者可以通过大数据的分析定位到有特定潜在需求的受众并针对这一群体进行有效的定向推广以达到刺激消费的目的。红米手机在 QQ 空间上的首发就是一项成功的精准营销案例。通过对海量用户的行为（包括点赞、关注相关主页等）和他们的身份信息（包括年龄、教育程度、社交圈等）进行筛选后，公司从 6 亿用户中选出了 5 000 万可能对红米手机感兴趣的用户作为定向投放广告和推送红米活动的目标群体，并最终预售成功。

其次，针对既有的消费者，企业可以通过用户的行为数据分析他们各自的购物习惯并按照其特定的购物偏好、独特的购买倾向加以一对一的定制化商品推送。Target 百货的促销手册、沃尔玛的建议购买清单、亚马逊的产品推荐页无一不是个性化产品推荐为企业带来可预测销售额的例证。

最后，企业可以依据既有消费者各自不同的人物特征将受众按照"标签"细分，再用不同的侧重方式和定制化的活动向这些类群进行定向的精准营销。对于价格敏感者，企业需要适当地推送性价比相对较高的产品并加送一些电子优惠券以刺激消费；而针对喜欢干脆购物的人，商家则要少些干扰并帮助其尽快地完成购物。

三、消费者定位和情感分析

这里的"定位"包含两种概念，一是针对个体消费行为轨迹或搜索行为的精准定位，通过数据对用户进行分析、分类和精准转化，如该消费者在浏览网页过程中对哪一类信息、产品具有倾向性，从而进行精准营销；二是基于地理位置的精准定位，通过采用智能移动终端的个人位置推送信息使信息到达用户。基于不断演进的大量来自社交媒体的使用者数据流，情感分析为多种消费者行为分析评估提供参考。企业和品牌可以通过情感分析预测消费者对营销传播的实时反应并迅速做出相应调整。如 Facebook 的"like"功能和新浪微博、腾讯微信的"点赞"功能，可以实现消费者情感的即时反馈。因为大多数消费者基于同伴"口口相传"的喜好和评价进行购买决策，因而情感分析在消费者研究过程中至关重要。

凭借互联网、手机和传感器，企业可以实现对海量消费者喜好数据的收集和分析。因为你看在看什么、玩什么、说什么，可以直接反映你的喜好，而这成为个性化生产和设计有效的切入口。一些家电企业，如海尔和 TCL 等通过互联网，来让消费者选择产品的各种风格、颜色和模块，汇集海量的消费者需求数据，实现个性化定制。

数据时代，我们可以通过语音、图像、文字三大语言载体，收集和了解消费者行为，实现精准销售和管理。但每一段时间的研究以及所显现出的消费者特点只是对当时经济环境和特征的侧面反映，这些模式和特点会随着经济的发展而改变。只有不断地去把握消费者的行为，并分析其特点，制定合适的网络营销策略，企业才能不断成长。对于大数据的深入挖掘和深度利用已经成为消费者研究领域的重要趋势，尤其是整合网络各个数据源，筛选有价值的分析数据，从而预测消费者的前期意向、评估事后行为，成为未来消费者行为研究分析中的重要突破口和创新点。

本章小结

在当前的电商市场模式下，研究网络消费者行为以适应消费需求变化，完善政策措施，改善消费环境，促进消费稳定增长是十分有必要的。本章通过对网络消费者行为的研究，引导学生自觉树立正确的网络消费价值观，培养良好的职业道德素质。

网络消费需求具有如下特点：消费具有层次性，需求具有差异性，需求具有交叉性、超前性和可诱导性。

网络环境下消费者的特征：新势力崛起、追求品牌和品质、追求性价比、消费个性化、消费理性化、消费便利化、消费娱乐化。

网络消费者心理变化主要体现在以下几个方面：个性消费的复归、消费主动性增强、消费心理稳定性降低、转换速度加快。

从酝酿购买开始到购买后的一段时间，网络消费者的购买过程可以粗略地分为五个阶段：需求确认、收集信息、比较选择、购买决策和购后评价。

网络消费者购买行为主要受外部因素和个人因素的影响。外部因素包括文化因素、社会因素、网络购物环境等；内部因素包括个人因素以及心理因素。这些因素将综合在一起对网络消费者购买行为产生作用。

随着信息化技术的发展，消费者的日常生活购买等行为轨迹正在变得数据化。结合购物网站、其他网页浏览信息、社交媒体平台信息、移动终端、搜索引擎等多个平台去接触消费者，挖掘数据，不仅可以理解消费者的当下行为和事后行为，也可以在消费者行动前深入理解消费者，从而有助于整体营销策略的制定。

关键术语

个性消费、购买决策、家庭生命周期、网络购物环境、消费者细分、情感分析

配套实训

1. 登录 CNNIC 官方网站，下载最新的《中国网络购物调查研究报告》，仔细阅读该报告，通过该报告了解我国网络市场和网络消费者有什么特点，这些调查研究对企业从事网络营销有什么帮助。

2. 海尔商城全面展示海尔的热销产品，科学引导顾客购物，使消费者真正体会到网络消费的便捷和实惠。请读者登录海尔网上商城，打开"帮助中心"，了解海尔商城为网络消费者提供了哪些特色服务。

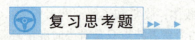

一、单选题

1. 在消费者购买过程中有（　　）介入因素。
   A. 产品　　　　B. 价格　　　　C. 便利　　　　D. 促销
   E. 渠道　　　　F. 广告

2. 消费者购买过程属于（　　）阶段。
   A. 需求确认阶段　　B. 信息收集阶段　　C. 做出购买决策　　D. 比较选择阶段
   E. 购后评价阶段

3. 影响网络消费者购买行为的外部因素包括（　　）。
   A. 文化影响　　B. 社会影响　　C. 家庭影响　　D. 网络购物环境
   E. 心理因素

4. 网络消费需求具有（　　）特点。
   A. 层次性　　　B. 差异性　　　C. 交叉性　　　D. 便捷性
   E. 数字化

二、填空题

1. 网站在为大数据研究收集原始信息中扮演了越来越重要的角色。基于购物网站的＿＿＿＿＿、＿＿＿＿＿及＿＿＿＿＿被大量采集。

2. ＿＿＿＿＿是社会的基本组成单位,也是社会基本的消费单位。

3. 为了使消费需求与自己的购买能力相匹配,＿＿＿＿＿是购买过程中必不可少的环节。一般说来,消费者的综合评价主要考虑＿＿＿、＿＿＿、＿＿＿、＿＿＿、＿＿＿和＿＿＿等。

三、简答题

1. 简述网络消费者购买的一般过程,并进行简要解释。
2. 影响网络消费者购买行为的主要因素有哪些？你是怎样理解的？
3. 简述不同家庭生命周期阶段及其对消费者行为的影响。
4. 网络消费者购买行为的心理动机主要体现在哪些方面？它们是如何影响网络消费者的消费行为的？
5. 利用网络消费者行为轨迹的数据,企业可以采取什么营销措施影响网络消费者的购买决策？

四、案例讨论

年轻人居家染发野性消费大揭秘

第四章 网络市场调研

学习目标

知识目标

1. 了解网络市场调研的定义及任务。
2. 理解网络市场调研的策略。
3. 掌握网络市场调研的特点。
4. 掌握网络市场调研的步骤。
5. 掌握网络市场调研的具体方法。

技能目标

1. 学会用文献数据库法查找相关数据文献。
2. 学会将网络市场调研的策略具体应用于调研过程中。
3. 掌握使用"问卷星"开展结合具体网络营销问题的网络调研流程。

思政目标

1. 把握网络市场调研最新发展与应用动态；
2. 培养学生的职业素养和责任意识。

导入案例

CNNIC 第 47 次《中国互联网发展状况统计报告》（摘编）
调查方法与网络直播商务交易应用发展

一、调查方法

（一）网民个人调查

1.1 调查总体

我国有住宅固定电话（家庭电话、宿舍电话）或者手机的 6 周岁及以上居民。

◇ 样本范围

调查样本覆盖中国大陆 31 个省（区、市）。

◇ 调查总体细分

调查总体划分如下。

子总体 A：被住宅固话覆盖人群，包括住宅固定电话覆盖的居民、学生宿舍电话覆盖用户、其他宿舍电话覆盖用户；

子总体B：被手机覆盖人群；

子总体C：手机和住宅固话共同覆盖人群，住宅固话覆盖人群和手机覆盖人群有重合，重合处为子总体C，C＝A∩B。

1.2 抽样方式

CNNIC针对子总体A、B、C进行调查，为最大限度地覆盖网民群体，采用双重抽样框方式进行调研，采用的第一个抽样框是固定住宅电话名单，调查子总体A；采用的第二个抽样框是移动电话名单，调查子总体B。

对于固定电话覆盖群体，采用分层二阶段抽样方式。为保证所抽取的样本具有足够的代表性，将全国按省、直辖市和自治区分为31层，各层独立抽取样本。

省内采取样本自加权的抽样方式。各地、市、州（包括所辖区、县）样本量根据该城市固定住宅电话覆盖的6周岁及以上人口数占全省总覆盖人口数的比例分配。

对于手机覆盖群体，抽样方式与固定电话群体类似，也将全国按省、直辖市和自治区分为31层，各层独立抽取样本。省内按照各地市居民人口所占比例分配样本，使省内样本分配符合自加权。

为了保证每个地、市、州内的电话号码被抽中的机会大致相同，使电话多的局号被抽中的机会多，同时也考虑到访问实施工作的操作性，在各地、市、州内电话号码的抽取按以下步骤进行：

手机群体调研方式是在每个地、市、州中，抽取全部手机局号；结合每个地市州的有效样本量，生成一定数量的四位随机数，与每个地、市、州的手机局号相结合，构成号码库（局号+4位随机数）；对所生成的号码库进行随机排序；拨打访问随机排序后的号码库。固定电话群体调研方式与手机群体相似，同样是生成随机数与局号组成电话号码，拨打访问这些电话号码。但为了不重复抽样，此处只访问住宅固定电话。

网民规模根据各省统计局最新公布的人口属性结构，进行多变量联合加权的方法进行统计推算。

1.3 抽样误差

根据抽样设计分析计算，网民个人调查结果中，比例型目标量（如网民普及率）估计在置信度为95%时的最大允许绝对误差为0.5个百分点。由此可推出其他各种类型目标量（如网民规模）估计的误差范围。

1.4 调查方式

通过计算机辅助电话访问系统（CATI）进行调查。

1.5 调查总体和目标总体的差异

CNNIC在2005年年末曾经对电话无法覆盖人群进行过研究，此群体中网民规模很小，随着我国通信业的发展，目前该群体的规模逐步缩减。因此本次调查研究有一个前提假设，即针对该项研究，固话和手机无法覆盖人群中的网民在统计中可以忽略不计。

（二）网上自动搜索与统计数据上报

网上自动搜索主要是对网站数量进行技术统计，而统计上报数据主要包括IP地址数。

2.1 IP地址总数

IP地址分省统计的数据来自亚太互联网络信息中心（APNIC）和中国互联网络信

息中心（CNNIC）IP 地址数据库。将两个数据库中已经注册且可以判明地址所属省份的数据，按省分别相加得到分省数据。由于地址分配使用是动态过程，所统计数据仅供参考。同时，IP 地址的国家主管部门工业和信息化部也会要求我国 IP 地址分配单位每半年上报一次其拥有的 IP 地址数。为确保 IP 数据准确，中国互联网络信息中心（CNNIC）会将来自 APNIC 的统计数据与上报数据进行比较、核实，确定最终 IP 地址数。

2.2　网站总数

由 CNNIC 根据域名列表探测得到。

".CN"和".中国"域名列表由 CNNIC 数据库提供，通用顶级域名（gTLD）列表由国际相关域名注册局提供。

2.3　域名数

".CN"和".中国"下的域名数来源于中国互联网络信息中心（CNNIC）数据库；通用顶级域名（gTLD）及新通用顶级域名（New gTLD）由国内域名注册单位协助提供。

二、网络直播商务交易应用发展

截至 2020 年 12 月，我国网络直播用户规模达 6.17 亿，较 2020 年 3 月增长 5 703 万，占网民整体的 62.4%。其中，电商直播用户规模为 3.88 亿，较 2020 年 3 月增长 1.23 亿，占网民整体的 39.2%；游戏直播的用户规模为 1.91 亿，较 2020 年 3 月减少 6 835 万，占网民整体的 19.3%；真人秀直播的用户规模为 2.39 亿，较 2020 年 3 月增长 3 168 万，占网民整体的 24.2%；演唱会直播的用户规模为 1.90 亿，较 2020 年 3 月增长 3 977 万，占网民整体的 19.2%；体育直播的用户规模为 1.38 亿，较 2020 年 3 月减少 7 488 万，占网民整体的 13.9%。2016.12—2020.12 网络直播用户规模及使用率如图 4-1 所示。

图 4-1　2016.12—2020.12 网络直播用户规模及使用率

以电商直播为代表的网络直播行业在 2020 年实现蓬勃发展，具体表现在以下两个方面：

促消费，网络直播成为拉动经济内循环的有效途径。在 2020 年新冠肺炎疫情和决战决胜脱贫攻坚的双重背景下，"跨越信息鸿沟、实现安全交易、形成健康循环"成为政府与企业的重要目标。网络直播作为"线上引流+实体消费"的数字经济新模式，完美契合了上述需求，因而成为发展新热点。一是政府高度重视，为行业发展打下坚实基础。为深入贯彻党中央、国务院精准扶贫和乡村振兴战略，各地方政府积极发挥"牵线搭桥"作用，通过成立电商直播协会、建设电商直播基地、培育电商直播人才、打造直播电商产业带等多种方式，促进"电商直播+"产业发展，助力传统产业振兴。二是企业积极布局，为行业发展提供技术支撑。无论是以京东、苏宁为代表的电商企业，还是以抖音、快手为代表的短视频平台，甚至微信、微博等互联网社交应用，都开始将电商直播作为拉动营收增长的战略重点。企业人才资源的大量涌入，让电商直播技术实现了迅猛发展，在接入速率、流畅程度、延迟水平等方面都实现了长足进步。三是网民广泛参与，为行业发展带来强劲动力。随着疫情期间用户线上消费习惯的加速养成，直播电商已经成为一种广泛受到用户喜爱的新兴购物方式。数据显示，在电商直播中购买过商品的用户已经占到整体电商直播用户的66.2%，其中17.8%用户的电商直播消费金额占其所有网上购物消费额的三成以上。以微博为例，人民日报、央视新闻等官方微博组织的"一起遇见国货好物#这很中国#"等多个主题直播活动的用户观看量均过千万。

强管理，不良内容整治措施和行业规范陆续出台。一是直播平台不良内容管理进一步加强。2020年6月，国家互联网信息办公室会同相关部门对31家主要网络直播平台的内容生态进行全面巡查，视违规情节对相关平台采取停止主要频道内容更新、暂停新用户注册、限期整改等处置措施。8月，网络直播行业专项整治和规范管理工作进行再部署，着力于提升直播平台文化品位，引导用户理性打赏，规范主播带货行为，促进网络直播行业高质量发展。二是网络直播行业规范密集出台。6月，中国广告协会发布《网络直播营销行为规范》，成为首部针对直播电商行业的全国性规定。11月，国家广播电视总局发布《关于加强网络秀场直播和电商直播管理的通知》；国家互联网信息办公室会同有关部门起草《互联网直播营销信息内容服务管理规定（征求意见稿）》并向社会公开征求意见。这些规范性文件将有助于网络直播行业淘汰无序从业者，实现长期繁荣发展。

讨论：CNNIC在开展网络直播等商务交易类的网络市场调研时，可能采用怎样的调查方法？

第一节 网络市场调研概述

一、网络市场调研的定义

网络市场调研是指利用互联网为信息传递工具，依据一定的理论原则、程序方法，有计划地对企业营销网络市场进行资料收集、整理、分析和咨询等一系列活动。网络市场调研是信息媒介商业模式中，企业最为看重的一种低资金成本和高投资回报率的运作模式，其目的在于通过网络市

视频：
网络市场调研

场调研对网络市场的产品供求关系、行销业务、广告推广等基本状况予以掌握，以便企业在进行网络营销决策时能提供必要的依据和基础支撑。

二、网络市场调研的任务

（一）调研市场环境与行情

市场环境与市场行情的调研通过互联网的渠道进行，是网络市场调研的首要任务。一方面，市场环境调研是指利用互联网对企业网络营销产生影响的所有外部可能因素进行调研，包括政治环境调研、经济环境调研、法律环境调研、人文环境调研、自然环境调研和科技环境调研等。市场环境的调研对于企业开展网络营销在市场潜力、机会与可行性等层面提供了清晰的方向，也让企业在树立良好形象层面有据可依。另一方面，市场行情调研是指利用互联网对要进行营销的产品或服务进行供求调研、产品调研和价格调研，以预测企业自身能否在市场竞争中赢得生存和发展。其中供求调研是结合营销产品或服务进行市场需求情况的网络调研；产品调研是指通过调研明确产品或服务在目标市场目前所处的生命周期、消费者对产品或服务质量及包装等其他指标的评价和认同度、消费者对产品变更或升级的反应程度等；价格调研是指调研影响产品价格的因素、价格的需求与供给弹性、同类可替代产品的价格现状与趋势等，企业在考察自身原有价格策略的情况下结合调研情况进行价格调整以适应市场行情的发展、实现收入和利润增长。

（二）掌握营销渠道与促销情况

产品实施网络营销的渠道有网络营销直接渠道、网络营销间接渠道与双道法三种。企业网络营销究竟采取哪一种渠道方能达成企业经营目标可以通过网络调研的方法来形成渠道选用的决策。掌握营销渠道而开展调研的内容有：掌握个案在分销与直销模式方面的差异，并具体考察评估各分销商的资质、过往销售业绩、分销策略的具体实施以及消费者的印象或评价等。在综合考量营销渠道调研结果的基础上进行营销渠道选用决策，辅以有效管理以利于产品或服务的网络营销。促销策略的选择是影响产品或服务网络营销成功的要素之一，因此促销情况的调研也相对重要。促销情况调研的内容主要有：各销售机构开展的各种促销宣传和推广活动的策略与促销效果，促销人员的销售业绩，消费者对于促销形式的接受度与评价等。

（三）全面掌握消费者需求情况

要掌握消费者需求情况，首先需明确，调研的对象应包含现有的和潜在的消费者两类群体。只有掌握了消费者的相关数据资料，才能进行消费者购买行为意向的预测与满意度评价，并掌握其需求变化特点，最终为产品或服务的网络营销服务。消费者需求情况调研的内容有消费者的年龄、性别、职业、收入、地区分布、数量等基本情况以及消费者的购买方式、购买频率、购买动机等行为习惯。

（四）了解同行竞争与产业链情况

企业要进行产品或服务的网络营销并实现在同行业竞争中取胜，那么对于同行竞争状况以及产业链相关成员情况进行调研并科学评估，做到知己知彼很有必要。同行竞争情况网络调研的开展，主要分为竞争对手的调研和竞争产品的调研两个方向。通过调研摸清竞争对手（含潜在竞争对手）的数量和实力、管理和营销水平、经营和发展战略，竞争产品的品类、价格、质量及市场占有率等，全面了解相关产品或服务网络营销的竞争态势。产业链情况网络调研的开展，主要是对产品的设计研发、原材料供应、生产、运输、销售等环节的参与成员进行调研，全面了解情况，以利于企业经营战略的制定并有效选择业务合作伙伴。

三、网络市场调研的特点

网络市场调研，既具备传统市场调研的作用特性，例如在加强网络营销管理、制定竞争性的策略以实现效益提升等层面具有相同的作用，又具备与网络结合后所具备的独特性质，其所表现出来的特点主要包括：

（一）无时空限制

开展网络市场调研，利用了互联网可跨越时空的特性：不受时间限制可以 24 小时开展，不受空间限制可以在任何地理范围开展等。任何企业或个人想要开展调研，都可以利用互联网随时向全球的网民发布调研问卷；任何网民在世界任何角落只要能接入互联网，都能接受调研。

（二）即时性和共享性

网络市场调研的即时性反映了开展调研的效率高，主要表现在两个方面：一方面是调研过程的即时性，市场调研通过网络的渠道开展，开展过程避免了传统形式的调研问卷印刷、邮寄的耗时，企业调研问卷的内容通过网络能迅速发布和回收，保证了时效。另一方面是调研结果数据处理的即时性，网络调研系统平台能即时地对获得的数据进行统计处理，运用软件分析快速获得调研反馈的信息内容。与此同时，调研报告在网上公布，实现共享。例如，中国互联网信息中心（CNNIC）定期公开发布《中国互联网络发展状况统计报告》，频率为一年两次，分别在年初与年中，这一报告为企业和政府了解我国互联网发展动态并在制定相关决策的过程中起到了基础性、支撑性的作用。

（三）交互性和准确性

网络市场调研的开展交互性较强，可以通过网络视频、音频、文字交流等形式与被调研对象直接进行沟通。这一交互性与当面交流不同，营造了调研者在场时所不具备的从容和轻松氛围。被调研者可以在相对自由的情况下，结合要调研的内容基于充分考虑后进行回复，并经思考对调研的内容提出意见和建议。因此，充分的交互性能在一定程度上降低因调研内容设计不合理而造成误差的可能性。而网络调研结果的准确性不仅受交互性是否充分的影响，还受到调研对象的主观能动性的影响。如果调研对象愿意接受网络调研，对调研内容感兴趣并能主动认真参与，在调研结果层面将针对性更强、准确性更高。

（四）技术性和经济型

借助互联网开展市场调研的这一方式，在技术层面具有调研手段的先进特性。这是由于网络调研的开展除了可以采用网页、论坛、电子邮件等传统信息技术手段的形式进行以外，还可以利用现代移动通信技术等手段，通过手机 QQ、微信、App 等形式进行，这些方式在经济成本层面具有成本较低的特性。如采用"问卷星"网上系统可以省去纸质问卷的印刷和邮寄费用、电话问卷的通话费用以及人员派出的差旅费用，同时系统可自动收集和处理数据，免去了人工录入数据操作的繁重性。

第二节 网络市场调研的步骤

一、明确调研问题与目的

调研问题与目的的确定对于利用互联网开展市场调研来说是第一步，也是最关键的一步。俗话说"良好的开始是成功的一半"，只有结合企业经营的实际需要，对产品或服务的网络营销具体达成的诉求进行全面分析，才能找准问题、明确调研的目的。这一过程具体为调研实施者收集相关背景材料、确认所需决策的问题、罗列可能要调研的问题清单、从技术和成本等层面筛选出最终要调研的问题，最终的问题应具体可行且避免大而全。最后才能进入下一步骤即制定合理的调研方案。

例：某网店的销售额低于预期目标，经过初步研究认为其网店的客户流量低是可能引发问题的主要因素时，调研实施者将提高客户流量这一问题的解决作为目的，经过集思广益、查阅文献、咨询专家等，调研的问题清单可能如下：顾客对网店的熟知度及其影响因素分析，顾客忠诚地重复购买的比例及其影响因素分析、顾客对不同的营销手段的接纳程度及效果评估等。

二、制定合理的调研方案

调研方案制定的科学性、有效性是网络市场调研开展的坚实基础。合理的调研方案由资料来源、调研范围（或抽样方案）、调研的方法与手段、调研经费预算、调研日程安排等具体细目组成，是网络市场调研一系列行动纲领的确定。例如，调研范围（或抽样方案）的确定，应从调研对象的实际情况和网络营销问题的调研目标出发，确定抽样的单位或样本对象以及抽样规模等。

三、调研人员培训与调研督查

对参与网络市场调研的人员进行培训，是提高获得的调研数据质量的一项重要举措。培训的内容主要是让调研人员了解调研的问题与目的、调研方案以及调研行业相关的背景知识，在此基础上掌握调研的业务技术如调研系统问卷填写、数据存储等操作方法，并按流程与规范进行调研。为保证数据的一致性与准确性，调研开展过程需对调研进行督查，以电子问卷为例，督查的内容包含问卷管理的质量控制、防止问卷作假的舞弊控制、进度控制和成本控制等。

四、调研结果的分析与反馈

调研结果的分析主要运用于市场预测。而分析包含数据编校处理、分类和统计分析三个阶段，其中，统计分析常用的方法有描述性统计分析、方差分析、相关与回归分析、因子分析和聚类分析等。网络市场调研的最后一个步骤即为调研结果形成报告并反馈，需要特别指出的是，报告不是资料和数据的简单堆砌，而是针对要调研的问题与目的，结合调研结果进行针对性的阐释，以结论和建议供决策者参考。在调研报告提交反馈之后，还应对报告的使用情况进行跟踪，评价报告在产品或服务网络营销中的实际利用价值，以形成经验的积累。

第三节 网络市场调研的方法

一、网络直接调研法

网络直接调研法是指在互联网上，通过直接开展调查、实验或观察等方式获取第一手资料的方法。这种方法获取的调研结果与调研主题密切相关，故针对性强，能有目的地解决具体问题。网络直接调研法主要有以下几种：

视频：
网络市场调研方法

（一）电子问卷调查法

问卷调查的开展通过电子的形式进行称为电子问卷调查法。电子问卷调查的开展，一方面调研者主要结合电子文档（问卷内容放置于文档中）并通过邮箱进行发送和回收；另一方面通过 Web 站点设置问卷邮，由被调研者获取链接后自愿填写并提交，比较通用的是采用类似"问卷星"的商业网站进行网络市场调研。

 小链接：问卷星

（二）网上集体访谈与观察法

网上集体访谈和观察法可以利用 BBS、QQ 群、微信群、聊天室等渠道进行，通过讨论和观察，通过调研对象的言论和行为直接了解其对调研问题的看法，同时调研者做好记录并通过定性与定量分析研究获得最终的调研结果。

二、网络间接调研法

网络间接调研法是指利用互联网收集与调研目的相关的二手数据资料的方法。网络间接调研法主要是为直接调研服务的，可以在一定程度上获取与调研目的相关的背景资料。网络间接调研法获取的二手数据资料主要有：由经营业务、财务统计、顾客数据等组成的企业内部资料；由公开发表文献、相关数据库等组成的企业外部资料。网络间接调研法主要有以下几种：

（一）搜索法

搜索法主要是利用百度、谷歌、雅虎等搜索引擎来查找资料。有效利用搜索引擎，不仅可以拓展信息来源的渠道，而且信息量能大幅增加。搜索法能结合所要搜索的文件类型，例如".doc"".ppt"".pdf"等，直接进行搜索和下载。

（二）文献数据库法

文献数据库法是利用文献数据库，如德国 Springer Link、荷兰 Science Direct、中国知网和维普等来查找资料。从文献数据库获取资料，通常需要支付一定的版权费用。

（三）网站浏览法

网站浏览法是从网站获取相关的新闻报道、政府部门法律法规和政策发布、企业资料等，都是快捷有效的方法。

网络直接调研法与间接调研法的区别，见表4-1。

表 4-1 网络直接调研法与网络间接调研法的区别

比较项目	网络直接调研法	网络间接调研法
适用范围	解决专门的问题	解决其他问题
调研成本	高	低
调研周期	长	短
调研程序	复杂	简单

第四节 网络市场调研的策略

网络市场调研的开展是一个系统性的复杂任务，为了使调研结果与真实情况更相符，应坚持调研原则，这些原则包含计划性、针对性、科学性、经济性等。除此之外，以下策略的讲究也十分重要。

一、调研时给予物质奖励等建立情感纽带

调研实施机构应采取一些措施吸引符合要求的调研对象参与调研。除了维护必要的社交关系外，鼓励措施还可包含物质奖励、购买产品或服务时给予优惠折扣、抽奖等方式。在情感建立、产生互信的基础上，进行市场调研将可能获得更为详细、准确的一手数据资料。

二、采取传统调研方式与网络方式相结合的模式

受限于网络市场调研仍存在可能重复答卷、问卷长度限于调研对象注意力时间较短不宜过长等问题，必要的时候可采用传统市场调研与网络市场调研相结合的方式进行，取长补短。例如在拜访受调研者的基础上，现场利用网络站点的问卷直接辅导受调研者填写，最大限度保证问卷结果的准确性和有效性。CNNIC 的调查采用计算机辅助电话访问系统（Computer Assisted Telephone Interviewing System，CATI），也是传统调研方式与网络方式相结合的典型例子。

三、严格区分网络市场调研与网络市场营销

实现区分网络市场调研与网络市场营销两者的异同点，应对两者的主体功能进行具体

把握。网络市场调研是将所需调研问题通过网络进行收集、处理,以获得对企业决策有价值的信息。而网络市场营销是为增加销售而采取的一系列活动。两者在功能上有所从属,网络市场调研是网络市场营销的组成部分,是为网络市场营销服务的。只有做到严格区分,才能在宏观层面对网络市场调研实现有效管理,并有的放矢地开展网络市场调研。

四、注意网络市场调研的道德问题

网络市场调研的道德问题是指参与网络市场调研的各方行为主体的行为规范的总和。首先,调研结果的真实性是最为关键的道德问题,如果调研的实施机构故意人为编造、篡改调研数据,或者为了经济利益或其他不为人知的目的提供倾向性的调研结果甚至偏离科学的调研方法而得到数据结果,都将使调研结果的真实性大打折扣。其次,注重调研的保密性。保密性不仅体现在调研对象个人信息的保护、调研时不提敏感问题、不问与调研目的无关的问题等,还体现在实施调研的机构对调研结果进行保密,未经其允许不得向第三方泄露调研结果。最后,对于调研结果的分析报告应做到客观、完整,避免刻意节选对企业有利的描述以致受众断章取义或错误解读。

五、调研结果可靠性的评估与纠偏

调研结果的可靠性关系着最终调研报告的撰写质量。对调研结果的可靠性进行评估,除了分析判断样本来源是否为舞弊、接受调研的人员与调研者是否存在利益或情感冲突之外,还可以利用统计软件进行信度和效度分析,以考察数据结果的一致性、稳定性、可靠性以及能反映所要调研内容的程度。因此可靠数据的获得显得尤为重要,网络市场调研的实施者在调研的过程中应注重对调研督导手段的有效利用,最大限度地降低各类原因造成的调研数据偏差。

本章小结

本章通过介绍网络市场调研的任务与特点、调研的步骤与方法、应坚持的原则与策略等,帮助学生掌握网络市场调研的操作方法,锻炼学生的基本技能,培养学生的基本素养,弘扬工匠精神。

网络市场调研是指利用互联网为信息传递工具,依据一定的理论原则、程序方法,有计划地对企业营销网络市场进行资料收集、整理、分析和咨询等一系列活动。网络市场调研的任务包括调研市场环境与行情、掌握营销渠道与促销情况、全面掌握消费者需求情况、了解同行竞争与产业链情况四个方面。网络市场调研的特点包括无时空限制、即时性和共享性、交互性和准确性、技术性和经济性等。网络市场调研的步骤主要有明确调研问题与目的、制定合理的调研方案、调研人员培训与调研督查、调研结果的分析与反馈四步。网络市场调研的方法分为网络直接调研法和网络间接调研法两大类。其中网络直接调研主要有电子问卷调查法、网上集体访谈与观察法;网络间接调研法主要有搜索法、文献数据库法、网站浏览法。网络市场调研应坚持计划性、针对性、科学性、经济性原则,同时以下策略的讲究也十分重要:调研时给予物质奖励等建立情感纽带、采取传统调研方式与网络方式相结合的模式、严格区分网络市场调研与网络市场营销、注意网络市场调研的道德问题以及调研结果可靠性的评估与纠偏。

关键术语

网络市场调研、市场环境调研、市场行情调研、供求调研、产品调研、价格调研、网络营销的渠道、营销渠道调研、促销情况调研、消费者需求情况调研、竞争情况调研、产业链情况调研、网络直接调研法、电子问卷调查法、网上集体访谈与观察法、网络间接调研法、搜索法、文献数据库法、网站浏览法、网络市场营销、网络市场调研道德

配套实训

任选网络市场调研的主题,通过"问卷星"进行问卷设计、发布问卷链接,通过多种渠道寻找调研对象,邀请其作答,在问卷回收后完成调查报告。

复习思考题

一、单选题

1. 通过 Web 站点直接填写问卷并提交的这一参与网络市场调研的方式称为（   ）。
   A. 搜索法 B. 文献数据库法
   C. 电子问卷调查法 D. 网上集体访谈与观察法
2. 价格调研属于（   ）调研任务。
   A. 调研市场环境与行情 B. 掌握营销渠道与促销情况
   C. 全面掌握消费者的需求情况 D. 了解同行竞争与产业链情况
3. 网络调研的开展除了可以采用网页、论坛、电子邮件等传统信息技术手段的形式进行以外,还可以利用现代移动通信技术等手段,通过手机 QQ、微信、App 等形式进行。这体现了网络市场调研的（   ）特点。
   A. 无时空限制 B. 即时性
   C. 共享性 D. 技术性
4. 下列选项中,不属于网络直接调研法与网络间接调研法对比后区别的是（   ）。
   A. 解决专门的问题 B. 调研成本低
   C. 调研周期长 D. 调研程序复杂
5. 下列网络市场调研道德中,属于最关键的道德问题的是（   ）。
   A. 调研结果的真实性 B. 注重调研的保密性
   C. 调研结果的分析报告做到客观、完整 D. 其他

二、填空题

1. 网络市场调研是指利用互联网为信息传递工具,依据一定的理论原则、程序方法,有计划地对企业营销网络市场进行_____、整理、_____和咨询等一系列活动。
2. 合理的调研方案由_____、_____、_____、调研经费预算、调研日程安排等具体细目组成,是网络市场调研一系列行动纲领的确定。
3. 网络市场调研的开展是一个系统性的复杂任务,为了使调研结果与真实情况更相符,应坚持_____、_____、科学性、_____等原则。

4. 网络间接调研法是指利用互联收集与调研目的相关的_____。
5. 网络市场调研道德是指参与网络市场调研的各方行为主体的_____。

三、简答题

1. 网络市场调研的特点有哪些？
2. 结合实际的网络市场营销过程中可能需要调研的问题，简述网络市场调研的步骤。

四、案例讨论

2021年网民网络安全感满意度调查

第五章 网络营销战略概述

学习目标

知识目标

1. 掌握网络营销战略的基本概念，网络市场细分、网络目标市场、网络市场定位的概念。
2. 了解市场细分的步骤、方法和细分标准，网络营销战略模式的选择，网络营销战略的意义。
3. 熟悉网络目标市场选择的战略和策略。

技能目标

1. 学会分析不同企业的目标市场。
2. 综合运用网络营销策略分析不同企业的营销战略。
3. 具有网络营销策略综合运用的能力。

思政目标

1. 弘扬爱国主义精神，增强学生的民族自豪感。
2. 培养学生的工匠精神。

导入案例

中国电信与阿里巴巴签署全面战略合作协议

2017年5月13日，中国电信集团公司与阿里巴巴（中国）有限公司在北京签署全面战略合作协议。基于良好的业务合作基础及各自领域内的丰富经验及资源，双方决定建立全面战略合作伙伴关系。

根据协议，双方将在电子商务、基础网络和安全、营销服务、云计算、支付、农村渠道、终端和物联网、企业采购服务等多个领域开展广泛深入的合作。双方互为战略大客户，将共同加强中国电信"五圈"（智能连接、智慧家庭、新型ICT应用、互联网金融、物联网五大生态圈）和阿里巴巴"五新"（新零售、新制造、新金融、新技术、新能源）的对应合作。此外，还将进一步探讨和开拓未来的深度合作。

此前，中国电信与阿里集团作为战略合作伙伴，已在数据中心、基础通信及电商、移动支付等众多领域开展了多层次的合作，实现了双方在产品、业务和营销上的创新，实现了合作双赢。

阿里巴巴集团是全球领先的互联网企业，经过多年发展，已在电子商务、普惠金融、云计算及大数据、操作系统、文化娱乐、智能物流等领域形成了立体化产业布局，并引领带动着行业发展。互联网时代，阿里巴巴正致力于成为新经济发展的基础设施提供者。

中国电信作为全球最大的光网运营商和全球最大的FDD运营商，具备为全球客户提供跨地域、全业务的综合信息服务能力和客户服务渠道体系。中国电信积极推进企业转型升级，实施网络智能化、业务生态化、运营智慧化，引领数字生态，做领先的综合智能信息服务运营商，助力网络强国，服务社会民生。

资料来源：中国电信与阿里巴巴签署全面战略合作协议［EB/OL］．（2017-05-16）［2021-02-15］．http://www.sasac.gov.cn/n2588025/n2588119/c4294652/content.html

讨论：中国电信与阿里巴巴是如何达成营销战略合作的？

第一节 网络营销战略

一、网络营销战略的定义

营销战略是指企业为实现特定的营销目标而制定的行动纲领或方案。传统意义上的营销战略是指基于企业既定的战略目标，向市场转化过程中必须要关注客户需求的确定、市场机会的分析、自身优势的分析、自身劣势的反思、市场竞争因素的考虑、可能存在的问题预测、团队的培养和提升等综合因素，最终选择增长型、防御型、扭转型、多角型等市场营销战略，以此作为指导企业将既定战略向市场转化的方向和准则。

视频：制定网络营销战略

网络营销战略（Internet Marketing Strategy）是指企业在现代网络营销观念下，为实现其经营目标，对一定时期内网络营销发展的总体设想和规划。

二、网络营销战略的特征

网络营销战略具有全局性、长期性、系统性、灵敏性、风险性等特征。

（一）全局性

全局性是指企业的市场营销战略体现了企业全局发展的需要和利益。

（二）长期性

长期性是指营销战略着眼于未来，要指导和影响未来一个相当长的时期。

（三）系统性

系统性是指应该把整个企业的战略作为一个整体系统工程来统筹制定，追求整体发展的最大效益。

（四）灵敏性

灵敏性是指企业的营销受外部环境和内部条件的综合影响。当外部环境发生变化（如市场需求、政治或经济形势变化、政策与法规变更、原材料供应变化等）时，必须不失时机地进行战略调整。

（五）风险性

风险性是指任何营销决策都不可能是在信息绝对充分的条件下做出的，都是对未来所做的预测性决策，机会和威胁经常是互相转化的，因此总是存在一定的风险。

三、网络营销战略的制定过程

（一）外部环境分析

营销人员需要监测影响营销活动的主要宏观环境因素，同时还必须监测重要的微观环境因素。这些环境因素会影响企业在市场中的盈利能力。企业需要建立营销信息系统，研究环境因素的发展趋势和规律，从趋势和规律中辨明市场机会和威胁。通常使用 PEST 分析法来分析企业的宏观环境。PEST 包括四个分析要素，即 Politics（政治）、Economy（经济）、Society（社会）和 Technology（技术）。

（二）内部环境分析

外部环境机会对所有企业都是均等的，但并非所有企业都能把握住机会，这是因为不同企业的内部环境不同。只有充分发挥企业自身优势，把环境机会和企业能力结合起来，企业才能成功。企业要定期检查内部环境因素，分析自身的优势及劣势，扬长避短，把握能充分发挥优势的市场机会。通常使用 SWOT 分析法来分析企业的内部环境。SWOT 分析法是用来确定企业自身的优势、劣势，面临的机会和威胁，从而将公司的战略与公司内部资源、外部环境有机地结合起来的一种科学分析方法。图 5-1 可以用于评估企业的风险状况。

	优势（S）	劣势（W）
机会（O）	风险小	风险中等
威胁（T）	风险中等	风险大

图 5-1　企业风险状况 SWOT 分析

1. SO 战略

当企业自身存在明显优势、环境机会凸显时，可采取发挥优势、利用机会的 SO 战略，也称为增长型战略。

2. WO 战略

当企业自身存在明显劣势、环境机会凸显时，可采取利用机会、克服弱点的 WO 战略，也称为扭转型战略。

3. ST 战略

当企业自身存在明显优势、环境威胁凸显时，可采取发挥优势、避开威胁的 ST 战略，也称为多角型经营战略。

4. WT 战略

当企业自身存在明显劣势、环境威胁凸显时，可采取发挥克服弱点、避开威胁的 WT 战略，也称为防御型战略。

（三）制定营销目标

营销目标是未来一定时期内营销活动的定性和定量发展方向。营销目标可能不止一个，而是一个包含多个目标的目标束。常见的目标束包括销售额、市场占有率、利润率、风险分散、企业形象和声誉等多重目标。营销目标的制定过程，就是在研究环境机会、威胁的基础上，结合企业的优势和劣势确定每一个分目标以及各目标之间的组合关系的过程。

合理有效的营销目标应满足如下条件：

1. 层次化

各目标应按轻重缓急进行安排，确定目标束中的首要目标、关键目标、重要目标和次要目标。这样即使目标之间存在冲突和不平衡，也可以依据重要性的差异协调相互关系。

2. 数量化

营销目标应尽可能量化。如"2020 年，提高 A 产品市场占有率，达到 10%"这一目标描述就比"2020 年，努力提高 A 产品市场占有率"更加明确，更容易评估目标实现与否。

3. 现实性

目标应该切实可行，必须在科学分析机会和优势的基础上形成，而不应是主观愿望的产物。过高的、不切实际的目标不仅无法指导行动，同时还容易削减员工士气，打击其工作积极性。

4. 一致性

目标束里的各目标之间应该尽量协调一致，避免明显的矛盾和冲突。

（四）市场细分

由于市场需求存在明显的差异性，因此企业应在市场调研的基础上，根据顾客现实及潜在需求的差异，按一定标准将某一种产品或服务的整体市场（母市场）划分为两个或两个以上分市场（子市场）。这一行为过程称为市场细分。市场细分的实质是顾客需求细分，市场细分的客观基础是需求的类似性和差别性。

（五）选择目标市场

目标市场是企业决定投入资源并为之服务的市场。市场细分将整体市场划分为需求具有类似性的若干子市场，企业必须结合自身的优势、特点选择适当的子市场作为目标市场。企业的一切经营活动都是围绕着目标市场进行的。目标市场可以是市场细分后形成的某一个子市场，也可以是多个子市场，还可以是所有子市场。

（六）确定市场定位

企业一旦选定了目标市场，就要在目标市场上进行产品的市场定位。所谓市场定位，就是根据竞争者现有产品在目标市场上所处的位置,针对顾客对产品特征或属性的重视程度,塑造本企业产品与众不同的、形象鲜明的个性或特征,并把这种形象生动地传递给顾客。简而言之,市场定位就是寻求产品在消费者心目中的独特位置。

(七) 确定营销组合

在确定市场定位之后,就要确定营销组合,综合运用企业可控的营销手段来实现企业的网络营销战略目标。

市场选择战略是由市场细分、目标市场选择、确定市场定位等一系列相继进行的决策所组成的战略,也可称为 STP(Segmenting, Targeting, Positioning)战略。STP 战略是决定企业网络营销活动成败的核心战略。

第二节 网络市场细分

一、网络市场细分的定义

在网络市场中,顾客看到的不是实物,而是商家或网站对该商品的描述,如 IT 产品的技术参数、书籍的内容简介、实物的照片、使用说明等。顾客通过判断商家的描述来确定该产品的可买度,通过对产品广泛对照比较选择满意的产品,如图 5-2 所示。

视频:
网络市场细分

图 5-2 通过比较购物搜索引擎(搜狗购物)搜索商品

73

20世纪50年代，美国著名的营销学家温德尔·史密斯（Wendell R. Smith）提出市场细分的概念。市场细分是指企业根据消费者需求的差异性，将整个市场划分为不同的消费者群的过程。每一个消费者群就是一个细分市场，每一个细分市场都是由具有类似需求倾向的消费者构成的群体。网络市场细分是指企业在调查研究的基础上，依据网络消费者的需求、购买动机与习惯爱好，把网络市场划分成不同类型的消费群体的过程。其中，每个消费群体就构成了一个细分市场。每个细分市场都是由需求和愿望大体相同的网络消费者组成的。在同一细分市场内部，网络消费者需求大致相同；而不同细分市场之间，则存在着明显的差异。

二、网络市场细分的作用

（一）有利于企业发掘并把握新的市场机会

企业通过市场调查和市场细分，对各细分市场的需求特征、需求的满足程度和竞争情况有更为充分的把握，并能从中发现市场空白点，这些市场空白点为企业提供了新的市场机会。尤其是对于小企业而言，更应善于运用市场细分，寻找市场空白点，拾遗补缺，并采取与目标市场相适应的营销组合策略，从而获得良好的发展机会，获得较大的经济效益。

（二）有利于企业制定和调整网络营销组合策略

网络市场细分是网络营销策略成功运用的前提。企业在对网络营销市场进行细分后，细分市场的规模、特点显而易见，企业可以深入了解顾客需求，更容易把握细分市场的消费者需求，企业可以针对各细分市场制定和实施网络营销组合策略。同时，企业也比较容易得到目标市场的反馈信息，有利于企业及时调整营销策略，以满足目标市场的需求。

（三）有利于企业合理配置和使用资源

网络营销企业通过市场细分，可以确定目标市场的特点，从而扬长避短，选择对自己最有利的目标市场；可以将有限的人力、物力、财力等资源集中配置于一个或少数几个细分市场上，避免分散力量，以取得事半功倍的经济效益。

三、网络市场细分标准

研究市场细分的目的是找到客户并对由此形成的目标市场加以描述，确定针对目标市场的最佳营销策略。电子商务的分类本身就是若干细分的市场。例如，B2B 实际上是产业市场上的交易活动，而 B2C 是消费者市场上的交易活动。

（一）网络产业市场的细分标准

1. 宏观细分

宏观细分即通过总体特征进行市场细分。例如，按照行业将产业市场划分为纺织、钢铁、汽车、信息市场等，按照地理位置将国内市场划分为东部、中部、西部市场。

2. 微观细分

微观细分关注不同规模的企业市场或不同的原材料市场。

(二) 网络消费者市场的细分标准

1. 地理因素

地理因素包括国家、地区、城市规模、气候、人口密度、地形地貌等细分变量。

2. 人口因素

人口因素包括年龄、性别、家庭规模、家庭生命周期、收入、职业、教育程度、宗教、种族、国籍等细分变量。

3. 心理因素

心理因素包括社会阶层、生活方式、个性特点、购买动机等细分变量。

4. 行为因素

行为因素包括购买时机、追求利益、使用者状况、品牌忠诚程度、态度等细分变量。

四、网络市场细分方法

根据细分程度的不同,网络市场细分有三种方法:完全细分、按一个影响需求的因素细分和按两个以上影响需求的因素细分。

(一) 完全细分

假如购买者的需求完全不同,那么每个购买者都可能是一个单独的市场,完全可以按照这个市场所包括的购买者数目进行最大限度的细分,即这个市场细分后的小市场数目也就是构成此市场的购买数目。在实际市场营销中,有少数产品确实具有适于按照这种方法细分的特性。但在大多数情况下,要把每一购买者都当作一个市场,并分别生产符合单个购买者需要的产品,从经济效益上看是不可取的,而且实际上也是行不通的。因此,大多数企业还是按照购买者对产品的要求或对市场营销手段的不同反应,将他们进行概括性的分类。

(二) 按一个影响需求的因素细分

按一个影响需求的因素细分是指对某些通用性比较大、挑选性不太强的产品,往往可按其中影响购买者需求最强的因素进行细分,如可按收入不同划分,或按不同年龄范围划分。

(三) 按两个以上影响需求的因素细分

按两个以上影响需求的因素细分也称为系列因素细分法。大多数产品的销售受购买者多种需求因素的影响,如不同年龄范围的消费者,因生理或心理的原因对许多消费品都有不同要求;同一年龄范围的消费者,因收入情况不同,也会产生需求的差异;同一年龄范围和同一收入阶层的消费者,更会因性别、居住地区及许多情况不同而有纷繁复杂、互不相同的需求。因此,大多数产品需按照两个或两个以上的因素细分。图5-3就是采用系列因素细分法对手表市场进行市场细分的全过程。

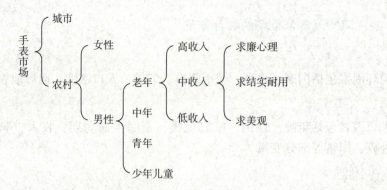

图 5-3 采用系列因素细分法对手表市场进行市场细分

 小链接：盛大"龙之谷"的网络市场细分

五、网络市场细分应遵循的原则——MASA 原则

（一）可测量性原则（Measurability）

可测量性原则是指对细分市场上消费者的商品需求的差异性要能明确加以反映和说明，能清楚界定；细分后的市场范围、容量、潜力等也应能加以定量说明。

（二）可到达性原则（Accessibility）

可到达性原则是指通过市场细分，分出的子市场必须包含目标用户，即目标用户可到达。

（三）足量性原则（Substantiality）

足量性原则是指应使各个细分市场的规模、发展潜力、购买力等都足够大，以保证企业进入这个市场后有一定的销售额。

（四）可操作性原则（Actionbility）

可操作性原则是指通过市场细分，分出的子市场进入时没有不可克服的壁垒，即不存在众多或强大的竞争对手，或者竞争对手尚未完全控制、占领该市场。

第三节 网络目标市场选择

一、网络目标市场的定义

网络目标市场细分是为了更好地选择网络目标市场。在网络市场细分的基础上，企业首先要认真评估网络细分市场，然后选择最适合企业自身实际状况的目标市场，这是进行电子商务营销的一个非常重要的战略决

视频：
网络目标市场选择

策，它主要解决企业在网络市场中满足谁的需求、向谁提供产品和服务的问题。

所谓网络目标市场，也叫网络目标消费群体，是指企业商品和服务的网络销售对象。一个企业只有选择好自己的网络服务对象，才能将自己的特长在网络市场中充分发挥出来，只有确定了自己的网络服务对象，才能有的放矢地制定网络经营策略。

二、选择网络目标市场的条件

企业选择网络目标市场，即选择适当的网络服务对象，是在网络市场细分的基础上进行的。只有按照网络市场细分的原则与方法正确地进行网络市场细分，企业才能从中选择适合本企业的网络目标市场。

一个好的网络目标市场应当具备以下条件：
（1）该网络市场有一定购买力，能取得一定的营业额和利润。
（2）该网络市场有尚未满足的需求，有一定的发展潜力。
（3）企业有能力满足该网络市场的需求。
（4）企业有开拓该网络市场的能力，有一定的竞争优势。

三、网络目标市场选择战略

目标市场，就是企业决定要进入的细分市场部分，也就是企业拟投其所好、为之服务的特定顾客群。企业在选择目标市场时主要有以下五种战略模式可供参考。

（一）产品与市场集中战略

产品与市场集中战略是一种最简单的目标市场涵盖模式，即企业只选取一个子市场作为其目标市场，集中人、财、物等资源只生产一种产品满足其需要。例如某服装厂只生产儿童服装，满足儿童对服装的需要。在网络市场中，大多数企业实施的是这种战略。

（二）产品专业化战略

产品专业化战略是企业以一种产品向若干个子市场出售。如冰箱生产厂同时向家庭、科研单位、饭店宾馆销售不同容积的冰箱。这种涵盖方式既有利于发挥企业生产、技术潜力，分散经营风险，又可以提高企业声誉。该模式的不足之处是，科学技术的发展对企业威胁较大，一旦在这一生产领域出现全新技术，市场需求就会大幅下降。

（三）市场专业化战略

市场专业化战略是企业面向某一子市场，生产多种产品满足其需要。如，一些电器企业同时生产家用电冰箱、电视机、洗衣机等，以满足家庭对各种电器的需要。这一涵盖模式可充分利用企业资源，扩大企业影响，分散经营风险。不过，一旦目标顾客购买力下降，或减少购买支出，企业收益就会明显下滑。

（四）选择性专业化战略

选择性专业化战略即企业选择若干个子市场作为其目标市场，并分别以不同的营销组合策略满足其需要。选择专业化实际上是一种多角化经营模式，它可以较好地分散经营风险，有较大的回旋余地，即使在某个市场上失利，也不会使企业陷入绝境，但这种战略需要企业具备较强的资源和营销实力。

（五）全面覆盖战略

全面覆盖战略是指企业用一种或多种产品满足市场上各种需要，以达到占领整体市场的目的。企业要以所有的产品来服务所有顾客群体的需要，即不分产品、不分市场、大小通吃。这种战略仅有大公司才能办到。

四、网络目标市场选择策略

有三种不同的网络目标市场选择策略供企业选择，分别是无差异性市场营销策略、差异性市场营销策略和集中性市场营销策略。

（一）无差异性市场营销策略

无差异性市场营销策略就是企业不考虑市场的差异性，把整体市场作为目标市场，对所有的消费者只提供一种产品，采用单一市场营销组合的目标市场策略。无差异性市场营销策略如图5-4所示。

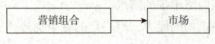

图5-4　无差异性市场营销策略

采用无差异性市场营销策略的企业一般具有大规模、单一、连续的生产线，拥有广泛或大众化的分销渠道，并能开展强有力的促销活动，投放大量的广告和进行统一的宣传。无差异性市场营销策略适用于少数消费者需求同质的产品，消费者需求广泛、能够大量生产、大量销售的产品，用以探求消费者购买情况的新产品，以及某些具有特殊专利的产品。

无差异性市场营销策略的优点是有利于标准化和大规模生产，有利于降低单位产品的成本费用，获得较好的规模效益。因为只设计一种产品，产品容易标准化，能够大批量地生产和储运，可以节省产品生产、储存、运输、广告宣传等费用；不进行市场细分，也相应减少了市场调研、制定多种市场营销组合策略所需要的费用。无差异性市场营销策略的缺点是不能满足消费者需求的多样性，不能满足其他较小的细分市场的消费者需求，不能适应多变的市场形势。因此，在现代市场营销实践中，无差异性市场营销策略只有少数企业采用，而且对于一个企业来说，一般也不宜长期采用。

（二）差异性市场营销策略

差异性市场营销策略是在市场细分的基础上，企业以两个以上乃至全部细分市场为目标市场，分别设计不同产品，采取不同的市场营销组合，满足不同消费者需求的目标市场策略。差异性市场营销策略如图5-5所示。

图5-5　差异性市场营销策略

差异性市场营销策略适用于大多数异质的产品。采用差异性市场营销策略的企业一般是大企业，有雄厚的财力、较强的技术力量和较高素质的管理人员。

差异性市场营销策略的优点是能扩大销售，降低经营风险，提高市场占有率。因为多品种的生产能分别满足不同消费者群的需要，扩大产品销售。如果企业在数个细分市场能取得较好的经营效果，就能树立企业良好的市场形象，提高市场占有率。但是，随着产品品种的增加，分销渠道的多样化，以及市场调研和广告宣传活动的增加，生产成本和各种费用必然大幅度增加。

（三）集中性市场营销策略

集中性市场营销策略是企业以一个细分市场为目标市场，集中力量，实行专业化生产和经营的目标市场策略。集中性市场营销策略如图5-6所示。

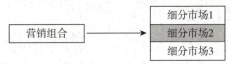

图5-6　集中性市场营销策略

集中性市场营销策略主要适用于资源有限的中小企业和初次进入新市场的大企业。中小企业由于资源有限，无力在整体市场或多个细分市场上与大企业展开竞争，而在大企业无暇顾及而自己又力所能及的某个细分市场上全力以赴，则往往容易取得成功。实行集中性市场营销策略是中小企业变劣势为优势的最佳选择。

集中性市场营销策略的优点是目标市场集中，有助于企业更深入地注意、认识目标市场的消费者需求，使产品适销对路，有助于提高企业和产品在市场上的知名度。集中性市场营销策略还有利于企业集中资源，节约生产成本和各种费用，增加盈利，取得良好的经济效益。集中性市场营销策略的缺点是企业潜伏着较大的经营风险。由于目标市场集中，一旦市场出现诸如较强大的竞争者加入、消费者需求的突然变化等情况，企业就有可能因承受不了短时间的竞争压力而陷入困境。因此，采用集中性市场营销策略的企业，要随时密切关注市场动向，充分考虑企业面对可能出现的意外情况的各种对策和应急措施。

 小链接：国货花西子的差异化市场营销策略

第四节　网络市场定位

网络市场定位是目标市场营销的第三个阶段。企业进行目标市场决策后，还需要在目标市场上为产品谋划一个有利的市场定位，这在企业整个营销过程中，起着十分重要的作用。

一、网络市场定位的定义

视频：
网络市场定位

市场定位是20世纪70年代，由美国的艾·理斯和杰克·特鲁特首先提出的。市场定位（Market Positioning）是根据竞争者现有产品在细分市场上所处的地位和顾客对产品某些属性的重视程度，塑造出本企业产品与众不同的鲜明个性或形象并传递给目标顾客，使该产品在目标市场上占据强有力的竞争位置。市场定位的实质是使企业与其他竞争性企业严格区分开来，使顾客明显觉察和认识这种差别，从而在顾客心目中占有特殊位置，建立起对企业和企业产品的偏好。

市场定位的精髓就在于舍弃普通平常的东西，突出富有个性特色的东西，突出自己的差异性优势，有力地表达自己的与众不同。

网络市场定位是指企业为适应网络消费者的特定需求，设计和确定企业以及产品在网络目标市场上所处的相对位置。

二、网络市场定位的步骤

网络市场定位的主要任务，就是通过集中企业的若干竞争优势，将自己与其他竞争者区别开来。网络市场定位是企业识别其潜在的竞争优势、确定其核心的竞争优势以及准确地传播企业独特竞争优势的过程。

（一）识别潜在竞争优势

要识别企业潜在的竞争优势，首先，要进行市场调研，了解目标市场的需求特点以及这些需求被满足的程度。其次，要研究主要竞争对手的优势和劣势，包括竞争者的业务经营状况、竞争者的核心营销能力和财务能力。在以上分析基础上，识别企业潜在的竞争优势。

（二）确定核心竞争优势

核心竞争优势是指与竞争对手相比，企业在产品开发、服务质量、价格、分销渠道、品牌知名度等方面所具有的可获得明显差别利益的优势。企业应选择那些符合企业长远利益、最具开发价值的竞争优势。

（三）传播独特竞争优势

企业的独特竞争优势必须通过一系列广告、宣传、促销活动来传播。企业首先应使目标顾客了解、认同、偏爱本企业的定位；其次，还要通过一切努力来强化企业的形象，保持目标顾客对企业的了解来巩固企业的定位。

三、网络市场定位策略

网络市场定位的策略作为一种市场竞争策略，彰显了一种产品或一个企业与同类产品或企业之间的竞争关系。定位策略不同，市场竞争态势也不同，下面分析几种主要的网络市场定位策略。

（一）避强定位策略

避强定位策略又称拾遗补缺式定位策略，是指企业不与目标市场上的竞争者直接对抗，将其位置确定在市场"空白点"上，开发并销售目前市场上还没有的某种特色产品，开拓新的市场领域。由于这种定位方式市场风险较少，成功率较高，常常为多数企业所采用。

（二）迎头定位策略

迎头定位策略又称针锋相对式定位策略或对抗定位策略，是指企业选择靠近现有竞争者或与现有竞争者重合的市场位置,争夺同样的顾客,彼此在产品、价格、分销及促销等各方面差别不大。现在我国的冰箱、彩电等家电产品,采用的基本上是这一定位策略。如,百事可乐宣称自己是"新一代的选择",将矛头直指可口可乐,运用的就是迎头定位策略。

(三) 重新定位策略

重新定位策略又称再定位策略,是指企业通过变动产品特色等手法,改变目标顾客对产品的认识,塑造新的形象。即使企业产品原有定位很恰当,在出现下列情况时,也需要考虑重新定位:一是竞争者推出的市场定位侵占了本企业品牌的部分市场,使本企业产品市场占有率下降;二是消费者偏好发生了变化,从喜爱本企业品牌转移到喜爱竞争对手的品牌。企业可以通过变更品牌、更换包装、改变广告诉求来进行重新定位。

(四) 间接定位策略

间接定位策略即通过对竞争对手的产品进行定位,事实上达到为自己产品定位的一种策略。如七喜宣称自己"非可乐"、五谷道场宣称自己"非油炸",就运用了间接定位策略。

(五) 反向定位策略

反向定位策略即企业主动公开自己的不足和差距,从而使消费者产生信任感。如美国汽车租赁企业 Avis 诚恳地向客户表示"因为我们是第二,所以我们更努力!"

(六) 俱乐部式定位策略

俱乐部式定位策略即企业为了彰显自己在市场中的领导者地位,宣称自己是市场第一方阵中的成员。如某广播电台收听率在某市排名第三,则可以宣称自己为"某市广播三巨头之一",以表明自己的领先位置。

本章小结

本章辅以我国民族品牌企业案例介绍网络营销战略,弘扬爱国主义精神,增强学生的民族自豪感;阐述网络市场细分、网络目标市场选择和网络市场定位的相关知识,理论联系实践,引导学生思考网络营销战略在实践中的运用,提升学生的实践技能,培养工匠精神。

网络营销战略是指企业在现代网络营销观念下,为实现其经营目标,对一定时期内网络营销发展的总体设想和规划。网络营销战略具有全局性、长期性、系统性、灵敏性、风险性等特征。

网络市场细分是指企业在调查研究的基础上,依据网络消费者的需求、购买动机与习惯爱好,把网络市场划分成不同类型的消费群体的过程。其中,每个消费群体就构成了一个细分市场。每个细分市场都是由需求和愿望大体相同的网络消费者组成的。在同一细分市场内部,网络消费者需求大致相同;不同细分市场之间,则存在着明显的差异。网络消费者市场的细分标准包括地理因素、人口因素、心理因素、行为因素。

所谓网络目标市场,也叫网络目标消费群体,是指企业商品和服务的网络销售对象。网络目标市场选择战略包括产品与市场集中战略、产品专业化战略、市场专业化战略、选择性专业化战略、全面覆盖战略。网络目标市场选择策略包括无差异性市场营销策略、差异性市场营销策略和集中性市场营销策略。

网络市场定位是指企业为适应网络消费者的特定需求，设计和确定企业以及产品在网络目标市场上所处的相对位置。网络市场定位的步骤包括识别潜在竞争优势、确定核心竞争优势、传播独特竞争优势。网络市场定位策略包括避强定位策略、迎头定位策略、重新定位策略、间接定位策略、反向定位策略、俱乐部式定位策略等。

关键术语

营销战略、无差异性市场策略、差异性市场策略、集中性市场策略、市场细分、目标市场、市场定位、市场定位的策略

配套实训

1. 登录肯德基、麦当劳、可口可乐、亨氏、百事可乐中国网站，分析其市场选择战略（市场细分、目标市场选择、市场定位）。

2. 运用百度或其他搜索工具分别搜索行业信息网与专业信息网。分析行业信息网与专业信息网的区别与联系，并进入某一信息网了解该网站的内容与功能。

复习思考题

一、单选题

1. 企业只选取一个子市场作为其目标市场，然后集中人、财、物等资源只生产一种产品满足其需要，是（ ）战略模式。
   A. 产品与市场集中战略　　　　　　B. 产品专业化战略
   C. 市场专业化战略　　　　　　　　D. 选择性专业化战略

2. （ ）策略适用于大多数异质的产品。
   A. 无差异性市场营销策略　　　　　B. 差异性市场营销策略
   C. 集中性市场营销策略　　　　　　D. 以上均可

3. 企业选择靠近现有竞争者或与现有竞争者重合的市场位置，争夺同样的顾客，彼此在产品、价格、分销及促销等各方面差别不大，是采用（ ）。
   A. 重新定位策略　　　　　　　　　B. 避强定位策略
   C. 迎头定位策略　　　　　　　　　D. 间接定位策略

4. 企业主动公开自己的不足和差距，从而使消费者产生信任感，这采用的是（ ）。
   A. 重新定位策略　　　　　　　　　B. 间接定位策略
   C. 反向定位策略　　　　　　　　　D. 俱乐部式定位策略

5. 企业为了彰显自己在市场中的领先地位，宣称自己是市场第一方阵中的成员，这采用的是（ ）
   A. 重新定位策略　　　　　　　　　B. 间接定位策略
   C. 反向定位策略　　　　　　　　　D. 俱乐部式定位策略

二、填空题

1. 网络营销战略具有全局性、长期性、系统性、_____、风险性等特征。

2. 网络消费者市场的细分标准包括地理因素、人口因素、心理因素、_____因素。

3. 一个好的网络目标市场应当具备以下条件：该网络市场有一定购买力；_____；企业有能力满足该网络市场的需求以及_____。

4. 网络目标市场选择战略包括产品与市场集中战略、产品专业化战略、市场专业化战略、选择性专业化战略、_____。

5. 网络目标市场选择策略包括无差异性市场营销策略、差异性市场营销策略和_____。

6. 网络市场定位的步骤包括识别_____、确定_____、传播_____。

三、简答题

1. 网络营销战略的制定过程包括哪些步骤？
2. 企业在细分网络消费者市场时可选用哪几种细分方法？具体的细分标准有哪些？
3. 网络目标市场选择策略有哪些？
4. 网络市场定位的策略有哪些？

四、案例讨论

星巴克的网络营销战略

第六章 网络营销策略

学习目标

知识目标

1. 掌握网络营销产品的整体概念，常用的网络营销定价策略，网络营销渠道、网络营销直接渠道、网络营销间接渠道的含义，网络营销促销的含义、作用、形式。
2. 理解双道法的含义，了解网络营销定价策略的运用。
3. 掌握解决线上线下渠道冲突的方法，网络营销个性化服务及其方式。

技能目标

1. 理解网络营销产品与传统营销产品的区别，能够对网络营销产品进行分类。
2. 理解网络营销价格策略与传统价格策略的区别，能灵活运用网络营销价格策略。
3. 能够根据企业特点选择合适的网络营销渠道类型。
4. 能灵活运用网络营销促销策略。
5. 熟练运用网络营销定价策略。

思政目标

1. 帮助学生把握学科前沿发展动态。
2. 培养学生的工匠精神。
3. 树立诚信理念。

导入案例

360 的商业模式

360 公司创立于 2005 年，是互联网免费安全的倡导者，先后推出 360 安全卫士、360 手机卫士、360 安全浏览器等安全产品，公司致力于成为互联网安全服务提供商。随着全社会、全行业数字化程度的深化，"大安全"时代加速到来，360 以"让世界更安全更美好"为使命，以实现"不断创造黑科技，做全方位守护者"的愿景。

2008 年 7 月，以剿杀恶意软件起家的 360 安全卫士正式推出杀毒软件并宣布永远免费时，曾遭到传统杀毒厂商的普遍质疑。质疑的理由自然是基于传统的商业模式——"如果完全免费，那么公司靠什么来生存？如果公司自己都无法生存，怎么维护用户的权益？"

"免费+增值"模式是互联网常见的商业模式，但是却从来没有人把这种模式用于杀毒软件行业,这是360革命性的创新。360改变了行业固有的规则,先是把杀毒软件的价格从一年几百元降到一年几十元,2009年以后开始终身免费了。

360第一版杀毒软件效果并不好,被同行讥笑为"以为会放个卫星,结果放了个哑弹"。到360第二次发布免费杀毒产品时,已经时隔1年零3个月,但免费带来的用户量惊人。杀毒行业看起来是一个饱和的、不可能让后来者进入的领域,几大巨头陷入僵持状态,谁都无法甩开其他人,后期的小公司在这种行业似乎完全没有机会。所以,360的崛起让人惊讶。360成功的原因除了永久免费外,更重要的是360杀毒把产品性能指标做得比国内收费杀毒软件还好。在国际权威的VB100%评测中,360杀毒的表现非常出色,不但名列国产杀毒软件的第一名,而且各项功能指标均大幅领先于收费的国产杀毒软件,达到了国际先进水平。品质加上永久免费,这才是用户选择360的真正原因。360是在用互联网的方式做安全,在互联网上,只有把免费产品做得比同行更好,才有可能胜出。

除了免费之外,360将产品定位从单纯的杀毒,演进为电脑的安全卫士,给那些不懂、也懒得去弄懂电脑的人用,这也为它赢得了诸多用户。360的第二版免费杀毒产品推出时,打开界面只有快速扫描、全盘扫描、指定位置扫描三大按钮,与其他杀毒软件相比使用方式更简单。

与靠卖软件赢利的传统杀毒企业相比,360免费的赢利模式是颠覆性的。360创始人周鸿祎奉行的不是传统杀毒公司卖软件的思路,而更像QQ、Facebook、淘宝这些互联网公司的理念,也就是最好的服务一定是基础的、免费的,然后在这个基础上从一部分对增值服务有需要的用户那里收费。

2009年以后,360的商业模式开始初现轮廓并逐渐显示出威力。它发布了360安全浏览器,并靠"安全"这一概念以及和360安全卫士绑定的推广方式来提高装机量——这一浏览器的首页是网站导航页面,可以像hao123那样卖位置广告,地址栏的搜索功能则与Google合作,Google为由此获得的流量付费。

这的确是让人惊讶的商业模式,在此之前没有安全厂商采用过这种模式,这甚至让诸多安全厂商气恼,因为这种类似搅局者的行为让它们的用户尽失,完全摧毁了以前通用的商业模式。

十余年来,360公司深耕安全行业,拥有安全人才3 800余人,培养和集聚的"白帽子军团",具备出色的漏洞挖掘与攻防对抗能力。同时公司积累了丰富的安全大数据,以及近万件原创技术和核心技术专利。2014年以来,360持续输出高级威胁情报,累计发现40余个针对中国的境外APT组织,侦测到多次APT攻击。

2018年回归A股市场后,360公司在确保原有互联网安全服务及各项主营业务有序开展的同时,持续通过技术创新,推出分布式智能安全系统——"360安全大脑",并以此构建了大安全时代的整体防御战略体系。

2019年9月,360发布政企安全战略3.0,构建大安全生态,与国内网络安全行业共同成长,共同努力提升网络综合防御能力。

2020年8月,在国家全面推进数字化、建设数字中国和网络强国的背景下,360凭借自身在网络安全领域十余年来的实践和积累,以风险为导向,以"360安全大脑"和安全基础设施为底层建筑,以安全运营战法、实战检验机制、安全互通标准和安全专家团队为运营要素,构建了一套应对网络威胁的新时代网络安全能力框架体系。

未来,360公司将以数字时代的网络安全运营商身份,通过资源共享、标准互通,促进行业内知识共享和协同防御,共同构建抵御网络威胁新常态的"大安全生态",为大安全时代保驾护航。

资料来源:卢强. 商业模式的胜利——奇虎360 [EB/OL]. (2013-1-31) [2021-03-02]. http:// www.emkt.com.cn/article/582/58206.html

讨论:360的商业模式是怎样的?这样的商业模式有何优势?

第一节 网络营销产品策略

一、网络营销产品的整体概念

产品是指能够提供给市场,满足顾客需求和欲望的任何东西。整体产品是指能满足顾客某种需求和利益的物质产品和非物质形态的服务。

网络营销产品的整体概念包括五个层次,从里层到外层分别是核心产品层次、有形产品层次、期望产品层次、延伸产品层次和潜在产品层次,如图6-1所示。

视频:
网络营销产品策略

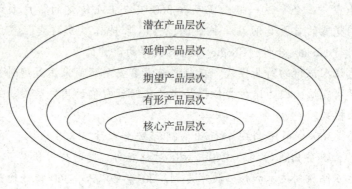

图6-1 网络营销产品的整体概念层次

(一)核心产品

核心产品是指产品能提供给顾客的基本效用或利益。例如,顾客购买旅游产品是为了放松身心,休闲娱乐;购买空调是为了调节温度;购买数码相机是为了记录生活的点滴,留下美好的回忆;购买保健品是为了补充营养元素,保持健康的体魄。

(二)有形产品

有形产品也称形式产品,是指产品在市场上所呈现出的具体物质形态。一般通过产品的外观、质量、特色、包装、品牌、商标等表现出来。

（三）期望产品

期望产品是指顾客在购买产品前对产品的质量、特点和使用方便程度等方面的期望值。例如，某人决定花 2 000 元预算购买一台智能手机，那么他心目中对这台智能手机的属性与条件一定有所期望，比如希望他拥有超大屏幕、大容量内存、高清摄像头、更强的兼容性等，同时他认为这些属性与条件是理所当然、必须要有的，否则他不会考虑购买。

（四）延伸产品

延伸产品也称附加产品，指顾客购买产品时所得到的销售服务与保障，包括送货上门、安装、售后服务、咨询、培训、消费信贷安排等。IBM 说"我们不是卖计算机，而是卖服务"，宝马说"我们不卖汽车，卖的是生活方式"，两者强调的都是附加产品层次。

（五）潜在产品

潜在产品指可能的发展前景，是产品的一种增值服务。潜在产品层次与延伸产品层次的主要区别是顾客没有潜在产品层次仍然可以很好地使用顾客需要的产品的核心利益和服务。

例如，亚马逊网站会根据客户的购买、搜索和收藏记录，判断客户的个性化需求和偏好，进行个性化推荐，显示为"猜您喜欢"，客户会发现自己感兴趣的图书正好在推荐之列，从而提升转化率和客户体验。亚马逊正是通过对客户在与网站交互的过程中留下的各种信息进行数据分析，并利用自身掌握的大数据进行数据挖掘，进而完成个性化推荐的，如图 6-2 所示。

图 6-2　亚马逊的个性化推荐

二、网络营销产品的分类

根据产品的形态差异，可将网络营销产品分为实体产品和虚拟产品。根据产品在购买时能否确定或评价其质量，可将网络营销产品分为可鉴别性产品和经验性产品。

（一）实体产品和虚拟产品

1. 实体产品

实体产品是指有具体物理形状的物质产品，比如服装、食品、化妆品、图书、家电等。

2. 虚拟产品

虚拟产品是指没有具体物理形状，网上发布时默认无法选择物流运输的产品。虚拟产品又可分为软件和服务。软件包括电脑软件、电子游戏等。服务包括普通服务和信息咨询服务等。普通服务包括远程医疗、航空火车订票、入场券预定、饭店旅游服务预约、医院预约挂号、网络交友、电脑游戏等。信息咨询服务包括法律咨询、医药咨询、股市行情分析、金融咨询、资料库检索、电子新闻、电子报刊等，网络营销产品分类如图6-3所示。

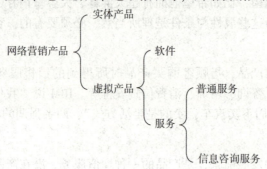

图6-3　网络营销产品分类

（二）可鉴别性产品和经验性产品

可鉴别性产品是指消费者在购买时就能确定或评价其质量的标准化程度的产品，例如书籍、电脑等。

经验性产品是指消费者只有在使用之后才能确定或评价其质量的产品，例如，服装需要试穿，食品需要试吃，护肤品需要试用，它们都属于经验性产品。

可见，可鉴别性产品由于其质量容易鉴别，因此易于实现大规模的网络营销。

 小链接：亚马逊的产品选择　　　　　　　　　　　　

三、选择网络营销产品的原则

（一）产品的消费对象与网民结构一致

企业开展网络营销，必须考虑到产品的消费对象是否属于网民群体，如果产品的消费对象不上网，或者对网络购物较为抵触，那么开展网络营销就收效甚微。

（二）产品的质量容易鉴别

由于消费者上网购物，只能通过网页呈现的图片和文字信息来了解产品，因此更倾向于购买质量容易鉴别的可鉴别性产品，从而降低购物风险。而对于像古董之类的价格高昂、存在众多仿品、需要专家鉴定的产品，则更适合线下交易。

（三）产品以传统方式难以购买

网络营销的产品应该具有一定的个性化特征，如果在传统渠道能够轻易购买到，消费者花费等待时间、承担较大购物风险的意愿就会下降。

（四）配送成本合理适合于网上销售

对于实体产品而言，物流配送是一个不可或缺的重要环节。网络营销产品的配送成本一定要在合理的可控范围之内,要实现一定的经济性,否则就会削弱网络营销产品的价格优势,降低网络购物的吸引力。

第二节 网络营销服务策略

一、网络营销服务的定义和特点

(一) 网络营销服务的定义

网络营销服务是指以互联网为基础,利用数字化的信息和网络媒体的交互性来辅助营销目标实现的一种新型市场营销服务方式。

视频:
网络营销服务策略

(二) 网络营销服务的特点

1. 突破时空限制

用户为寻求服务,往往需要花费大量体力和精力。基于互联网的远程服务如远程医疗、远程教育、远程订票等,则可以突破服务的时空限制,让用户足不出户,就解决问题。

2. 提供更高层次的服务

用户可以通过互联网了解丰富的产品信息,甚至可以直接参与到产品的设计、制造、定价、配送等全过程,最大限度地发挥用户的主动性,满足用户的个性化需求。

3. 用户寻求服务的主动性增强

网络营销时代,用户个性化需求凸显,由于网络营销服务工具多样,减少了用户寻求服务的障碍,用户通过互联网可以采用多种方式直接向企业提出要求。

4. 提高服务效益

对于提供服务的网络营销企业而言,通过互联网实现远程服务,有利于扩大服务市场范围,增进企业与用户之间的关系,培养用户忠诚度,减少企业的营销成本,进而提高服务效益。

二、网络营销服务的分类

(一) 网上售前服务

网上售前服务是企业在用户未接触产品之前所开展的一系列刺激用户购买欲望的服务工作。对于网络营销而言,售前服务是指卖方将商品及服务信息通过网络进行展示,买方与卖方就商品、服务及订单信息进行咨询、洽谈,同时卖方为买方解决下单购买可能存在的一系列问题。

(二) 网上售中服务

网上售中服务是指在产品销售过程中为用户提供的服务。对于网络营销而言,售中服务是指产品的买卖关系已经确定,在等待产品送到指定地点的过程中,买方需要向卖方咨询,以了解订单执行情况、产品运输情况等。天猫订单可以通过点击"查看物流"了解包裹所在位置,如图6-4所示。

图6-4 天猫订单——查看物流

(三) 网上售后服务

网上售后服务是借助互联网直接沟通的优势,以便捷方式满足用户对产品帮助、技术支持和使用维护的需求。对于网络营销而言,售后服务是指卖方需要为买方提供退货、换货、返修及产品的技术支持等服务。如天猫和淘宝订单均可在交易成功15天内"申请售后",服务类型包括仅退款、退货退款、换货、价保、维修等,如图6-5所示。

图6-5 天猫订单——申请售后

1. 仅退款

申请条件:买家未收到货,或已收到货且与卖家达成一致不退货仅退款时。

退款流程:申请退款→卖家同意退款申请→退款成功。

2. 退货退款

申请条件:商品有问题,或者不想要了且与卖家达成一致退货退款时。退货后需保留物流底单。

退货流程:申请退货→卖家发送退货地址给买家→买家退货并填写退货物流信息→卖家确认收货,退款成功。

3. 换货

申请条件:买家与卖家协商一致换货。退货后需保留物流底单。

换货流程:申请换货→卖家发送退货地址给买家→买卖双方线下完成换货→买家线上确认完成。

4. 维修

申请条件:买家与卖家协商一致维修。退货后需保留物流底单。

维修流程：申请维修→卖家发送退货地址给买家→买家退货→卖家线下完成维修→卖家将维修好的商品寄给买家→买家线上确认完成。

5. 价保

申请条件：买贵了，可在商品价保服务期内通过手机端申请价保退差额。提交价保申请后，参与价保计算的优惠会自动核销，商品差额将以退款的形式原路返回。

价保流程：商品支付成功→发现商品降价→在订单详情页面点击"退款""退换"或"申请售后"，选择"价保"→系统按规则判定是否补差及补差金额。

三、常见的网络营销服务的工具

（一）电子邮件

电子邮件是一种用电子手段提供信息交换的通信方式，是互联网应用最广的服务。通过电子邮件系统，企业可以以非常低廉的价格、极快的速度，与世界上任何一个角落的客户联系，同时又不具干扰性。电子邮件的存在极大地方便了企业与客户之间的沟通与交流，促进了社会的发展。当当网的邮件客服界面如图6-6所示。

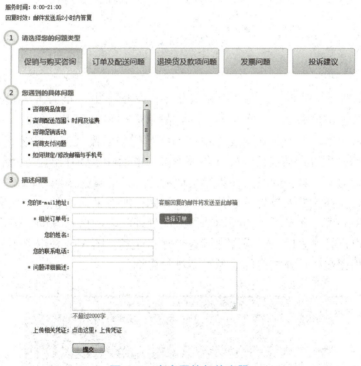

图6-6　当当网的邮件客服

（二）FAQ

FAQ是英文"Frequently Asked Questions"的缩写，中文意思就是"经常被问到的问题"，俗称"常见问题解答"。

很多网站可以看到FAQ，其列出了一些用户常见的问题，是一种在线帮助形式。客户在利用网站的某些功能或者服务时往往会遇到一些看似简单但不经说明可能很难理解的问题，有时甚至会因为这些细节问题而放弃购买，而这些问题只要经过简单的解释就可以解决,这就是 FAQ 的价值。一个好的 FAQ 系统,应该至少可以回答用户 80% 的一般问题以及常见问题。这样不仅方便了用户,也大大减轻了网站客服人员的接待强度,节省了大量的客服成本,有利于提升顾客满意度。淘宝网的 FAQ 设计不仅有文字说明,还匹配了动画操作指南,方便买家、卖家形象直观地掌握各种具体操作,如图 6-7 所示。

图 6-7 淘宝网 FAQ

(三) Call Center

Call Center 即呼叫中心,是在一个相对集中的场所,由一批服务人员组成服务机构,通常利用计算机通信技术处理来自企业、顾客的垂询与咨询需求。Call Center 充分利用现代通信与计算机技术,如 IVR(交互式语音 800 呼叫中心流程应答系统)、ACD(自动呼叫分配系统)等,可以自动灵活地处理各种不同的电话呼入和呼出业务及服务。

以电话咨询为例,具备同时处理大量来话的能力,还具备主叫号码显示,可将来电自动分配给具备相应技能的人员处理,并能记录和储存所有来话信息。一个典型的以客户服务为主的呼叫中心可以兼具呼入与呼出功能,在处理顾客的信息查询、咨询、投诉等业务的同时,还可以进行顾客回访、满意度调查等呼出业务。图 6-8 是招商银行的在线客服系统,客户可以根据需要选择相应的业务类型进行咨询。

图 6-8 招商银行客服在线(呼叫中心)

四、网络营销的个性化服务

(一) 网络营销个性化服务的定义

网络营销个性化服务也称网络营销定制服务,即按照网络消费者的要求提供特定服务,亦即满足网络消费者的个别需求。

(二) 网络营销个性化服务的方式

1. 服务时空的个性化

服务时空的个性化指的是在人们希望的时间和希望的地点得到服务。比如,不论何时何地想要进行查询、转账业务,都可以登录网上银行进行操作。

2. 服务方式的个性化

服务方式的个性化是指根据顾客的个人喜好来进行服务。比如,银行提供了包括电话银行、手机银行、网上银行、微银行等多种服务渠道,顾客可以根据自己的喜好进行选择。招商银行的各种服务方式如图 6-9 所示。

图 6-9　招商银行的各种服务方式
(a) 微银行;(b) 微博

3. 服务内容的个性化

服务内容的个性化是指顾客可以根据自身需求,选择愿意接收的服务内容,实现各取所需、各得其所。例如,百度的个性化首页就充分体现了服务内容的个性化。打开百度登录个人账号,会发现百度的传统首页有"导航""实时热点"和"新鲜事"三个新的栏目,通过设置这几个栏目,可以打造属于自己的个性化首页。百度的个性化首页如图 6-10 所示。

图 6-10 百度个性化首页

第三节 网络营销价格策略

一、网络营销价格的特点

（一）全球性

随着消费者购买需求的多样化，网络购物选择的范围跨越了国界限制，众多消费者选择海淘方式，直接通过国外电商平台选购商品。因此，网络营销企业在定价时必须注意全球范围内的竞争对手的定价策略对自己的影响，在考虑汇率换算、物流费用等基础上，制定一个有竞争力的价格。

视频：
网络营销价格认知

（二）顾客主导定价

在传统营销渠道，企业明码标价，顾客只能被动接受企业制定的价格；在网络营销渠道，企业可以通过拍卖和提供个性化定制两种方式来实现顾客主导定价。

（三）低价位定价

由于互联网具有免费和共享的特质，人们习惯于在网络上浏览免费的新闻资讯，使用免费的邮箱，因此低价更加符合网络消费者的习惯性认知；同时，网络购物需要承担更多的购物风险，并耗费一定的等待时间，也决定了人们更易接受低价商品。

二、常用的网络营销定价策略

（一）折扣定价策略

折扣定价策略是指在原价的基础上进行打折来定价。根据打折的原因不同，折扣定价策略包括数量折扣策略、现金折扣策略和季节折扣策略。

视频：
常见的网络营销价格策略1

1. 数量折扣策略

数量折扣是指对购买数量多者给予的折扣，数量越多则折扣率越大。这种策略又可分为累计数量折扣和非累计数量折扣。累计数量折扣鼓励一定时期内常购、多购，非累计数量折扣则鼓励一次性多购。

2. 现金折扣策略

现金折扣策略又称付款期限折扣策略。例如，某项商品的成交价为 360 元，交易条款注明"3/20 净价 30"（3/20，n/30），意味着如果在成交后 20 天内付款可以享受 3% 的现金折扣，但最后应在 30 日内付清全部货款。

3. 季节折扣策略

季节折扣策略是指卖方为鼓励买方在淡季购买而给予的折扣，目的在于鼓励淡季购买，减轻仓储压力，利于均衡生产。

（二）竞争定价策略

随时掌握竞争者的价格变动，调整自己的竞争策略，以时刻保持同类产品的相对价格优势。如今，消费者已经可以通过众多的比较购物搜索引擎（如一淘、搜狗购物等），快速获知商品在不同电商平台的售价情况，实现货比多家，因此网络营销企业更需要时刻关注竞争者价格的变动情况，进行灵活调整，以保持价格优势。图 6-11 即为通过比较购物搜索引擎（一淘）搜索华为手机的页面。

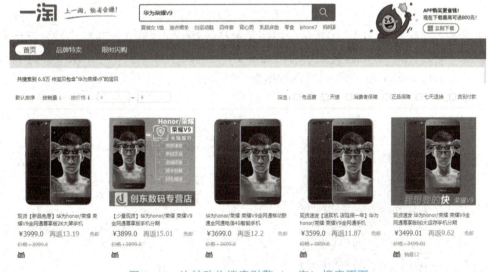

图 6-11　比较购物搜索引擎（一淘）搜索页面

（三）声誉定价策略

声誉定价策略是指利用消费者仰慕名牌商品或名店声望的心理，为商品定高价，彰显名牌优质高价的形象。例如，2015 年 7 月 29 日上市的 Windows 10 操作系统，家庭版价格为 109.99 美元，专业版价格为 149.99 美元，这是由于微软的品牌价值为 672.58 亿美元，位列"2016 年全球最具价值 10 大品牌"第五位，因此必须以高价彰显自己的品牌形象和声誉。

(四)捆绑定价策略

捆绑定价策略是指将两种或两种以上的相关产品,捆绑打包出售,并制定一个合理的价格,降低顾客对价格的敏感程度。

金桂花眼膜贴是玛茜天猫旗舰店的镇店之宝,玛茜把它与红酒多酚免洗面膜、四倍蚕丝保湿乳、氨基酸洁面霜、神采晶莹眼部乳清捆绑成为"面部眼部完美护肤套",并给予充分的推荐理由,从而引导客户购买套餐,达到提升客单价的目的。淘宝有个经典公式:成交额=UV(独立访客)×转化率×客单价。因此,提升客单价最终会有助于提升店铺成交额。图6-12即为玛茜天猫旗舰店的搭配套餐界面。

视频:
常见的网络营销价格策略2

图6-12 玛茜天猫旗舰店的搭配套餐界面

在小米官网的下单页面,小米也会提醒买家是否要一起选购其他商品,如是否要加49元选购移动电源,加59元选购蓝牙耳机或加29元选购手机保护壳等,从而促进关联营销,提升客单价。图6-13为小米官网的搭配套餐界面。

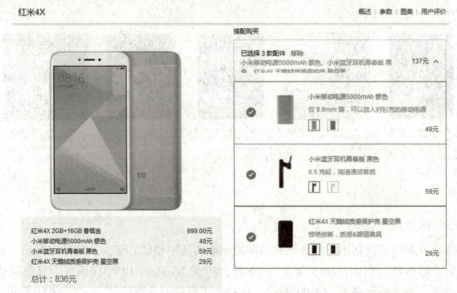

图6-13 小米官网的搭配套餐界面

(五)集体议价策略

集体议价策略是指多个购买者联合购买同一类商品而形成一定的购买规模,以获得优惠售价的交易方式。当销售量达到不同数量时,厂家制定不同的价格,销售量越大,价格越低。团购运用的就是集体议价策略。图 6-14 为聚划算活动界面。

图 6-14 聚划算活动界面

(六)定制定价策略

定制定价策略是在企业能实行定制生产的基础上,利用网络技术和辅助设计软件,帮助消费者选择配置或者自行设计能满足自己需求的个性化产品,同时承担自己愿意付出的价格成本。图 6-15 至图 6-19 为定制海尔洗衣机的全步骤。

图 6-15 海尔定制首页

图 6-16 海尔洗衣机定制步骤 1——选择款式

图 6-17　海尔洗衣机定制步骤 2——选择尺寸

图 6-18　海尔洗衣机定制步骤 3——选择洗涤容量

图 6-19　海尔洗衣机定制步骤 4——选择净重量

（七）拍卖竞价策略

网上拍卖是目前发展比较快的领域，经济学家认为，拍卖竞价可以导致市场形成最合理的价格。网上拍卖由消费者通过互联网轮流公开竞价，在规定时间内价高者赢得产品。根据供需关系，网上拍卖竞价方式有以下几种：

1. 竞价拍卖

竞买人竞争出价，价高者得。世界上最著名的拍卖网站是 1995 年 9 月 4 日成立于美国加州圣荷西的 eBay，它允许商品公开在网上拍卖，拍卖竞价者只需要在网上进行登记即可，拍卖方只需将拍卖品的相关信息提交给 eBay，经 eBay 审查合格后即可拍卖。闲鱼拍卖采用的也是竞价拍卖的方式。图 6-20 为闲鱼拍卖的页面。

图 6-20　闲鱼拍卖的页面

 小链接：巴菲特慈善午餐拍卖

2. 竞价拍买

竞价拍买是竞价拍卖的反向过程，消费者提出一个价格范围，求购某一商品，由商家出价，出价可以是公开的或隐蔽的，消费者将与出价最低或最接近的商家成交。

（八）免费价格策略

1. 免费价格策略的定义

免费价格策略即将企业的产品和服务以零价格形式提供给顾客使用，满足顾客的需求。

2. 免费价格策略的类型

（1）完全免费。完全免费是指产品（服务）从购买、使用到售后服务等所有环节都实行免费。如网易邮箱承诺永久性免费。图6-21为网易免费邮箱三大品牌。

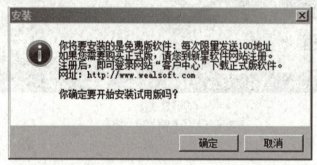

图6-21　网易免费邮箱三大品牌

（2）限制性免费。限制性免费是指产品和服务可以有限次使用，超过一定期限或者次数后，取消免费服务，开始收费，或者必须要满足一定的限制性条件才可以免费使用产品。例如，有的网站要求注册用户完成一定的任务后，才可享有下载权限；或者下载的软件有免费试用期。如在安装超级邮件群发机时，会弹出提示提醒用户如需要购买正式版，需要到新星软件网站进行注册，注册后，就可以登录网站的"客户中心"下载正式版软件。否则，只能安装试用版。图6-22为超级邮件群发机安装提示界面。

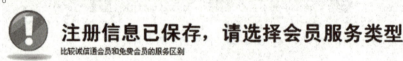

图6-22　超级邮件群发机安装提示界面

（3）部分免费。部分免费是指对于网站提供的产品或服务分为两部分，部分免费、部分收费。例如，阿里巴巴对于不收费的普通会员仅提供基本服务，而对于每年收取6 688元年费的诚信通会员，额外提供四大特权和增值服务。图6-23为诚信通会员与免费会员的服务区别。

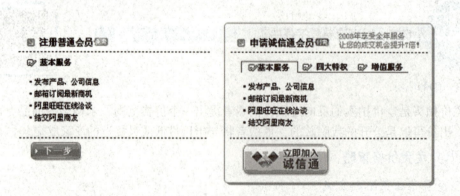

图6-23　诚信通会员与免费会员的服务区别

(4) 捆绑式免费。捆绑式免费是指购买某产品或服务时赠送其他产品和服务。例如，在万网注册域名，可享有免费的隐私保护、免费的域名锁、免费的小云监测工具等。图 6-24 为在万网域名注册赠送的服务。

图 6-24　万网域名注册赠送服务

3. 免费价格策略的目的

（1）让消费者在免费使用形成习惯或偏好后，再开始收费。免费提供产品和服务给消费者使用，目的在于培养消费者的使用习惯，后续即使收费，消费者也可能会由于较高的转换成本而愿意继续付费使用。2006 年 12 月发生在我国台湾地区的地震导致海底通信光缆中断。由于当时许多国外杀毒软件在中国内地没有升级服务器，数百万国内个人用户、数十万企业和政府局域网用户无法升级。而光缆完全修复可能需要 1 个月的时间，年底又是各种病毒肆虐的高峰，这意味着这些用户的电脑完全向病毒和黑客敞开了大门。针对这一情况，瑞星公司决定从 2006 年 12 月 29 日至 2007 年 1 月 29 日，瑞星杀毒软件对所有用户免费开放 1 个月。当光缆修复完毕，国外杀毒软件可以继续升级后，瑞星也开始收费了，但是由于用户已经使用瑞星杀毒软件形成了习惯，所以可能会继续付费使用。

（2）发掘免费策略背后的商业价值，先占领市场再获取收益。通过免费策略培育市场，获得较为稳定的客户群体后，再开始在其他产品或服务上获取收益。比如，网易、新浪、搜狐是我国著名的门户型网站，它们都提供免费的新闻、免费的邮箱，其目的是提升网站的网页综合浏览量，营造眼球效应，提升广告价值，进而获取高额的广告收益。广告收益已成为门户型网站主要的收入来源。

4. 免费产品的特点

（1）易于数字化。互联网是信息交换平台，其基础是数字传输。易于数字化的产品都可以通过互联网直接传递，实现零成本的配送，这与传统产品需要通过物流配送形成巨大区别。企业只需将这些免费产品放置到企业的网站上，用户就可以通过网络进行下载，而企业只需付出较低成本就可以实现产品推广。

（2）无形化。采用免费策略的多是无形产品，它们只有通过一定载体表现出一定形态，如软件、信息服务、音乐、电影等，这些无形产品可以在网络上实现快速传输。

（3）零制造成本。零制造成本是指产品开发成功后，只需要通过简单复制就可以实现无限量的自动复制生产。企业只需投入软件研发费用即可，新增一个用户对企业而言不会增加额外的生产成本。

（4）成长性。采用免费策略的目的一般是利用高成长性的产品推动企业占领较大的市场，为未来市场的发展打下坚实的基础。例如，微软为了抢占浏览器市场，推出免费的IE浏览器，用以对抗网景公司的Navigator，结果短短两年时间，网景公司的浏览器市场就丢失半壁江山。

（5）冲击性。"免费"具有极强的视觉冲击感。采用免费策略的产品，其主要目的是推动市场成长、开辟新的市场领地。例如，3721网站为推广其中文网址域名标准，采用免费下载和免费在品牌电脑上预装的策略，在短短半年时间内迅速占领市场。

（6）间接收益。采用免费价格策略的产品或服务一般具有间接收益的特点，以帮助企业通过其他渠道获取收益。例如，上文提到的门户型网站提供免费的新闻和邮箱供用户使用，再在网络广告上获取间接收益。

第四节　网络营销渠道策略

一、网络营销渠道的定义

网络营销渠道是借助互联网将产品从生产者转移到消费者的中间环节。

二、网络营销渠道的功能

视频：
网络营销渠道的
内涵及功能

（一）订货功能

网络消费者可以通过网络营销渠道提供的图文并茂的商品信息页面，了解、比较商品，与卖家就商品细节进行沟通，进而下单选购。

（二）结算功能

网络营销渠道提供了多种支付结算工具，包括货到付款、银行卡快捷支付、信用卡、支付宝、微信支付等，可以让客户足不出户，完成货款支付。

（三）配送功能

对于实体产品，网络营销渠道可以通过物流公司的帮助将商品送到客户手中；对于虚拟产品，顾客则可以直接点击卖家提供的下载链接获取。

（四）服务功能

网络消费者可以通过网络营销渠道获取商品提供的售前、售中和售后服务。

三、网络营销渠道的类型

（一）网络营销直接渠道

网络营销直接渠道是指产品从生产领域转移到消费领域时不经过任何中间环节的分销渠道。

（二）网络营销间接渠道

网络营销间接渠道是指产品从生产领域到消费领域时经过若干中间环节的分销渠道。网络营销直接渠道与网络营销间接渠道的区别如图6-25所示。

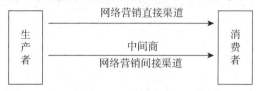

图6-25　网络营销直接渠道与网络营销间接渠道的区别

小链接：天猫店铺类型

四、双道法

双道法是指企业在进行网络分销决策时，同时使用网络营销直接渠道和网络营销间接渠道，以达到销售量最大的目的。

例如，消费者在网上下单购买实体产品并付款后，企业仍然需要借助分销商来完成送货、安装、服务等活动，即分销商需要承担送货职责。另外，由于存在着许多不上网的消费者，所以企业仍然需要借助传统的分销商帮助开展营销活动。

五、解决线上线下渠道冲突的方法

（一）渠道隔离

渠道隔离是指当一种商品在两个渠道中同时销售发生冲突时，对同一种商品制造人为差异来隔离这两个渠道的做法。

在传统零售业的竞争中，大型廉价折扣店和昂贵的百货店形成了两个阵营。但是，双方经营的很大一部分商品是重合的，对供应商而言，就产生了典型的渠道冲突。这种现象曾经一度给供应商带来顾此失彼的苦恼。解决问题的办法是用对同一种商品制造人为差异来隔离这两个渠道。

渠道隔离的具体做法有：开发"网络专供款"、区分线上线下销售的品种。比如，对于同一款T恤，"淘宝专供款"含棉量为50%，"专柜专供款"含棉量为100%。对于很多品牌商品，会将新品放在实体专卖店销售，旧款、断码放在网上销售，或者将受消费者欢迎的花色和图案款放在实体专卖店销售，市场反响不够热烈的花色和图案款放在网上销售，从而造成线上线下所售商品的差异性。

（二）渠道集成

渠道集成是把线下渠道和线上渠道完整地结合起来，充分利用线上和线下的优势，共同创造一种全新的经营模式。

运用渠道集成的成功案例是服装制造商 GAP 和 7-11 便利店。GAP 在各地分布着大量的连锁专卖店，同时又开设了网上商店。在不遗余力地宣传网上商店的同时，GAP 在专卖店里搁置了专用电脑，使顾客能便捷地查询店里断码的商品。结果 GAP 的品牌进一步得到加强，在虚拟空间和现实世界里得到更好的扩展。7-11 在日本拥有超过 8 000 家连锁店，一些在线销售商和它结成战略联盟，利用它深处居民区的特点进行商品寄存和二次配送，巧妙地完成了电子商务几乎无法解决的"最后一公里"配送问题。同时，领取寄存商品的顾客可以顺便在店里进行采购，也促进了 7-11 销售额的提升。

第五节　网络营销促销策略

视频：
网络促销策略

一、网络营销促销的定义

网络营销促销是利用现代化的网络技术向虚拟市场传递有关产品信息，以引发需求，引起消费者购买欲望和购买行为的各种活动。

二、网络营销促销的作用

（一）告知功能

企业通过开展网络营销促销活动，可以把企业的产品、服务及价格等信息传递给目标公众，引起他们的注意。

（二）说服功能

当前产品同质化现象凸显，许多产品往往只存在细微差别，用户难以察觉。企业通过网络营销促销活动，宣传自己产品的特点，使消费者认识到本企业的产品可能给他们带来的效用和利益，进而决定购买本企业的产品。

（三）反馈功能

网络营销促销能够通过包括电子邮件在内的各种形式及时收集和汇总顾客的需求和意见，迅速反馈给企业管理层，作为决策依据。由于网络促销所获得的信息准确、可靠性强，对企业经营决策具有较大的参考价值。

（四）创造需求

企业通过开展网络营销促销活动，不仅可以诱导消费者产生需求，而且可以创造需求，发掘潜在的顾客，扩大销售量。

（五）稳定销售

由于季节及消费周期等因素的影响，网络营销企业的产品销售量并不均衡，会出现较大波动，呈现出销售淡旺季之分。企业通过开展网络促销活动，可以刺激消费者产生购买欲望，付诸购买行动，从而达到稳定销售的目的，有利于企业控制库存和制定采购或生产计划。

三、网络营销促销的形式

网络营销促销的形式有四种，分别是网络广告、站点推广、销售促进和关系营销。

（一）网络广告

网络广告是确定的广告主以付费方式运用互联网媒体对公众进行劝说的一种信息传播活动。

网络广告的主要类型包括全屏广告、炫景广告、通栏广告（旗帜型广告）、对联广告、矩形广告、按钮广告、摩天楼广告、插页式广告、关键字广告和文字链广告等。

网络广告的计费方式包括 CPM（千人印象成本）、CPC（每点击成本）、CPA（每行动成本）、CPR（每回应成本）、CPP（每购买成本）、PFP（按业绩付费）、CPL（以搜集潜在客户名单多少计费）、CPS（以实际销售产品数量来换算广告刊登金额）、CPT（按时间计费）。例如，淘宝钻展采用 CPM 竞价方式，而淘宝直通车采用 CPC 计费方式。

（二）站点推广

站点推广是指利用网络营销策略扩大网站的知名度，吸引网民访问网站，增加网站流量，从而起到宣传和推广企业及产品的效果。

站点推广的主要方法包括在搜索引擎登录、交换链接、电子邮件推广、登录新闻组论坛等发布推广信息、发布网络广告、使用传统媒介推广等。

（三）销售促进

销售促进也称营业推广，是指企业运用各种短期诱因鼓励消费者和中间商购买、经销企业产品和服务的促销活动。常见的销售促进方式包括打折、送赠品、买一送一、抽奖、免费试用、秒杀、团购等。

（四）关系营销

关系营销是指通过互联网的交互功能吸引用户与企业保持密切的关系，培养顾客的忠诚度，提升顾客价值。

四、网络促销的实施程序

（一）确定网络促销对象

网络促销对象包括产品的使用者、产品购买的决策者、产品购买的影响者。

（二）设计网络促销内容

产品生命周期分为引入期、成长期、成熟期和衰退期。应根据产品生命周期不同阶段的特点设计网络促销内容。在引入期，网络促销应侧重于宣传产品的特点，引起消费者的注意；在成长期，网络促销应侧重于劝说消费者，使其产生购买欲望；在成熟期，应侧重于树立企业形象，提醒购买，巩固已有市场；在衰退期，应密切与消费者之间的情感联系，通过各种销售促进方法，延长产品的生命周期。

（三）决定网络促销组合方式

企业应当根据产品及消费者的特点，在网络广告、站点推广、销售促进、关系营销中选择合理的促销方式，形成网络促销组合方式，以达到最佳的促销效果。一般来说，对于日用消费品，网络广告的促销效果较好；对于大型机械产品，站点推广的效果较为明显。

（四）制定网络促销预算方案

企业应明确各种网络促销方式的价格，在能够接受的合理范围内，严格控制预算，制定预算方案。

（五）衡量网络促销效果

应充分利用统计软件，对网络促销的效果进行统计，统计指标一般包括 PV（网页综合浏览量）、UV（独立访客）、点击次数、CPM（千人印象成本）、CPC（每点击成本）等。

（六）加强对网络促销过程的综合管理

在网络促销活动实施过程中，应不断进行信息沟通和协调，对偏离预期促销目标的活动进行调整，以保证实现既定的促销目标。

五、针对消费者的销售促进方式

（一）网上折价促销

网上折价促销也称打折、折扣，指的是在顾客购买产品时，给予不同形式的价格折扣。这种活动形式是在网上通过使用折扣券、商品特卖或者限时折扣的方式，让消费者以低于商品的原本价格购买该商品。如，凯梵蒂旗舰店在五一期间开展促销活动，原价 298 元的无暇净颜美白祛斑霜现价 198 元，满 2 件 7.5 折，即第二件半价，再加送价值 78 元的美白液。图 6-26 为凯梵蒂旗舰店的折价促销页面。

图 6-26 凯梵蒂旗舰店的折价促销页面

(二)网上变相折价促销

网上变相折价促销是指在不提高或稍微提高价格的前提下,提高产品或服务的品质数量,较大幅度地增加产品或服务的附加值,让消费者感到物有所值。如,美的落地扇在开展促销活动的同时实行一年免费换新。图6-27为美的落地扇的网上变相折价促销页面。

图6-27 美的落地扇的网上变相折价促销页面

(三)网上赠品促销

网上赠品促销是指企业向购买产品的消费者实施馈赠的促销行为,具体手段有直接赠送、附加赠送等。赠品若与产品的特性或使用有相关性,则促销的诱因更大,并方便顾客使用产品。如,购买小天才电话手表Y02防水版可以获赠268元天文望远镜一架。图6-28为小天才电话手表的赠品促销页面。

图6-28 小天才电话手表的赠品促销页面

在凯梵蒂天猫旗舰店任购2件送3片面膜,任购3件送6片面膜,满168元再加送价值98元的焕眼魔方一瓶。图6-29为凯梵蒂天猫旗舰店的赠品促销页面。

图6-29 凯梵蒂天猫旗舰店的赠品促销页面

(四)网上抽奖促销

网上抽奖促销就是利用公众消费过程中的侥幸获利心理,设置中奖机会,利用抽奖的形式,来吸引消费者购买商品。图6-30为中国铁路客户服务中心网站开展的抽奖促销页面。

图6-30 中国铁路客户服务中心网站开展的抽奖促销页面

(五)网上积分促销

网上积分促销一般设置价值较高的奖品,消费者通过多次购买或多次参加某项活动来增加积分以获得奖品。积分促销可以增加上网者访问网站和参加某项活动的次数,可以增强客户黏性。例如,中国建设银行信用卡客户在使用信用卡消费后,可以获得积分,可登录积分商城兑换自己心仪的礼品,如果积分不够,就会促进客户继续使用信用卡消费,以累积到足够的积分。图6-31为中国建设银行积分商城的首页。

图6-31 中国建设银行积分商城的首页

凯梵蒂微信商城的积分促销也运用得十分成功。关注"凯梵蒂护肤"微信公众号,即可每日签到，签到可以获得积分，同时每日有三次抽奖机会，也可能获得积分或补签卡。连续签到30天、60天、90天可以获得不同价值的签到礼品（签到礼品必须与微信商城购物订单一起发货，不单独发货），还可以获得不同等级的购物特权（如买3免1，第二件半价，买1送1等）。每月第二周和第四周的周五、周六为积分兑换日，可以使用积分兑换并加钱购买商品。图6-32为凯梵蒂微信商城的积分促销页面。

图6-32 凯梵蒂微信商城的积分促销页面

（六）网上联合促销

网上联合促销是指两个以上的企业或品牌合作开展促销活动。这种做法的最大好处是可以使联合体内的各成员以较少费用获得较大的促销效果，联合促销有时能达到单独促销无法达到的目的。永辉超市就曾与微信支付共同开展联合促销，在永辉超市使用微信支付，送10元代金券，最高立减500元。此举使更多的永辉超市顾客在结账时使用微信支付，同时也使微信用户被永辉超市的促销活动吸引，而成为永辉超市的客户，企业均以较少费用获得较大的促销效果。图 6-33 为永辉超市与微信开展的联合促销活动广告。

图 6-33　永辉超市与微信的联合促销广告

光大银行也曾与阿里开展联合促销。使用光大银行信用卡在淘宝天猫购物，可享受"满 100 元减 10 元"的优惠。图 6-34 为光大银行与阿里开展的联合促销活动广告。

图 6-34　光大银行与阿里的联合促销广告

六、拒绝虚假促销

随着互联网经济的快速发展，越来越多人选择通过网络购物。尤其是在 2020 年，新冠肺炎疫情催生了线上购物的热潮。为了吸引更多消费者，平台和商家结合自身的情况选择了不同力度的促销方式。

作为一种活动方式，除了常态的降价、打折、满减等，在网络平台促销模式的翻新下，很多电商平台也衍生出类似"6·18""双十一""双十二"等集中促销、网络"直播带货"等新方式。而伴随促销而来的，还有各种虚假促销和摸不清套路的促销规则：消费者收货后发现存在质量问题，却发现商家又以促销商品不退不换的店堂告示来拒绝售后；或是先提价后假意促销，以此获取流量与订单；或是虚假宣传，实物与样图严重不符……

2021 年 4 月 25 日，北京市市场监管局依法查处校外教育培训机构价格违法、虚假宣传等行为,对跟谁学、学而思、新东方在线、高思四家校外教育培训机构价格违法行为分别给予警告和50万元罚款的行政处罚。四家教育机构存在类似的价格违法行为,如学而思网校官方旗舰店销售的多款培训课程打出"价格799元,促销价20元"的促销活动,但价格799元在促销活动前未实际成交过。

市场经济之中,诚信是所有市场主体都应遵循的法则。如果没有了诚信,可以随便虚标价格,随意进行虚假宣传,市场主体之间也就没了信任可言。对商家虚标原价和促销价进而"虚假打折"的行为加以处罚,有着不可忽视的警示意义。在信息不对称的情况下,消费者很难知道所谓的原价是否是有真实成交记录的原价,所谓的"跳楼价""赔本价"是否名副其实。因而,只有监管部门严肃对待类似问题,严厉惩戒虚标价格的违法行为,才能让商家有所顾忌,避免消费者掉入价格陷阱。

 小链接:规范促销行为暂行规定

本章小结

本章结合企业网络营销实践,介绍网络营销产品、服务、价格、渠道及促销策略的内涵,再现电子商务企业网络营销组合的制定过程,理论联系实践,帮助学生把握学科前沿发展动态;引导学生思考企业产品、服务、价格、渠道及促销策略在网络营销实践中的运用,培养学生的工匠精神;启发学生透过现象看本质,拒绝虚假促销,树立诚信理念。

网络营销产品的整体概念包括五个层次,从里层到外层分别是核心产品、有形产品、期望产品、延伸产品和潜在产品。核心产品是指产品能提供给顾客的基本效用或利益。有形产品也称形式产品,是指产品在市场上所呈现出的具体物质形态。期望产品是指顾客在购买产品前对产品的质量、特点和使用方便程度等方面的期望值。延伸产品也称附加产品,指顾客购买产品时所得到的销售服务与保障,包括送货上门、安装、售后服务、咨询、培训、消费信贷安排等。潜在产品指可能的发展前景,是产品的一种增值服务。

根据产品的形态差异,可将网络营销产品分为实体产品和虚拟产品。根据产品在购买时能否确定或评价其质量,可将网络营销产品分为可鉴别性产品和经验性产品。

选择网络营销产品的原则包括:产品的消费对象与网民结构一致;产品的质量容易鉴别;产品以传统方式难以购买;配送成本合理适合于网上销售。

网络营销服务是指以互联网为基础,利用数字化的信息和网络媒体的交互性来辅助营销目标实现的一种新型市场营销服务方式。网络营销服务的特点包括突破时空限制、提供更高层次的服务、顾客寻求服务的主动性增强、提高服务效益。网络营销服务分为网上售前服务、网上售中服务和网上售后服务。常见的网络营销服务的工具包括 E-mail、FAQ、Call Center 等。网络营销个性化服务也称网络营销定制服务,即按照网络消费者的要求提供特定服务,亦即满足网络消费者的个别需求。网络营销个性化服务的方式包括服务时空的个性化、服务方式的个性化和服务内容的个性化。

网络营销价格的特点包括全球性、顾客主导定价和低价位定价。常用的网络营销定价策略包括折扣定价策略、竞争定价策略、声誉定价策略、捆绑定价策略、集体议价策略、定制定价策略、拍卖竞价策略和免费价格策略等。

网络营销渠道是借助互联网将产品从生产者转移到消费者的中间环节。网络营销渠道的功能包括订货功能、结算功能、配送功能和服务功能。网络营销渠道的类型包括网络营销直接渠道和网络营销间接渠道。双道法是指企业在进行网络分销决策时，同时使用网络营销直接渠道和网络营销间接渠道，以达到销售量最大的目的。解决线上线下渠道冲突的方法包括渠道隔离和渠道集成。

网络营销促销是利用现代化的网络技术向虚拟市场传递有关产品信息，以引发需求，引起消费者购买欲望和购买行为的各种活动。网络营销促销的作用包括告知功能、说服功能、反馈功能、创造需求和稳定销售。网络营销促销的形式有四种，分别是网络广告、站点推广、销售促进和关系营销。网络促销的实施程序包括确定网络促销对象、设计网络促销内容、决定网络促销组合方式、制定网络促销预算方案、衡量网络促销效果、加强对网络促销过程的综合管理。针对消费者的销售促进方式包括网上折价促销、网上变相折价促销、网上赠品促销、网上抽奖促销、网上积分促销、网上联合促销等。

关键术语

核心产品、形式产品、期望产品、附加产品、潜在产品、可鉴别性产品、经验性产品、网络营销服务、网络营销个性化服务、折扣定价策略、竞争定价策略、声誉定价策略、捆绑定价策略、集体议价策略、定制定价策略、拍卖竞价策略、免费价格策略、网络营销渠道、网络营销直接渠道、网络营销间接渠道、双道法、网络营销促销、网上折价促销、网上变相折价促销、网上赠品促销、网上抽奖促销、网上积分促销、网上联合促销

配套实训

1. 如果你要开设淘宝网店，你会选择什么商品在网店销售？为什么？
2. 进入某电商平台，分析该企业是如何制定网络营销价格策略的，并评价这些策略是否有效。
3. 根据所学的网络营销价格策略的知识，给自己在淘宝网店中销售的产品制定合理的价格。
4. 登录搜狗购物网站，搜索同一款手机在天猫、京东、苏宁、唯品会、拼多多上的售价，分析哪家具有价格优势？
5. 选择一个企业进行分析：该企业在网络上进行直销的商品有哪些？网上购买流程是怎样的？付款方式有哪些？有哪些网上服务形式？并将该企业的传统销售渠道与网络直销渠道进行比较，分析其网络直接渠道的优势。
6. 试选择一家传统零售企业，为其策划网上商店。
7. 针对目前主流的电商平台大促，通过搜索信息总结其采用的网络促销策略。

复习思考题

一、单选题

1. "购买数码相机是为了记录生活的点滴，留下美好的回忆"说的是（　　）。
A. 核心产品层次　　B. 形式产品层次　　C. 期望产品层次　　D. 附加产品层次

2. 下列选项中,属于可鉴别性产品的是（　　）。
   A. 服装　　　　　B. 食品　　　　　C. 护肤品　　　　　D. 电脑
3. FAQ 指的是（　　）。
   A. 新闻组　　　　B. 邮件列表　　　C. 呼叫中心　　　　D. 常见问题解答
4. Call Center 指的是（　　）。
   A. 新闻组　　　　B. 邮件列表　　　C. 呼叫中心　　　　D. 常见问题解答
5. 某项商品的成交价为 360 元,交易条款注明"（　　）",意味着如果在成交后 20 天内付款可以享受 3% 的现金折扣,但最后应在 30 日内付清全部货款。
   A. 20/3,30/n　　B. 3/20,n/30　　C. 3/20,n/60　　D. 3/20,n/20

二、填空题

1. 在网络营销渠道,企业可以通过拍卖和_____两种方式来实现顾客主导定价。
2. 百度的个性化首页充分体现了_____的个性化。
3. 淘宝店铺成交额=UV（独立访客）×转化率×_____。
4. 网络营销价格的特点包括全球性、_____和低价位定价。
5. 网络营销渠道的功能包括订货功能、结算功能、配送功能和_____。
6. _____是指企业在进行网络分销决策时,同时使用网络营销直接渠道和网络营销间接渠道,以达到销售量最大的目的。
7. 解决线上线下渠道冲突的方法包括渠道隔离和_____。
8. 网络营销促销的主要形式有四种,分别是_____、站点推广、销售促进和关系营销。

三、简答题

1. 网络营销产品的整体概念包含哪五个层次?
2. 选择网络营销产品应遵循怎样的原则?
3. 什么是个性化服务?网络营销个性化服务包括哪些方式?
4. 什么是免费价格策略?免费价格策略包括哪些类型?
5. 举例说明企业使用免费价格策略的目的。
6. 什么是网络营销渠道?网络营销渠道有何功能?
7. 什么是网络营销促销?网络营销促销有何作用?

四、案例讨论

七匹狼的新夹克时代

第七章 网络广告概述

学习目标

知识目标

1. 掌握网络广告的定义、特点；熟悉网络广告的类型；掌握网络广告的计费方式。
2. 了解网络广告策划的作用；掌握网络广告的策略流程。
3. 了解网络广告的评估原则；掌握网络广告评估的内容及指标。

技能目标

1. 掌握网络广告的形式及报价。
2. 学会策划网络广告。
3. 掌握网络广告的评估方法。

思政目标

1. 把握学科前沿发展动态。
2. 树立学生的成本意识。
3. 培养学生的工匠精神。

导入案例

AdTime 荣获 2016 中国网络广告最佳产品奖

数据显示，截至 2021 年 6 月，我国网民规模达 10.11 亿，互联网普及率达 71.6%。而这一趋势正颠覆性地影响着受众对媒介内容及广告信息接收的行为习惯，并带动了互联网广告行业的飞速发展。

网络广告凭借得天独厚的优势，对传统广告进行的颠覆是深刻、深远的。网络广告有如下优势：针对性更强，投放的内容和针对的人群有效精准；灵活方便，根据投放效果和目标迅速调整优化策略；展现形式多元化，紧跟用户习惯推陈出新，用更多的展现形式加强广告效果；效果可测性，广告传播效果反馈及时收集，让传播效果更加准确可视化；优质性价比，较之传统广告来说，网络广告的费用相对投入产出效果而言更加可观。

2016 年 12 月 16 日，在第十四届中国互联网经济论坛上颁布了"金 i 奖"，这个奖项代表了各行各业因网络而重生的新经济产业的未来，代表对事物本质的探索，代表最优秀的创新以及创新背后的精神源泉。

组委会表示,"金 i 奖"在希望表达对最优秀的创新的肯定之外,尤其着重传播物质背后的精神。可以说"金 i 奖"定位于挖掘和传达一切形态优秀现象背后的企业和人的使命。凭借独特的产品特性和技术资源优势,AdTime 打造的互动电视投放平台"AdSmart"从众多优秀的网络广告产品中脱颖而出,成功斩获"金 i 奖 2016 中国网络广告最佳产品奖"。AdTime 覆盖了最强势的新型电视媒体资源,与十余家国内主流智能电视厂商、电信 IPTV、数字电视以及 ICNTV 达成战略合作,辐射全国 7 100 万电视终端,将电视三屏(即开机画面、机顶盒开启画面、节目播放画面)有效串联,为品牌客户提供全方位的电视广告投放解决方案,打破了传统电视广告的种种弊端,在依托强大的有效数据和 DMP 平台下,挖掘并实现广告主的深度需求,实现从品牌覆盖传播到程序化购买,从线上把控到线下媒体融合的角度,为客户量身定制以智能电视为核心的最具差异化竞争力的整合互动营销。

"AdSmart"获"2016 年度中国网络广告最佳产品"是因其对互联网与电视的融合,它的出现颇为适时。它是互动电视广告平台,构建了电视新网络生态广告系统,并将继续引领传媒风向标。

讨论:为什么 AdTime 能获得 2016 中国网络广告最佳产品奖?

第一节 网络广告的发展历史

一、互联网与网络广告的产生

互联网产生于 20 世纪 80 年代,自诞生起便发展非常迅速,进入 21 世纪后更呈现出澎湃的发展趋势。互联网把计算机与最新的通信、数码技术结合起来,使得各种信息在传播范围、传播速度、通信容量及信息交互方法等方面取得了前所未有的突破。如此卓越的功能使互联网成为现代广告的新兴媒体,被社会各界广泛运用。在 1998 年 5 月的联合国新闻委员会年会上,互联网被正式宣布为继报刊、广播、电视三大传统媒体之后的第四大传播媒体。

网络广告作为一种新的广告形式,最早起源于美国。1994 年 10 月 14 日,美国著名的 Wired 杂志推出了网络版 Hotwired(www.wired.com),其主页上有 AT&T 等 14 个客户的旗帜广告,这是广告史上里程碑式的一个标志。互联网广告开始作为一类新型的广告形式进入广告之列。

二、我国网络广告的产生和现状

与国际互联网上的网络广告惊人的高速增长相比,目前我国网络媒体的广告发展略晚。中国的第一个商业性的网络广告出现在 1997 年 3 月,传播网站是 Chinabyte,广告表现形式为 468×60 像素的动画旗帜广告。Intel 和 IBM 是国内最早在互联网上投放广告的广告主。我国网络广告一直到 1998 年初才稍有规模。历经几年的发展,网络广告行业经过数次洗礼已经慢慢走向成熟。其发展历程如下：

1997年3月，Chinabyte.com获得第一笔广告收入，IBM为AS 400的宣传付了3 000美元。这是中国互联网历史的一个里程碑，在此之前，中国的互联网企业完全处于"烧钱"阶段，虽然当时风险投资对互联网这个产业趋之若鹜，互联网的创业者们完全不用为钱发愁。而且，这3 000美元相较于当时互联网企业获得的风险投资那么的微不足道。但是，万事开头难，有了Chinabyte.com这个榜样，网络广告开始成为互联网企业最直接、最有效的赢利模式，中国网络广告市场也开始发展，并逐渐形成每年数十亿的产业规模。

1997年4月，Chinabyte由国际权威的媒体监测机构ACNielsen旗下的专业公司实行站点访问流量的第三方审计，迈出与国际接轨的第一步。广告最重要的是受众与效果，第三方的媒体监测可以全面、公证地让厂商了解到广告的效果，从而打消厂商在投网络广告时对效果的担忧。而这种监测也进一步检验了网络广告的实用性，为网络广告在广告市场占据一席之地打下良好的基础。

1998年4月，Zdnet成为中国首家Intel认证的"优化内容"站点，6月，Srsnet（现在的新浪）成为中国第二家（非传统媒体第一家）Intel认证的"优化内容"站点。得到英特尔公司认可的信息产品生产商可在获得英特尔"优化内容认证"的网站上做广告，得到高额费用返还。广告返点是Intel对自己代理商的一种变相奖励和支持，根据代理商完成的销售额，Intel会对代理商在媒体上做与Intel产品相关的广告进行一定的支持。而在当时，中国二线品牌电脑做广告的费用基本都出自Intel之手。Intel放宽广告返点的范围，并承认网络广告的地位，一方面表明Intel已经认识到在互联网上做广告的好处，另外也带动了品牌电脑在网络广告方面的积极性，推动了中国网络广告市场的进一步发展。

1998年7月，国中网（中华网前身）宣布"98世界杯网站"获得200万元广告收入。200万元对当时的网络广告而言，无疑是一笔巨额收入。以此为界，中国网络广告市场进入了快速发展的时期。

1998年7月23日至25日，Chinabyte举办了"网络广告，现在就是未来——1998Chinabyte网络培训"。有了市场就要充分地挖掘与利用，Chinabyte在这点上又一次走在了前面。虽然当时的培训内容还比较浅薄，还不是很全面，但正是这种一步步的探索、试验，让中国网络广告市场逐步走向辉煌。

1998年12月，Chinabyte以6万美元购买了世界上权威的网络广告管理软件Netgravity，搜狐、找到啦等公司随后也加入购买行列。Netgravity是当时世界上最好的网络广告管理软件，它可以合理地分配、使用、监测网络广告，从而让使用者获得最好的回报。而作为中国最早获得网络广告的Chinabyte，在为自己客户服务上不遗余力，在得到厂商广告费用的同时，也以最正规、有效的服务回报客户。

1999年1月，新浪拿到IBM30万美元的广告单子。这是当时最大的单笔网络广告单子，虽然，国中网半年前的200万元与这个单子的金额不相上下，但国中网的单子是由多个企业投入的。新浪拿到这笔30万美元的单子，预示着中国网络广告市场已经开始成熟，中国的互联网企业完全可以通过网络广告生存，并产生可观的利润。网络广告的春天从此到来。

1999年4月中旬，Doubleclick派员来京，与传立、新浪、搜狐洽谈合作。Doubleclick是当时全球最大的网络广告代理机构，Doubleclick进入中国市场，说明中国的网络资源已经引起国际的关注，为中国互联网企业在国际上打响自己名声，进军国外广告和资本市场打下了良好的基础。

2000年4月30日，北京广播学院成立网络传播学院，设网络广告系、网络广告专业，中国高等学府也开始意识到网络广告在未来的价值。而有市场就需要人才，广播学院的领导眼光够长远。

2000年至2002年三年间，随着互联网进入寒冬，网络广告的发展也开始进入蛰伏期。不过，表面的平静并不能阻止网络广告继续的发展。据相关统计数据，2001年中国网络广告市场为4.1亿元人民币，2002年中国网络广告市场规模为4.9亿元人民币。这段时间，中国网络广告不显山、不露水，慢慢积攒力量。2002年，搜狐在网络广告收入的支持下，实现了赢利。

2003年春，非典（SARS）突然降临，让传统的平面广告以及路边广告等效率大减。网络广告在2003年开始爆发。有数据显示，2003年中国网络广告的市场规模急剧增至10.3亿元人民币，增长幅度达112%。

2004—2005年，由于互联网环境的改变，众多互联网公司开始赢利，风投重新大批进入互联网产业，而网络广告市场也稳步增长，平均增长率在70%以上。

2006—2007年，传统的网络广告模式已经不能满足客户的需求，于是各种网络广告模式百花齐放，而网络广告代理公司也成为资本的宠儿。中国排名前两位的网络广告代理公司好耶与华扬联众陆续被收购。

2008—2009年，网络广告增速平稳。2008年中国网络广告整体市场规模增长至119.0亿元，较2007年增长54.9%。增长的原因主要在于北京奥运会，为互联网企业的广告收入贡献较大。2009年互联网经济在低迷的大环境下依然保持了发展，但从整体的市场态势来看，2009年是网络广告市场"V"形增长的低点。

2010年出现了众多热点事件，包括冬奥会、世界杯、世博会、亚运会等。广告主投入大量的精力来实现热点营销价值的最大化。同时，一些新的方式如微博营销、视频节目植入性营销也在热点事件中有所体现。另外，垂直类网站的成长是网络广告的新动力。2010年广告收入基本实现了翻倍增长，社交网站开始迎来广告收入盈利的元年，以搜房网、易车网、东方财富网为代表的各类垂直媒体也进入了上市和增收的关键时期。

2011年网络广告市场规模迅速增长，该年的网络广告已经超越报纸广告453.6亿元的规模，并逐渐接近电视广告724.4亿元的规模。互联网对信息传播方式和营销方式的深刻改变，使互联网媒体对传统媒体的冲击十分明显，同时移动互联网广告增长十分迅速，2011年其比重已经达到4.5%。

2012年网络广告市场兴起大数据、RTB（Real Time Bidding，实时竞价）热潮，国内网络广告公司大量涌现，网络广告产业链不断变革，营销技术不断演进，以此提升广告的精准投放度。网民、广告主、广告公司及媒体的变革推动着网络广告整体市场的前进，网络广告市场领跑整体广告行业增长。

2013年网络广告整体继续保持增长，同比增长46.1%，与2012年保持相当的增长速度，整体保持平稳增长。国内网络广告市场规模在突破千亿元大关之后，随着市场的成熟度不断提高，增速逐渐放缓，平稳发展。

2014年互联网广告营收规模超过1 500亿元，电视广告收入1 200多亿元。这是媒体广告格局的又一次改变，有如若干年前的电视广告规模超过报纸广告一样。

2015年，中国网络广告市场继续深入发展。从行业政策看，2015年年初新《广告法》

出台，对广告宣传用语等方面制定了诸多规范，对广告内容与表现形式提出了更高要求。从行业发展趋势看，核心广告主在削减广告支出的同时，更加注重营销效果和价值的最大化，在行业发展进程的推动下，网络广告行业整合加速，并购事件频发。从媒体终端看，移动端渗透不断加深，主要媒体移动端收入占比不断提升，移动端价值凸显。从内容市场看，综艺节目、电视剧及网络自制剧等优质资源的挖掘和掌握，成为各家视频网站争夺的重点。从广告形式看，原生广告、内容营销及创新互动营销等，广告主更为青睐。从媒体融合看，微博助力的台网联动、微信与电视节目的互动不断演进。

第二节　网络广告的定义和特点

一、网络广告的定义

（一）从技术层面来看

从技术层面来看，网络广告是指以数字代码为载体，采用先进的多媒体技术设计制作，通过网络广泛传播、具有良好交互功能的广告形式。

该定义突出网络广告是充分利用网页制作中超文本链接功能而形成的。由于网络广告本身含有浓缩的广告语，用各种色彩组合或静态或动态地向受众传递信息，因此强调网络广告制作中的技术本身。

随着电子商务的广泛推行、网络技术的不断提升、网络安全性的逐步完善以及上网人数的持续增加，网络广告有更加广泛的发展空间。

（二）从传播层面来看

从传播层面来看，美国著名传媒研究者霍金斯对网络广告的定义为："网络广告即电子广告，指通过电子信息服务传播给消费者的广告。"

与传统的四大传播媒体（报纸、期刊、电视、广播）广告相比，网络广告是实现现代营销媒体战略的一个重要部分，网络广告一经产生便获得了迅猛发展，它具有速度快、传播效果理想、覆盖面广、表现形式多样等特点。随着互联网的普及和计算机硬件的发展，网络广告日益获得更广的传播平台。

（三）从法律层面来看

2001年4月，原北京市工商局颁布的《北京市网络广告管理暂行办法》第二条规定："本办法所称网络广告，是指互联网信息服务提供者通过互联网在网站或网页上以旗帜、按钮、文字链接、电子邮件等形式发布的广告。"该办法作为我国第一个全面规范网络广告活动的规范性文件，对保护消费者、经营者合法权益具有极为重要的现实意义和探索意义。该办法所界定的网络广告属于狭义的定义，仅仅将以旗帜、按钮、文字链接、电子邮件等形式发布的广告归属于网络广告。

《中华人民共和国广告法》（2015年修订，2018年修正）（以下简称《广告法》）没有对网络广告进行明确的定义。该法第二条规定："在中华人民共和国境内，商品经营者或者服务提供者通过一定媒介和形式直接或者间接地介绍自己所推销的商品或者服务的商业广告活动，适用本法。"但根据这一规定，可以归纳出广告的三个法定特征。

1. 依附性

依附性指广告"通过一定媒介和形式"呈现信息。

2. 目的性

目的性指广告"介绍自己所推销的商品或者服务"。

3. 商业性

商业性指的是广告是"商业广告活动"。

（四）从发展层面来看

在网站或网页上以旗帜、按钮、文字链接、电子邮件等形式发布的广告自然具备上述特征。但由于互联网本身具有媒体性质，网上大量其他涉及商品或服务的信息，同样也符合法定的广告特征。例如，专门发布商品信息的网上商城网页内容，企业在自建网站上对自己商品或者服务的介绍等。

2016年原国家工商行政管理总局发布的《互联网广告监督管理暂行办法》提出，互联网广告是指通过各类互联网网站、电子邮箱，以及自媒体、论坛、即时通信工具、软件等互联网媒介资源，以文字、图片、音频、视频及其他形式发布的各种商业性展示、链接、邮件、付费搜索结果等广告。

综上，考虑到网络广告形式的多样化和网络技术的快速发展，从发展的角度可将网络广告直接界定为符合广告的法定特征，即依附性、目的性、商业性等特点的网络信息。

二、网络广告的特点

因为互联网具有不同于传统媒体的交互、多媒体和高效率的独有特性，所以网络广告在下列方面呈现出不同于传统媒体广告的特点。

（一）传播范围广

网络广告的传播范围极其广泛，不受时间和空间的限制。互联网已覆盖了全世界大部分国家和地区，通过互联网可以把网络广告传播到它所涉及的所有地域。网络广告突破了传统广告只能局限于一个地区、一个时间段的不足，它把广告信息24小时不间断地传播到世界各地；而且网络广告可以随时发布在任何地点的Internet网站上，受众可在任何时间、任一连接Internet的地点随时浏览广告。

（二）交互性强

网络广告是一种双向的、推拉互动式的信息传播方式，它的即时互动性表现在以下方面：趣味性强；能实现多种交流功能；实行个体化沟通模式；提高了目标顾客选择性。当广告的受众对某一广告发生兴趣时，可以通过点击进入该广告的主页，进一步详细了解有关信息，甚至可以直接与商家进行咨询和交易洽谈；而厂商也可以随时得到宝贵的用户反馈信息。网络广告针对个人需求提供信息，而且根据个人不同的兴趣来展现详略不同的信息，在广告面前，受众具备了更大的自主性。网络广告改变了传统广告传播中信息单向流通、相互隔离及有时差的缺点，形成了广告发布者和接收者的即时互动关系。

（三）灵活快捷

在传统广告媒体上，从策划、制作到发布广告需要经过很多环节的配合，广告一旦发布信息内容很难改变，而且改动费用昂贵，因而难以实现广告信息的及时调整。而在网络上发布广告，能按照需要及时变更广告信息，如果广告中有错误要改正也很容易。这使企业经营决策的变化可以灵活地实施和推广。同时，网络广告的信息反馈快捷，消费者可以直接与厂商交流，厂家也可以从网络广告的统计情况中了解网络广告的效果。

（四）推拉结合

网络的交互性使网络广告改变了传统广告单纯的推动方式，由受众主动向企业索要特定的信息、广告主的强势推广转变顺势拉进，形成了推动与拉动相结合的模式。典型的情况是，用户可以用关键字来查看广告。从网络广告的各种形式来看，网址、企业网站、旗帜广告、活动页面、赞助内容及下载按钮都需要引发消费者兴趣才能吸引他们进入，这属于拉动式的情况；而插入式广告、电子邮件广告等则属于推动模式。消费者的主动性并不意味着广告主从此处于被动寻找的地位，一方面，他们似乎被动地等待消费者自己找上门来；另一方面，他们也可以积极搜集顾客资料，建立数据库，伺机而动，把信息推到消费者面前。

（五）成本较低

作为新兴的媒体，网络媒体的收费低于传统媒体。网络广告的费用目前大约是报纸的1/5、电视的1/8。这是由于网络广告有自动化的软件工具进行创作和管理，能以低廉费用按照需要及时变更广告内容。如果能直接利用网络广告进行产品的销售，则可节省更多的销售费用。

（六）针对性强

网络广告可以锁定目标消费者，针对具体受众，提供有针对性的内容环境；可以实现在适当的时间把适当的信息发送给适当的人。由于点阅信息者即为有兴趣的用户，所以网络广告可以直接到达潜在购买者。尤其是对电子商务站点，浏览用户大都是企业界人士，网络广告在受众范围上就更具有针对性。

（七）效果可控

采用传统媒体做广告，很难准确地知道有多少人接收了广告信息，广告的评价与控制比较困难。而网络广告可通过有关的访问流量统计系统，及时精确地统计出每个广告被多少用户看过，以及这些用户查阅的时间分布、地域分布和反馈情况等。广告主和广告经营者可以对广告效果进行评价，进而审定其广告策略的合理性并进行相应调整，这就避免了传统广告的失控性和无效性。

第三节　网络广告的类型

网络广告具体的表现形式可以分为以下几大类：

一、主页形式

通过主页对企业进行宣传已经是企业的共识。Web 技术为企业提供了一个树立企业数字形象，宣传企业产品和服务的良好工具。企业需要把自己的地址、名称、标志、电话、传真等发布在互联网上。当然，企业在互联网上的形象应当与它实际上的形象保持一致。比如，IBM 公司在网上和网下的形象都以蓝色为基调，这与它"蓝色巨人"的形象相统一。图 7-1 为 IBM 的官网首页截图。

图 7-1　IBM 官网首页截图

二、旗帜广告

旗帜广告是最常见的网络广告形式。其宽度一般在 400～600 个像素之间（8.44～12.66 cm），高度在 80～100 个像素之间（1.69～2.11 cm），以 GIF、JPG 等格式建立图像文件，放置在网页中。图 7-2 为网易首页上的旗帜广告。

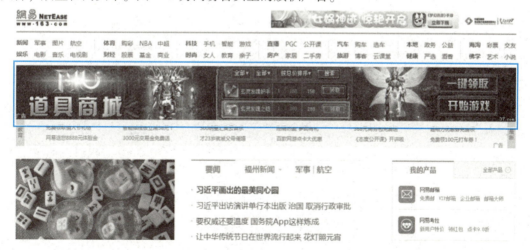

图 7-2　网易首页上的旗帜广告

目前旗帜广告已有多种形式，主要包括以下几种：

（一）按钮广告（Button）

按钮广告是以按钮的形式在网页上存在。

（二）文本广告（Text）

文本广告以文本形式放置在网页显眼的地方，长度通常为 10~20 个中文字，内容多为吸引人的标题，然后链接到指定页面。

（三）插页广告（Interstitial Ads）

插页广告又称弹出式广告，广告主选择某一网站或栏目之前插入一个新窗口显示广告内容，广告内容可能是文字、图片链接等各种形式。网络用户在登录网站的时候，网站显示该广告页面或弹出广告窗口。它们有点类似于电视广告，都是打断正常节目的播放，强迫观看。插页广告尺寸不一，互动程度也不同。浏览者可以通过关闭窗口或者安装相应的软件来拒绝这些广告。

三、分类广告

分类广告又称名录广告，类似于传统报纸中的分类广告。众多门户网站提供此类服务，这些门户网站按照自己认为合理的方式进行类别划分，企业可以到自己所属的类别中进行注册。这种广告方式的好处在于针对性强，用户容易准确找到自己所需的内容。图 7-3 为 58 同城首页上的分类广告。

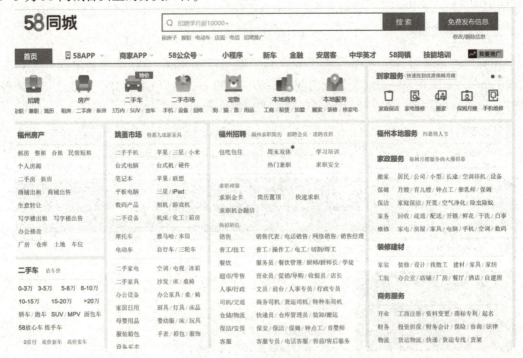

图 7-3　58 同城首页上的分类广告

有些门户网站（比如雅虎）对教育机构等相关的非营利机构提供免费分类注册。但是随着网络经济的理性回归，企业在互联网早期所享受到的免费注册服务现在已经不存在了。

四、通栏广告

通栏广告是占据主要页面宽度的图片广告,具有极强的视觉效果。通栏广告视觉冲击力强,能吸引浏览者的注意力,通常出现在首页以及各频道的中间显著位置,大多以Flash形式出现,广告面积较大,能够较好地展示广告信息,规格一般相当于两条横幅广告的大小。

五、文字链接广告

文字链接广告又称文本链接广告,是将一排文字作为一个广告,点击都可以进入相应的广告页面。这是一种对浏览者干扰最少,但却较为有效果的网络广告形式。这种广告方式成本较低,通过精心设计的文字能达到良好的广告效果。文本链接广告一般不超过10个汉字,发布在首页、重点频道首页的推荐位置。

六、电子邮件广告

电子邮件是指向用户发送电子报纸或电子杂志。企业利用网站电子刊物服务中的电子邮件列表,将广告加在读者所订阅的刊物中发放给相应的邮箱所属人。电子报纸和杂志的成本很低,它可以发送给任何一个互联网用户。由于电子报纸和杂志是由上网用户自己选择订阅的,所以此类广告更能准确有效地面向潜在客户。图7-4为电子邮件广告。

图7-4 电子邮件广告

七、关键字广告

关键字广告与搜索引擎的使用密切相关。关键字广告是指用户在搜索引擎键入特定的关键字之后,除了搜索结果外,在页面的广告版位会出现预设的旗帜广告。这种广告形式充分利用了网络的互动特性,因此也称关联式广告。

在互联网初期,BBS和新闻组也是做广告的好地方。但是目前,在公告栏、新闻组中做广告已经不再流行,也不为消费者所接受。公告栏、新闻组及各种论坛主要用于客户服务。图7-5为关键字广告。

图 7-5 关键字广告

八、其他网络广告形式

（一）悬停按钮

悬停按钮是指在页面滚动中始终可以看到的广告，可以根据客户的要求并结合网页本身特点设计移动轨迹，有助于增强广告的曝光率。

（二）全屏广告

全屏广告是指在页面开始下载时出现，广告先把整个页面全部遮住，占据整个浏览器的幅面，并持续3秒以上，随后窗口逐渐缩小，最后收缩为按钮广告。这种广告方式拥有很强大的视觉冲击力，但也可能招致网络用户的反感。图7-6为新浪网首页的全屏广告。

图 7-6 新浪网首页的全屏广告

（三）巨幅广告

巨幅广告是指新闻内容页面中出现的大尺寸图片广告，用户在认真阅读新闻的同时也可能会对广告投入更多的关注。

（四）摩天楼广告

摩天楼广告是指出现在文章页面两侧的竖型广告。摩天楼广告形状为长方形，较为醒目，能够承载比按钮广告更多创意表现。大小通常为 148×480 像素。

（五）流媒体广告

流媒体广告是指在频道首页下载后出现数秒钟的大尺寸图片广告，它可以在第一时间吸引用户的注意力。流媒体改变了互联网广告只能采用文字和图片的问题，而可集音频、视频及图文于一体，在媒体表现方面，信息传递更直接，表达内容更丰富。与传统的多媒体播放形式相比，流媒体可以边下载、边播放，大大节约了时间。

（六）前贴广告

前贴广告是指在视频开始之前插播的一小段广告。前贴广告的时间通常很短，在三到五秒左右。因为如果广告时间太长，容易引起视频观看者的不满。传统的在土豆、凤凰、新浪、优酷等视频中都存在前贴广告。图 7-7 为爱奇艺的前贴广告。

图 7-7　爱奇艺的前贴广告

第四节　网络广告的计费方式

一、影响网络广告价格的因素

（一）网络广告提供商的知名度

网络广告提供商知名度越高，业务分布范围越广，其网络广告的价位越高。国际上公认的重要网站包括美国的 Google、英国的 PlayBill、日本的 Web-Japan 等，这些网站本身就是刊登网络广告的最好站点，同时也是衡量其他导航站点知名度的标尺。国内重要的网站包括新浪、搜狐、网易、百度等。用网点类别的关键词在这些导航条中进行检索，可以得到检索结果中该网络广告提供商所拍位置。一般来讲，排在前20位的网络广告提供商的知名度较高，而排在20位之后的网络广告提供商，其网络广告的效果就会减小。目前，国际上还没有衡量网络广告提供商知名度的标准，未来很可能要借鉴企业评估的方法，从资产、服务项目、服务质量、访问人数等方面对每个网络广告提供商打分，进而评出不同等级。

（二）网络广告的幅面大小与位置

同传统广告一样，互联网上网络广告的价格也因幅面大小的不同而有所不同。幅面越大，价格越高。对客户来讲，在可视范围内，尺寸越小越好。这不仅是因为尺寸小价格便宜，还是因为尺寸小传输速度快。网络广告放置的位置也很关键。在导航网站中选择与主题相符的主页位置，网络广告的效果会好于其他位置。而在网页的上方放置广告，人们不用下移屏幕就可以看到图标，显然要比下面的效果好。位置不同，价格自然也会不同。

（三）网页浏览次数和网页浏览率

网页浏览次数（Pageview）是指当网民在网上漫游或在导航站点上检索时，插在页面中的网络广告给浏览者留下视觉印象的次数。在这种印象阶段，浏览者只是浏览了网页，并没有形成点击图片的行为。刊登这种网络广告的提供商，会使用程序来统计含有网络广告的网页被浏览的次数，即在浏览者视觉中留下印象的次数，一次就叫一个Pageview，或叫一个Impression，1000 Pageview 为 1CPM。主页被浏览的次数越多，表示在人们视觉中留下的印象越深。在一定时间里统计出来的浏览次数叫作网页浏览率。不同的导航网站具有不同的网络浏览人次，因而具有不同的广告作用。这种统计方式存在的问题是网页浏览次数不完全等同于印象。某个主页被调阅时，浏览者并不一定会看到广告图标，因为有时人们为了提高浏览速度而将显示图形的功能关掉。同时，有的人的注意力不在图形上，即便瞥见了，也并未在脑海中留下任何印象。在许多情况下，网页浏览次数往往与点击次数（Hit）交叉使用，不同的网站有不同的使用习惯，但两个概念的基本内涵是相同的。

（四）点进次数和点进率

点进次数（Click-Through）是指网络广告被用户打开、浏览的次数。网络广告被点进的次数与被下载次数之比（点进/广告浏览）即点进率（Click-Through Rate）。据统计，产生点击行为的浏览者一般只占主页访问人数的2%左右。

（五）单次点击成本

作为一个衡量网络广告费用的标准，单次点击成本（Cost Per Click）的概念很简单。如果你打算为用户每次点击你的广告付0.50元的话，你可以找提供广告成本计算服务的网络广告商帮助你代理整个策划过程。国外企业在使用这个标准时，仍然需要与相同条件下千人广告成本进行比较，看哪种定价标准更合算。

（六）伴随关键词检索显示的网络广告

伴随关键词检索显示的网络广告（Keyword-Triggered Net Advertising）是在导航网站或可检索的主页中，根据浏览者使用的检索关键词的不同，在其检索结果中显示不同的图标。例如，当某个浏览者查询花店时，某个花店的网络广告出现在花店的检索结果页上。

由于使用这种方式的用户正是网络广告追求的潜在客户，所以针对性非常强。正是如此，它的价格比一般的网络广告要高得多。

二、网络广告的计费方式

网络广告的计费方式多种多样，不同的计费方式各有利弊，每一种方式既有自己的独特之处，也有它们明显的漏洞和缺陷。目前互联网上主要流行 CPM、CPC、CPA 这三种广告计费方式。

（一）每千人印象成本（Cost Per Mill-impression，CPM）

每千人印象成本是依据广告播放次数来计算广告收费。广告图形或文字在计算机上显示，每 1 000 次为一收费单位，如，一则 Banner 广告的单价是 50/CPM，5 000 元的广告收入就可以获得 100×1 000 次播放机会。这种形式，对于网站站长来说是最省力的广告模式，因为他们只需要将流量引入放置广告的页面即可；而对于广告主来说，因为不容易对流量进行控制，而且广告放置的位置不同，关注率也不同，付的却是相同价格，很容易造成浪费。CPM 付费方式有一个很大的特点是按量投放，按量计费，广告主只需要为自己需要采购的播放量付费即可，这种计费方式也解决了中小广告主的价格困境，在市场上很受欢迎，因此 CPM 付费方式是目前垂直类媒体及网络广告的主流付费方式。

（二）每千人点击成本（Cost Per Thousand Click-Through，CPC）

每千人点击成本以实际点击的人数为标准来计算广告费用。按照广告点击付费的模式是互联网广告最早的计费方式。1994 年出现的第一支广告就是采用此计费方式。这种计费方式是宣传网站站点的最优方式。它以 1 000 次点击为单位，如，一则广告的单价为 40/CPC，则表示 400 元可以买到 10×1 000 次点击。CPC 计费方式显露的更多是弊端。首先，广告的点击率非常容易作弊，因此 CPC 计费方式所产生的后果就是媒体大量地生成虚假点击欺骗广告主。但如果不考虑作弊，单从效果角度考量的话还是很可行的。其次，此类方法有不少经营广告的网站觉得很不公平，比如虽然浏览者没有点击，但已经看到广告，对于这些看到广告却没有点击的流量来说，网站就白忙活了一场，所以很多网站不愿意做这样的广告。最后，对于网站和广告主都有不便，对网站来说除了考虑广告的投放位置，也要对广告的表现形式和内容煞费心思；对于广告主来说提高广告点击率与控制广告费用成为主要的考虑因素，同时防止站长作弊也成为广告主的主要任务之一；对于双方都显得很麻烦很复杂，比较费力。

（三）每行动成本（Cost Per Action，CPA）

每行动成本主要按照效果计费，指按广告投放的实际效果，即按回应的有效问卷或订单来计费，而不限广告投放量。这种计费方式，对站长来说赚钱比较难，也成为站长最不愿意选择的广告合作方式；但对广告主而言有了实际的效果再付费，且站长作弊难度高，成为广告主最愿意选择的广告方式。CPA 的计费方式对于网站而言有一定的风险，但若广告投放成功，收益也比 CPM 的计价方式要大得多。而广告主为规避风险，只有当网络用户点击旗帜广告，链接广告主网页后才按点击次数付给广告站点费用。

（四）每回应成本（Cost Per Response，CPR）

每回应成本以浏览者的每一回应计费。这种广告计费充分体现了网络广告"及时反应、直接互动、准确记录"的特色。但是，这个显然是属于辅助销售的广告模式，对于那些只要亮出名字就已经有一半满足的品牌广告要求，大概所有的网站都会给予拒绝，因为得到广告费的机会比 CPC 还要渺茫。

（五）每购买成本（Cost Per Purchase，CPP）

每购买成本，指广告主为规避广告费的风险，只在网络用户点击旗帜广告并进行交易后，才按出售笔数付给广告站点费用。

（六）按业绩付费（Pay-For-Performance，PFP）

福莱斯特公司高级分析师尼尔说："互联网广告的一大特点是，它是以业绩为基础的。对发布商来说，如果浏览者不采取任何实质性的购买行动，就不可能获利。"丘比特公司分析师格拉克认为，基于业绩的定价计费基准有点击次数、销售业绩、导航情况等，不管是哪种，可以肯定的是这种计价模式将得到广泛的采用。

（七）按时长计费

按时长计费以广告发布位置、广告形式为基础对广告主按时长征收固定的费用，而不与显示次数和访客行为挂钩。在这一模式下，广告主可以按照自己的需要来选择合适的广告时长，新浪、网易、搜狐等综合门户广告主要采用这种计价方式，通过把网络频道划分成不同的等级，按照不同等级频道的位置和广告形式计费。

另外，还有很多网站依照"一个月多少钱"这种固定收费模式来收费的，许多中小网站采用的是包月制。这种固定收费模式对客户和网站都不公平，无法保障广告客户的利益。

（八）关键词竞价

关键词竞价排名是一种按效果付费的网络推广方式。企业在购买该项服务后，通过注册一定数量的关键词，其推广信息就会率先出现在网民相应的搜索结果中。关键词竞价排名完全按照给企业带来的潜在用户访问数量计费，没有客户访问不计费，企业可以灵活地控制推广力度和资金投入，使投资回报率高。

（九）其他计价方式

某些广告主在制定特殊营销专案时，会提出以下方法个别议价：

1. CPL（Cost Per Leads）

CPL 即以搜集潜在客户名单多少来收费。

2. CPS（Cost Per Sales）

CPS 即以实际销售产品数量来换算广告刊登金额。

现在互联网上最主要的就是这几种计费方式，它们也是随着网络广告的产生、发展而出现和完善的，是现今投放网络广告更好的选择。

网络广告的付费方式随着市场的发展而发展、变化而变化，每种方式对网站站长和广告主的利弊各有不同。因为网站和广告主在网络广告的两端，利益相悖，有一方受益则另一方就会受损，任何一种付费方式都不能彻底解决这个问题，只能尽量平衡双方的利益。

对于不同目的的网络广告有不同的付费方式选择。若是塑造品牌的网络广告，CPM、CPC 是最好的广告计费方式，因为点击和显示广告能够吸引用户的目光，有利于品牌的传播和影响,相对于 CPA 付费低、风险小、要求低,更能达到广告目的;若是以产品销售为目的的网络广告,CPA 是最佳的选择,因为采取了实际行动则表明网络用户对广告中的产品很感兴趣,最有可能采取购买行为。所以在选择计价方式之前要确定所要投放的网络广告是出于以上哪种目的,选择最适合的方式,达到最佳的广告效果。

随着互联网技术的发展,网络广告的地位将会逐步得到提高,网络广告的计价方式也会逐渐得到完善,我们可以找到一个利益平衡点,尽可能地减少弊端,让网络广告越来越吸引广告主的目光,从而投放广告,使网络广告得到更高程度和更大空间的发展。

第五节 网络广告策划

网络媒体的特点决定了网络广告策划的特定要求。如网络的高度互动性使网络广告不再只是单纯地表现创意与发布信息,广告主对广告回应度的要求会更高;网络的时效性非常重要,网络广告的制作时间短、上线时间快,受众的回应也是即时的,广告效果的评估与广告策略的调整也都必须是即时的。因此与传统广告策划相比,网络广告策划有较大不同。

视频:
网络广告策略

一、网络广告策划的作用

(一) 统领全局,避免盲目性

预先进行周密的策划可以避免网络广告制作的盲目性,使网络广告经营单位的各项工作合理并井然有序地开展。网络广告策划书统领着广告宣传工作的全局。

广告的对象、市场动态、网站的经营状况等随机因素具有不可测性,使得某些企业对网络广告效果或怀疑或盲目投资。网络广告策划工作就是要改变这种状况。它可以运用科学的方法,在过去经验的基础上,事先将各项宣传工作安排好。由此可见,网络广告宣传并不是毫无目的、毫无标准地进行的。网络广告经营单位能够按策划书的内容做到事先有准备,行动有配合,事后有总结。每个步骤完成的时候,都按规定标准测算和检查是否达到预期的目的。网络广告客户也可以以策划书为依据,做到胸中有数。

策划能提高网络广告经营单位的应变能力。面对突发事件,如果事先有一定的准备,就能够有能力组织和调配力量,克服困难,将不利因素的影响降到最低限度,保证网络广告业务的正常进行。按照网络广告策划书开展工作是高水平网络广告经营的表现。策划书展示了网络广告经营单位的业务能力,会使客户认识到自己办理网络广告与委托经营单位承办网络广告大不一样。目前,越来越多的企业家意识到,要进行网络广告宣传就必须首先进行策划,并且向广告经营单位提出这一要求,以策划书为依据对整个活动进行监督、检查。

(二) 运筹帷幄,发挥自身优势

任何一家企业都有自己的优势和劣势。企业经营的基本原则之一就是扬长避短。网络广告策划能够发现客户的优势和劣势,客户据此可以采用恰当的广告策略,提高市场竞争力。

企业的优势与劣势往往都是相对于竞争对手而言的。广告宣传揭开了企业竞争的序幕，并伴随着竞争的逐渐升级。网络广告宣传如同一场战役，很讲究谋略。通过策划，分析竞争对手状况，可以知道在什么条件下能与竞争对手竞争，什么情况下不能与竞争对手竞争；懂得自己的优势，以强抵弱；全体人员同心协力，密切配合。没有策划盲目开展网络广告宣传，就会对手不明，四面出击，各行其是，相互制约，也绝对不会收到较好的网络广告效果。

（三）提高效益

网络广告策划的目的是确定广告宣传的长远目标和阶段目标，使长远计划和短期计划有机地结合起来。客户企业的长远利益与眼前利益应该是一致的，当二者发生矛盾时，眼前利益应当服从长远利益。例如，在网络广告宣传中，一些与外商建立联系或建立公共关系的工作耗资费力，往往在短期之内不会产生收益，但从长远目标来考虑的话是很有必要的，这就是在网络广告策划中要统筹安排的。通过策划将长远计划和短期计划合理衔接，才能使广告客户的眼前利益与长远利益相得益彰。网络广告宣传是分阶段、按项目进行的。经营单位通过策划编制网络广告费用预算，合理支配和使用客户所支付的网络广告费用。避免出现开始时花钱大手大脚，最后捉襟见肘，不得不追加费用的情况。合理地调配资金，会大幅提高整个网络广告活动的经济效益。

二、网络广告策划的流程

与传统广告不同，网络广告有自己的策划过程，具体如下：

（一）确定网络广告的目标

广告目标的作用是通过信息沟通使消费者产生对品牌的认识、情感、态度和行为的变化，从而实现企业的营销目标。公司在不同发展时期有不同的广告目标，比如说有形象广告，也有产品广告。对于产品广告，在产品的不同发展阶段，广告的目标可分为提供信息、说服购买和提醒使用等。AIDA法则是网络广告在确定广告目标过程中的规律。

1. 第一个字母A是"注意"（Attention）

在网络广告中，消费者在电脑屏幕上通过对广告的阅读，逐渐对广告主的产品或品牌产生认识和了解。

2. 第二个字母I是"兴趣"（Interest）

网络广告受众注意到广告主所传达的信息之后，对产品或品牌发生兴趣，想要进一步了解广告信息，他可以点击广告，进入广告主放置在网上的营销站点或网页中。

3. 第三个字母D是"欲望"（Desire）

感兴趣的广告浏览者对广告主通过商品或服务提供的利益产生购买欲望，他们会仔细阅读广告主的网页内容，这时就会在广告主的服务器上留下网页阅读的记录。

4. 第四个字母A是"行动"（Action）

广告受众把浏览网页的动作转换为符合广告目标的行动，可能是在线注册、填写问卷、参加抽奖，或者是在线购买等。

（二）确定网络广告的目标群体

简单来说就是确定网络广告希望让哪些人来看，确定他们是哪个群体、哪个阶层、在哪个区域。只有让合适的用户来参与广告信息活动，才能使广告有效实现其目标。

企业的产品特性是准确定位广告目标群体的关键。因为广告的目标群体是由企业的产品消费对象决定的，网络营销人员要深入调查和分析目标群体的性别、年龄、职业、爱好、文化程度、素质水平、收入、生活方式、思想方式、消费心理、购买习惯和平时接触网络媒体的习惯等。了解了目标群体的特征，才能有的放矢地调整企业的营销策略。

网络浏览或网上购买者是具有时代特征的。在网络广告中，要清楚了解目标群体的网络操作水平，这决定了网络广告表现时所能采用的技术和软件。由于现在广告管理系统具有定向发布和定向反馈的功能，网络营销人员能更准确地了解广告目标群体的情况。企业在进行网络营销时，必须分享网络的既有群体与企业整体营销策略的目标市场之间的重合度有多大，以避免盲目地进行网络营销决策。

（三）进行网络广告创意及策略选择

（1）要有明确有力的标题：广告标题是一句吸引消费者的带有概括性、观念性和主导性的语言。

（2）简洁的广告信息。

（3）发展互动性：如在网络广告上增加游戏功能，提高访问者对广告的兴趣。

（4）合理安排网络广告发布的时间因素：网络广告的时间策划是其策略决策的重要方面。它包括对网络广告时限、频率、时序及发布时间的考虑。时限是广告从开始到结束的时间长度，即企业的广告打算持续多久，这是广告稳定性和新颖性的综合反映。频率即在一定时间内广告的播放次数，网络广告的频率主要用在 E-mail 上。时序是指各种广告形式在投放顺序上的安排。发布时间是指广告发布是在产品投放市场之前还是之后。根据调查，消费者上网活动的时间多在晚上和节假日。

（5）正确确定网络广告费用预算：公司首先要确定整体促销预算，再确定用于网络广告的预算。整体促销预算可以运用量力而行法、销售百分比法、竞争对等法或目标任务法来确定。而用于网络广告的预算则可依据目标群体情况及企业所要达到的广告目标来确定，既要有足够的力度，也要以够用为度。量力而行法即企业确定广告预算的依据是他们所能拿出的资金数额。销售百分比法即企业按照销售额（销售实绩或预计销售额）或单位产品售价的一定百分比来计算和决定广告开支。竞争对等法是指企业比照竞争者的广告开支来决定本企业广告的开支，以保持竞争上的优势。目标任务法的步骤：

①确定广告目标。

②决定为达到这种目标而必须执行的工作任务。

③估算执行这种工作任务所需的各种费用，这些费用的总和就是广告预算。

（6）设计好网络广告的测试方案。

（四）选择网络广告发布渠道及方式

网上发布广告的渠道和形式众多，各有长短，企业应根据自身情况及网络广告的目标，选择网络广告发布渠道及方式。目前可供选择的渠道和方式主要有以下几种：

1. 主页形式

建立自己的主页，对于企业来说，是一种必然的趋势。它不但是企业形象的树立，也是宣传产品的良好工具。在互联网上做广告的很多形式都只是提供了一种快速链接公司主页之途径，所以，建立公司的 Web 主页是最根本的。公司的主页地址像公司的地址、名称、电话一样，是独有的，是公司的标识和无形资产。

2. 网络内容服务商（ICP）

网络内容服务商（ICP）如新浪、搜狐、网易等，提供了大量的互联网用户感兴趣并需要的免费信息服务，包括新闻、评论、生活等内容，因此，这些网站的访问量非常大，是网上最引人注目的站点。目前，这样的网站是网络广告发布的主要阵地，但在这些网站上发布的主要是旗帜广告。

3. 专业类的销售网

专业类的销售网是一种专业类产品直接在互联网上进行销售的方式。进入这样的网站，消费者只要在一张表中填上自己所需商品的类型、型号、制造商、价位等信息，然后按一下搜索键，就可以得到所需要商品的各种细节资料。

4. 企业名录

企业名录是由一些互联网服务商或政府机构将一部分企业信息融入主页。

5. 免费的 E-mail 服务

在互联网上有许多服务商提供免费的 E-mail 服务，很多上网者喜欢使用。利用这一优势，企业能将广告主动送至使用免费 E-mail 服务的用户手中。

6. 黄页形式

在互联网上有一些专门用以查询检索服务的网站，这些站点就同电话黄页一样，按类别划分，便于用户进行站点的查询。采用这种方法的好处，一是针对性强，查询过程都以关键字区分；二是醒目，处于页面的明显处，易于注意，是用户浏览的首选。

7. 网络报纸或网络杂志

随着互联网的发展，国内外一些著名的报纸和杂志纷纷在互联网上建立了自己的主页；更有一些新兴的报纸或杂志，放弃了传统的纸质版本，完全地成为一种网络报纸或网络杂志。随着影响越来越大，访问的人数不断上升。对于注重广告宣传的企业来说，在这些网络报纸或杂志上做广告，也是一个较好的传播渠道。

8. 新闻组

新闻组是人人都可以订阅的一种互联网服务形式，阅读者可成为新闻组的一员。成员可以在新闻组上阅读大量的公告，也可以发表自己的公告，或者回复他人的公告。新闻组是一种很好的讨论和分享信息的方式。广告主可以选择与本企业产品相关的新闻组发布公告，这是一种非常有效的网络广告传播渠道。

第六节　网络广告效果评估

一、网络广告效果评估的原则

对网络广告效果评估的原则是进行评估时必须遵循的原则,这些原则是贯穿整个工作过程的指导思想,非常有必要明确。

(一)相关性原则

相关性原则要求网络广告的效果测定的内容必须与广告主所追求的目的相关,DAGMAR(Defining Advertising Goals For Measured Advertising Results)方法是这一原则的很好体现。举例来说,倘若广告的目的在于推出新产品或改进原有产品,那么广告效果评估的内容应针对广告受众对品牌的印象;若广告的目的在于在已有市场上扩大销售,则应将评估的内容重点放在受众的购买行为上。

(二)有效性原则

评估工作必须要达到测定广告效果的目的,要以具体、科学的数据结果而非虚假的数据来评估广告的效果。所以,那些掺入了很多水分的高点击率等统计数字在网络广告效果评估中是没有任何意义的,是无效的。这就要求采用多种评估方法,多方面综合考察,使网络广告效果评估得出的结论更加有效。

二、网络广告效果评估的内容及指标

我们知道,广告的根本目的是促成消费者购买产品,但是由于网络广告产生作用是一个缓慢的过程,其效果也不仅仅表现为销售效果,因此应将广告的传播效果、经济效果及社会效果等几方面综合衡量,并按照网络广告活动过程分阶段进行评估。

(一)网络广告传播效果评估的内容及指标

广告主可以依据不同的广告目的,用"AIDA"来检验网络广告的效果。广告的AIDA的每一个阶段都可以作为网络广告传播效果评估的内容,网络广告AIDA与评估指标对应关系见表7-1。

表7-1　网络广告AIDA与评估指标对应关系

网络广告AIDA(评估内容)	网络广告传播效果评估指标
Attention 注意	广告曝光次数(媒体网站) Advertising Impression
Interest 兴趣	点击次数与点击率(媒体网站) Click & Click Through Rate (CTR)
Desire 欲望	网页阅读次数(广告主网站) Page View
Action 行动	转化次数与转化率(广告主网站) Conversion & Conversion Rate

1. 广告曝光次数（Advertising Impression）

广告曝光次数是指网络广告所在的网页被访问的次数，这一数字通常用 Counter（计数器）来进行统计。假如广告刊登在网页的固定位置，那么在刊登期间获得的曝光次数越高，表示该广告被看到的次数越多，获得的注意力就越多。但是，在运用广告曝光次数这一指标时，应该注意以下问题：首先，广告曝光次数并不等于实际浏览的广告人数。在广告刊登期间，同一个网民可能多次进入刊登同一则网络广告的同一网站，这样他就可能看到不止一次这则广告，此时广告曝光次数应该大于实际浏览的人数；还有一种情况就是，当网民偶尔打开某个刊登网络广告的网页后，也许根本没有看上面的内容就将网页关闭，此时的广告曝光次数与实际阅读次数也不相等。其次，广告刊登位置不同，每个广告曝光次数的实际价值也不相同。通常情况下，首页比内页得到的曝光次数多，但不一定是针对目标群体的曝光，相反，内页的曝光次数虽然较少，但目标受众的针对性更强，实际意义更大。第三，通常情况下，一个网页中很少刊登一则广告，更多情况下会刊登几则广告。在这种情形下，当网民浏览该网页时，他会将自己的注意力分散到几则广告中，这样广告曝光的实际价值到底有多大我们无从知道。总的来说，得到一个广告曝光次数，并不等于得到一个广告受众的注意，只可以从大体上来反映。

2. 点击次数与点击率（Click & Click Through Rate）

网民点击网络广告的次数称为点击次数。点击次数可以客观准确地反映广告效果。而点击次数除以广告曝光次数，就可得到点击率（CTR），这项指标也可以用来评估网络广告效果，是广告吸引力的一个指标。如果刊登这则广告的网页的曝光次数是 5 000，而网页上广告的点击次数为 500，那么点击率是 10%。点击率是网络广告最基本的评价指标，也是反映网络广告最直接、最有说服力的量化指标，因为一旦浏览者点击了某个网络广告，说明他已经对广告中的产品产生了兴趣，与曝光次数相比，这个指标对广告主的意义更大。不过，随着人们对网络广告的深入了解，点击率这个数字越来越低。因此，在某种程度上，单纯的点击率已经不能充分反映网络广告的真正效果。

3. 网页阅读次数（Page View）

浏览者在对广告中的产品产生了一定的兴趣之后进入广告主的网站，在了解产品的详细信息后，他可能就会产生购买欲望。浏览者点击网络广告之后，即进入介绍产品信息的主页或者广告主的网站，浏览者对该页面的一次浏览阅读称为一次网页阅读。而所有浏览者对这一页面的总的阅读次数就称为网页阅读次数。这个指标也可以用来衡量网络广告效果，它从侧面反映了网络广告的吸引力。广告主网页阅读次数与网络广告的点击次数事实上是存在差异的，这种差异是由于浏览者点击了网络广告而没有去浏览阅读所打开的网页所造成的。目前由于技术的限制，很难精确地对网页阅读次数进行统计，在很多情况下，就假定浏览者打开广告主的网站后都进行了浏览阅读，这样的话，网页阅读次数就可以用点击次数来估算。

4. 转化次数与转化率（Conversion & Conversion Rate）

网络广告的最终目的是促进产品的销售，而点击次数与点击率指标并不能真正反映网络广告对产品销售情况的影响，于是，引入了转化次数与转化率的指标。转化率最早由美国的网络调查公司 AdKnowledge 在《2000 年第三季度网络广告调查报告》中提出。"转化"被定义为受网络广告影响而形成的购买、注册或者信息需求。那么,我们推断转化次数就是由于受网络广告影响所产生的购买、注册或者信息需求行为的次数,而转化次数除以广告曝光次数,即得到转化率。网络广告的转化次数包括两部分,一部分是浏览并且点击了网络广告所产生的转化行为的次数,另一部分是仅仅浏览而没有点击网络广告所产生的转化行为的次数。由此可见,转化次数与转化率可以反映那些浏览而没有点击广告所产生的效果,同时,点击率与转化率不存在明显的线性关系,所以出现转化率高于点击率的情况是不足为奇的。目前转化次数与转化率如何来监测,在实际操作中还有一定难度。通常情况下,将受网络广告的影响所产生的购买行为的次数看作转化次数。

(二) 网络广告经济效果评估的内容及指标

网络广告的最终目的是促成产品的销售,那么广告主最关注的是由于网络广告的影响而得到的收益。我们知道,收益是广告收入与广告成本两者的差,因此,网络广告经济效果评估的内容及指标可以概括为以下几点:

1. 网络广告收入(Income)

顾名思义,网络广告收入就是指消费者受网络广告刊登的影响产生购买而给广告主带来的销售收入。其计算公式为:

$$I = \sum_{i=1}^{m} P \times N_i$$

式中,P 表示网络广告所宣传的产品的价格,N_i 表示消费者 i 在网络广告的影响下购买该产品的数量。这一结果看似简单,但是要得到准确的统计数字,还是具有相当大的难度,主要是因为以下几点:

(1) 产品销售因素的复杂性。网络广告只是影响产品销售的一个因素,产品的销售是诸多因素共同作用的结果,其中有产品的质量、价格等,还涉及很多难以统计计算的消费者消费习惯等因素,甚至还要受到其他广告形式促销作用的影响,因此很难界定多少销售收入的变化是由网络广告引起的。

(2) 网络广告效果的长期性。网络广告对产品销售的影响是长期的,有些网络广告的影响要经过一段时间才能体现出来。如果不考虑网络广告的这个特点,只通过产品销售的数据来评估网络广告的效果,这种评估就是不科学、不准确的。

2. 网络广告成本(Cost)

目前有以下几种网络广告的成本计算方式:

(1) 千人印象成本(CPM)。千人印象成本是指网络广告所产生 1 000 个广告印象的成本,通常以广告所在页面的曝光次数为依据。其计算公式为:

$$CPM = 总成本/广告曝光次数 \times 1\ 000$$

(2) 每点击成本(CPC)。所谓每点击成本,就是点击某网络广告 1 次广告主所付出的成本。其计算公式为:

$$CPC = 总成本/广告点击次数$$

(3) 每行动成本(CPA)。所谓每行动成本,就是广告主为每个行动所付出的成本。其计算公式为:

$$CPA = 总成本/转化次数$$

如,一定时期内一个广告主投入某产品的网络广告的费用是 6 000 美元,这则网络广告的曝光次数为 600 000，点击次数为 60 000，转化数为 1 200。

这个网络广告的千人印象成本为：CPM = 6 000/600 000×1 000 = 10（美元）

这个网络广告的每点击成本为：CPC = 6 000/60 000 = 0.1（美元）

这个网络广告的每行动成本为：CPA = 6 000/1 200 = 5（美元）

CPM 是目前应用最广，也是使用起来最简单的指标。广告主投放网络广告的费用是一个明确的数字，而广告曝光次数是由 Internet 服务提供商或 Internet Content Provider（网络内容服务商）直接提供的，所以 CPM 能够很容易地计算出来。然而 CPM 的真实性要受到质疑，这是因为广告曝光数字是由 ISP 或 ICP 提供的，他们为了宣传其网站经营效益，必然要夸大曝光数字。这样，网络广告的 CPM 的客观性降低，不能真实反映网络广告的成本。

CPC 也是目前常用的指标，这一数据是基于点击次数计算出来的，而点击次数除了 ISP 或 ICP 提供外，广告主是可以自己来进行统计的。所以利用 CPC 在一定程度上限制了网站作弊的可能，在很大程度上提高了评估的准确性。但是如果一个浏览者点击了广告而没有进行下一步的行动就关闭了浏览器，那么广告效果只是停留在曝光上，CPC 的数值就比实际情况偏小，这是不科学的。由于 CPM 和 CPC 两个指标都存在一定的局限性，所以有人提出了 CPA 指标。

CPA 指标对于广告主是最有借鉴意义的，因为网络广告的最终目的就是促进产品的销售，这是通过消费者的行动来实现的。但是由于目前技术的限制，很难将那些在网络广告的影响下产生实际行动的数字准确地统计出来，所以这个指标应用起来受到很大的限制。

（三）网络广告社会效果的评估内容及指标

网络广告的社会效果主要是指广告活动所引起的社会文化、教育等方面的作用。无论是广告构思、广告语言，还是广告表现，都要受到社会伦理道德的约束。评估网络广告的社会效果，受一定的社会意识形态下的政治观点、法律规范、伦理道德及文化艺术标准的约束。意识形态不同，约束的标准也不同，甚至相反。对网络广告社会效果的评估，很难像对网络广告传播效果和经济效果评估那样用几个指标来衡量，因为网络广告的社会影响涉及整个社会的政治、法律、艺术、道德伦理等上层建筑和社会意识形态。所以，网络广告社会效果只能用法律规范标准、伦理道德标准和文化艺术标准来衡量。

三、网络广告效果评估的方法

在广告效果评估中，使用最多的就是 DAGMAR（Defining Advertising Goals for Measured Advertising Results，为度量结果而确定广告目标）方法，在网络广告的效果评估中同样适用，只不过在这里是通过网络广告中的特定指标和方法来体现的。根据使用评估指标的情况，可以将评估方法大体分为以下两大类，但是 DAGMAR 方法一直贯穿其中。

（一）单一指标评估法

顾名思义，单一指标评估法是指当广告主明确广告的目标后，采取适当的单个指标来对网络广告效果进行评估的方法。当广告主所追求的广告目的是提升和强化品牌形象时，只需要选择那些与此相关的指标，如广告曝光次数、广告点击次数与点击率、网页阅读次数等指标来衡量；当广告主所追求的广告目的是追求实际收入时，只需要选取转化次数与转化率、广告收入、广告支出等相关指标进行评估。

（二）综合指标评估法

所谓综合指标评估法就是在对广告效果进行评估时所使用的不是简单的某个指标，而是利用一定的方法，在考虑几个指标的基础上对网络广告效果进行综合衡量的方法。下面介绍两种综合指标评估方法，其评估结果从不同方面反映了网络广告的效果。

1. 传播效能评估法

所谓传播效能就是指随着网络广告的刊登，其广告宣传对象的信息也在不断传播，从而产生对品牌形象和产品销售潜力的影响，这种影响侧重于长期的综合效果。传播效能评估法就是对网络广告刊登后的一段时间内，对网络广告所产生效果的不同层面赋予权重，以判别不同广告所产生效果之间的差异。这种方法实际上是对不同广告形式、不同投放媒体或者不同刊登周期等情况下广告效果的比较，而不仅仅反映某次广告刊登所产生的效果。

2. 耦合转化贡献率评估法

耦合转化贡献率评估法是指广告主在以往网络广告的经验基础上，会产生一个购买次数与点击次数之间的经验比例数值，根据这个比例即可估算广告在网站刊登时一定的点击次数可能产生的购买转化次数，而该网站上的广告的最终转化次数可能与这个估计值并不完全吻合，由此产生了实际转化次数相对于预期转化次数的变化率，称为该网络广告与该网站的耦合转化贡献率。

下面以一个实例来说明这两种方法：某通信制造商在 A、B 两家网站上刊登了某通信产品的广告，刊登周期为 1 个月，广告刊登结束后，A、B 两家网站向该制造商提供了网络广告在其网站上的被点击次数，分别为 5 102 和 3 051。同时，网站协助制造商对网民的行动进行了跟踪调查，得到了受网络广告影响而产生的购买次数，分别为 102 和 124。

在使用这两种方法进行计算之前，需要说明的是：根据一般的统计数据，每 100 次点击可形成 2 次实际购买。那么按照两种方法进行评估的情况如何呢？先来看一下传播效能评估法。根据上面所提到的统计数据，每 100 次点击可以形成 2 次购买，那么可以将实际购买的权重设为 1.00，每次点击的权重设为 0.02，由此可以计算网络广告在 A、B 两家网站刊登所产生的传播效能。

网络广告在 A 网站上所产生的传播效能为：$102 \times 1.00 + 5\,102 \times 0.02 = 204.04$

网络广告在 B 网站上所产生的传播效能为：$124 \times 1.00 + 3\,051 \times 0.02 = 185.02$

再来看一下耦合转化贡献率法。根据统计数据，每 100 次点击可形成 2 次实际购买，那么按照这一经验预测，网络广告在 B 网站产生 3 051 次的点击，应该约有 61 次的购买，而实际的购买是 124 次，由此实际转化相对于预期转化发生了变化，其变化的幅度就是该网络广告与网站 B 的耦合转化贡献率。下面具体来计算该网络广告与这两个网站的耦合转化贡献率。

网络广告与网站 A 的耦合转化贡献率为：

$$\frac{102 - 5\,102 \times 0.02}{5\,102 \times 0.02} \times 100\% = 0$$

该网络广告与网站 B 的耦合转化贡献率为：

$$\frac{124 - 3\,051 \times 0.02}{3\,051 \times 0.02} \times 100\% = 103.21\%$$

可以看出，该电信制造商的广告在 A 网站刊登获得的实际转化远远不及在 B 网站刊登所取得的实际转化，但是它的传播效能较高，对品牌形象的提升以及促进今后的产品销售有非常重要的意义。而网络广告在 B 网站刊登，其耦合转化贡献率较高，在短期内取得了很好的销售效果，但是对品牌形象的提升以及今后的销售影响力的影响不是很大。所以，该电信制造商如果刊登网络广告的目的侧重于追求品牌形象的提升和长期的销售影响，应该选择网站 A；如果所追求的目的是促进产品的销售，提高实际收入，更适宜在网站 B 刊登广告。

这里需要说明的是，点击次数与转化次数之间的比值关系是至关重要的，即使在评价相同的广告时，由于这一比值数据的选取不同，也可能出现截然相反的评估结果。所以，需要在大量统计资料分析的前提下，对点击次数与实际购买次数之间的比例有相对准确的统计结果。

最后需要指出的是，上面两种网络广告的效果评估方法所得出的结论好像存在矛盾，其实并非如此。一个网络广告在绝大多数情况下不可能在多种效果上都达到最优，只是在某一个或某几个方面的效果达到最优，所以在进行广告评估时，一方面不要片面地以某个方面或某些方面的效果来对网络广告的效果下定论，而应该将所有方面的效果进行综合考虑；另一方面应该将评估的方面与广告的目的结合起来，只要评估的结果有利于广告目的，就可以说网络广告是有效果的，同时，提醒广告主，在刊登网络广告之前，一定要先明确广告的目的，选择适合自身目的的网站来刊登广告，切不可盲目。

本章小结

本章回顾网络广告的发展历史，梳理网络广告的最新形式，帮助学生把握学科前沿发展动态；掌握网络广告计费方式，有效进行网络广告策划，树立学生的成本意识；合理评估网络广告的投放效果，培养学生的工匠精神。

网络广告作为互联网主要的商业模式之一，已经成为支撑互联网业发展的主要收益来源。网络广告作为一种新的广告形式，起源于美国。全球第一个网络广告诞生于 1994 年的美国。中国的第一个商业性的网络广告出现在 1997 年 3 月，传播网站是 Chinabyte。《中华人民共和国广告法》归纳出广告的三个法定特征：依附性，即"通过一定媒介和形式"；目的性，即"介绍自己所推销的商品或者服务"；商业性，即"商业广告活动"。网络广告的特点：传播范围广；交互性强；灵活快捷；推拉结合；成本较低效果可控；针对性强。网络广告具体的表现形式可以分为以下几大类：主页形式；旗帜广告；分类广告（名录广告）；通栏广告；文字链接广告（文本链接广告）；电子邮件广告；关键字广告；其他网络广告形式。影响网络广告价格的因素包括：网络广告提供商的知名度；网络广告的幅面与位置；网页浏览次数和网页浏览率；点进次数和点进率；单次点击成本；伴随关键词检索显示的网络广告。常见的网络广告的计费方式有 CPM，即每千人印象成本；CPC，即每千人点击成本；CPA，即每行动成本；网络广告的效果评估工作也要遵循特定的原则：相关性原则和有效性原则。网络广告效果评估的内容及指标应从传播效果、经济效果和社会效果等几方面综合衡量。其中，网络广告传播效果评估的内容及指标有广告曝光次数（Advertising Impression）、点击次数与点击率（Click & Click Through Rate）、网页阅读次数（Page View）、转化次数与转化率（Conversion & Conversion Rate）。网络广告经济效果评估的内容及指标可以概括为网络广告收入（Income）和网络广告成本（Cost）。网络广告的社会效果主要是对广告活动所引起的社会文化、教育等方面的作用。网络广告效果评估的方法包括单一指标评估法和综合指标评估法。其中，综合指标评估法介绍了传播效能评估法和耦合转化贡献率评估法。

关键术语

网络广告、旗帜广告、分类广告（名录广告）、通栏广告、文字链接广告（文本链接广告）、电子邮件广告、关键字广告、网页浏览次数和网页浏览率、点进次数和点进率、单次点击成本、CPM、CPC、CPA、AIDA法则、广告曝光次数、网页阅读次数、转化次数与转化率、网络广告收入、网络广告成本、单一指标评估法、综合指标评估法、传播效能评估法、耦合转化贡献率评估法。

配套实训

1. 登录http：//ad.sohu.com/adprice/仔细学习搜狐的各种网络广告形式及报价。
2. 选择一个感兴趣的优秀网络广告案例进行深入分析。
3. 针对感兴趣的产品设计一则短视频形式的网络广告。要求：创意新颖，运用一定的特效，精心设计，成品适合发布在抖音或快手平台。

复习思考题

一、单选题

1. "网络广告的传播范围极其广泛，不受时间和空间的限制。"体现的是网络广告（　　）的特点。

　　A. 传播范围广　　　B. 交互性强　　　C. 灵活快捷　　　D. 推拉结合

2. （　　）是指在视频开始之前插播的一小段广告。时间通常很短，在三到五秒左右。

　　A. 旗帜广告　　　B. 关键字广告　　　C. 通栏广告　　　D. 前贴广告

3. 每千人印象成本的简称是（　　）

　　A. CPA　　　　　B. CPM　　　　　C. CPC　　　　　D. CPP

4. （　　）即在一定时间内广告的播放次数，网络广告的频率主要用在E-mail广告形式上。

　　A. 广告时限　　　B. 广告时序　　　C. 广告频率　　　D. 发布时间

二、填空题

1. 《中华人民共和国广告法》没有对广告进行明确的定义。但根据这一规定，可以归纳出广告的三个法定特征：_____、_____、_____。

2. _____是最常见的网络广告形式。

3. AIDA法则是网络广告在确定广告目标过程中的规律，四个字母分别代表：A是"_____"，I是"_____"，D是"_____"，A是"_____"。

4. 网络广告的效果评估工作也要遵循特定的原则，包括_____和_____。

5. _____是指当广告主明确广告的目标后,应该采取适当的单个指标来对网络广告效果进行评估的方法。

三、简答题

1. 试从技术、传播、法律层面来阐述网络广告的定义。
2. 网络广告有几种类型?
3. 影响网络广告价格的因素有哪些?
4. 如何对网络广告的效果进行评估?

四、案例讨论

三菱汽车北极熊吉祥物不断摔倒的广告火遍美国

实践篇

第八章 网络营销常用方法

学习目标

知识目标

1. 掌握搜索引擎的含义、工作原理及搜索引擎营销的形式。
2. 掌握电子邮件营销的含义、要素和基础及电子邮件营销的一般过程。
3. 网络口碑营销的含义、要点和步骤，网络事件营销的含义、要素和步骤，网络会员制营销的含义、构成。
4. 了解搜索引擎的分类，电子邮件营销营销的分类，网络口碑营销和事件营销的实际运用。
5. 理解搜索引擎营销的四个目标层次，电子邮件营销的评价指标，网络事件营销的效果监测和风险控制，网络会员制营销的运作过程。

技能目标

1. 掌握搜索引擎营销的实际操作方法，学会运用站长工具等站点。
2. 学会收集邮件内外列表并编写邮件内容。
3. 了解网络口碑营销和事件营销的具体操作过程。
4. 掌握网站联盟的主要形式与运作过程。

思政目标

1. 弘扬社会主义核心价值观，树立诚信理念。
2. 引导学生遵循网络礼仪。
3. 培养学生尊重事实、实事求是的精神。
4. 培养学生的工匠精神。

导入案例

怎么让消费者一起玩？可口可乐的"节点"营销

"当我把产品卖给你的时候，我们的关系不是结束了，而是刚刚开始。"这是互联网时代特别流行的用户理念，即不仅卖产品，而是通过产品这个媒介，和消费者在一定时间、范围内形成持续的互动，进而完成对品牌的传播。通常来说，手机、电脑、电视等消费电子产品更容易做到这一点，现实中也有不少好的案例。但对于快速消费品却是个天然难题。

在过去，快消品公司多是寄希望于通过高强度的广告投放等方式来增加消费者的认知频次，强化品牌形象，这种联系更多通过时间节点、空间节点实现，但是在社会化媒体时代，有没有一些新的节点可以挖掘，旧的节点有没有一些新的玩法？不妨看看可口可乐的一些玩法。

一、内容节点

说起可口可乐近年的营销案例，就不能不提曾经火了一把的"昵称瓶现象"，关于这个经典案例的分析已经很多，这里只提一点。这个案例的传播内容算是可口可乐的原创吗？其实不是，可口可乐所用的那些传播内容，比如"高富帅"等词汇，都是网络上早已有的内容，这些词汇和"不明觉厉"这样的网络缩略语一样，都是网络时代的流行标签。可口可乐只是精选了其中具有"人格化"特征的词汇，并且这些词汇符合可口可乐自己的品牌文化，然后把它印刷到可口可乐瓶上。

真正创造这些词汇的，其实就是这个社会上普通的年轻人，他们也许是可口可乐的消费者，是他们创造了这些词汇表达自己，可口可乐又把这些内容节点"还给了"他们。

关键是，看似如此简单的创意，为什么只有可口可乐想到并火了一把？我想《哈佛商业评论》2011年的一篇采访可以解答这个问题。采访中可口可乐公司CMO Joe Tripodi指出，作为消费品公司，必须明白：消费者能够创造比你们更多的信息；是消费者而不是你拥有你的品牌。换句话说，好的社会化营销案例，并不需要你天马行空地想出一个石破天惊的点子，每个时代都有自己的内容节点，这些内容节点的创造者很可能就是你的消费者。快消品公司只要去虚心倾听消费者自我创造的"内容"，找到符合你品牌的内容节点去传播就足够了。就像Joe指出的，可口可乐的作用应该是主持人，而不是广播者或者布道者。

二、情感节点

出去旅游的人一定有这样的经历，很多旅游景点会发给你一些小册子，你每到一个景点，就给你盖一个章，用一种看似更正式的方式确认某某"曾到此一游"。对于一般人来说，这也是"刷存在感"的一种方式。这其实也是一种情感的引爆点，可以唤起人心中的美好情感。

可口可乐和"啪啪"展开合作，把这一点搬到了移动互联网上。啪啪有照片滤镜功能。此前，啪啪水印滤镜只为李冰冰和周杰伦导演的电影《天台爱情》开放过该特权服务。可口可乐为了配合昵称瓶的活动，在与啪啪的工作人员协商沟通后，决定推出可口可乐的专属水印，尝试从照片水印上进行广告营销，让每一个人在拍照的时候"刷"到存在感，并透过啪啪分享到新浪微博、腾讯微博、QQ空间、微信朋友圈、人人网等。结果，在水印滤镜上线的两周时间内，在啪啪上共有超过两万张图片被网友加上了可口可乐昵称瓶的水印滤镜。

在这个案例中，难点并不在于情感节点的发现，而在于如何将它"变现"。在过去，可口可乐可能更多会采用广告形式来利引爆这种"情感节点"，但在此案例中，可口可乐想到了利用啪啪水印这种电子印记形式，提供了一种新的可能性。

三、时间节点

在互联网时代对时间节点利用最好的案例，首推阿里的"双十一"以及现在电商网站普遍采用的限时秒杀玩法。电商的出现，改变了人们的消费时间和规律，比如以前，节假日休闲时间是人们购物的高峰期，因为上班时间人们不可能离开办公室去逛商场，商家往往也选择此时进行促销。但电子商务改变了这一切，并形成了新的销售时间波峰与自己的节奏。

可口可乐曾经和易迅合作，尝试在下午3点推出限时秒杀活动。选择这个时间，原因在于可口可乐认为，下午3点是上班族比较疲惫、精力不集中的时段，在很多公司，下午3点也是下午茶歇的时间，这时候人们浏览电商网站去网上购物的概率会大大增加。

资料来源：怎么让消费者一起玩？可口可乐的"节点"营销［EB/OL］.（2014-3-3）［2021-03-20］. https://www.huxiu.com/article/28861.html.

讨论：可口可是如何抓住网络营销的特点和方法来开展营销活动的？

第一节 搜索引擎营销

一、搜索引擎概述

（一）搜索引擎的定义

互联网如今成为一个信息量超大的资源存储空间，从海量数据中有效而又快捷地获取所需的信息成为一件困难的事情，搜索引擎正是为了解决"信息丰富，获取困难"的问题而出现的一种信息检索服务。搜索引擎（Search Engine）是指根据一定的策略、运用特定的计算机程序从互联网上搜集信息，对信息进行组织和处理后，为用户提供检索服务，将用户检索相关的信息展示给用户的系统。

视频：搜索引擎营销

（二）搜索引擎的工作原理

搜索引擎的工作原理包括三个过程：首先搜索引擎启动网络蜘蛛（Web Spider）在互联网中搜集网页信息，同时对信息进行提取和组织建立索引库；再由检索器根据用户输入的查询关键字，在索引库中快速检出文档，进行文档与查询的相关度评价，对将要输出的结果进行排序，并将查询结果返回给用户。图8-1为搜索引擎的工作原理示意。

1. 抓取网页

每个独立的搜索引擎都有自己的网页抓取程序，即网络蜘蛛或称网络爬虫。爬虫顺着网页中的超链接，连续抓取网页。被抓取的网页被称为网页快照。由于互联网中超链接的应用很普遍，理论上，从一定范围的网页出发，就能搜集到绝大多数网页。

2. 处理网页

搜索引擎抓取网页后，还要做大量的预处理工作，才能提供检索服务。其中，最重要的就是提取关键词，建立索引库和索引。此外还包括去除重复网页、中文分词、判断网页类型、分析超链接、计算网页的重要度/丰富度等。

3. 提供检索服务

用户输入关键词进行检索,搜索引擎从索引数据库中找到匹配该关键词的网页。搜索引擎按照每个用户的要求检查索引,在极短的时间内找到用户需要的资料,并返回结果给用户。目前返回信息是以网页链接形式提供,为了方便用户进行判断,除了网页标题和URL外,还会提供一段来自网页的摘要以及其他信息。

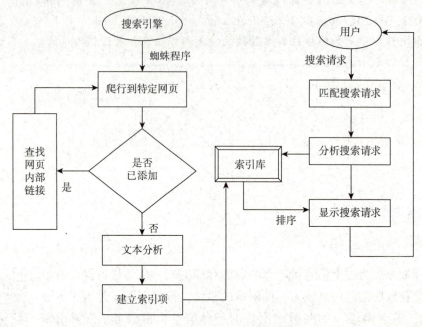

图 8-1 搜索引擎工作原理示意

(三)搜索引擎的分类

1. 全文搜索引擎

全文搜索引擎是从互联网上提取各网站的信息,建立数据库,并能检索与用户查询条件相匹配的记录,最后按一定的排列顺序返回结果。全文搜索引擎是名副其实的搜索引擎。全文搜索引擎的自动信息搜集功能分两种。一种是定期搜索,即每隔一段时间搜索引擎主动派出网络蜘蛛程序,对一定范围内的互联网网站进行检索,一旦发现新的网站,就自动提取网站的信息和网址加入自己的数据库;另一种是提交网站搜索,即网站拥有者主动向搜索引擎提交网址,它在一定时间内定向向所提交的网站派出网络蜘蛛程序,扫描网站并将有关信息存入数据库,以备用户查询,如谷歌、百度等均属于该类搜索引擎。

2. 目录搜索引擎

目录搜索引擎是以人工方式或半自动方式搜集信息,由编辑员查看信息之后,人工形成信息摘要,并将信息置于事先确定的分类框架中,形成像图书馆目录一样的分类树形结构索引,从而提供目录浏览服务和直接检索服务。目录搜索引擎虽然有搜索功能,但严格意义上不能称为真正的搜索引擎,只是按目录分类的网站链接列表而已。

1994年4月，斯坦福大学的杨致远和大卫·费罗（David Filo）共同创办了雅虎，通过著名的雅虎目录为用户提供导航服务。雅虎目录需要依赖人力评估网站，并将其进行简短描述，然后分门别类地排列。雅虎的目录搜索并不能通过自动抓取网页信息来更新内容，也不能让用户通过关键字搜索来查找符合关键字的信息。在早期网络上还没有太多网页，全文搜索引擎技术还不太成熟时，目录搜索以较好的相关性超越了传统的搜索引擎。但随着互联网网页数量级的增长及全文搜索技术的完善，雅虎的目录搜索逐渐走向衰退，直到2014年宣布关闭。

3. 元搜索引擎

元搜索引擎就是通过一个统一的用户界面帮助用户在多个搜索引擎中选择和利用合适的（甚至是同时利用若干个）搜索引擎来实现检索操作，是对分布于网络的多种检索工具的全局控制机制。

2012年8月，奇虎360推出综合搜索，整合了百度搜索、谷歌搜索内容，可实现平台间的快速切换，属于元搜索引擎。几经改版，目前360搜索提供的搜索服务属于全文搜索引擎。

4. 垂直搜索引擎

垂直搜索引擎为2006年后逐步兴起的一类搜索引擎。不同于通用的网页搜索引擎，垂直搜索专注于特定的搜索领域和搜索需求，如机票搜索、旅游搜索、生活搜索、小说搜索、视频搜索、购物搜索等，在特定的搜索领域有更好的用户体验。

去哪儿网是一个旅游搜索引擎中文在线旅行网站，为旅游者提供国内外机票、酒店、会场、度假和签证服务的深度搜索，帮助旅游者做出更好的旅行选择。凭借搜索技术，去哪儿网对互联网上的机票、酒店、会场、度假和签证等信息进行整合，为用户提供即时的旅游产品价格查询和信息比较服务。

二、搜索引擎营销的定义

搜索引擎营销（Search Engine Marketing，SEM），即根据用户使用搜索引擎的方式，利用用户检索信息的机会尽可能将营销信息传递给目标用户。简单来说，搜索引擎营销就是基于搜索引擎平台的网络营销，利用人们对搜索引擎的依赖和使用习惯，在人们检索信息的时候将信息传递给目标客户。搜索引擎营销的基本思想是让用户发现信息，并通过点击进入网站或网页，进一步了解所需要的信息。搜索引擎营销追求最高的性价比，以最小的投入，获得最大的来自搜索引擎的访问量，并产生商业价值。

三、搜索引擎营销的目标层次

搜索引擎营销不仅可以给企业带来更多的点击与关注，还可以带来更多的商业机会。从搜索引擎营销的信息传递过程和实现搜索引擎营销的基本任务出发，在不同的发展阶段，搜索引擎营销具有不同的目标。最终目标是将浏览者转化为真正存在的顾客，从而实现销售收入的增加和市场份额的扩大。因此，可以将搜索引擎营销的目标归纳为四个层次，即存在层、表现层、关注层和转化层，图8-2即为搜索引擎营销的目标层次。

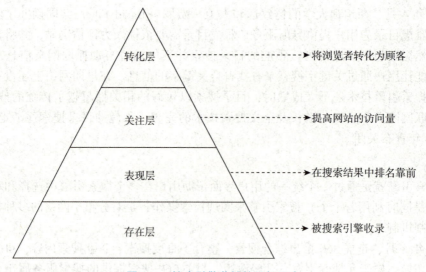

图8-2　搜索引擎营销的目标层次

（一）存在层

存在层是指在主要的搜索引擎中获得被收录的机会，这是搜索引擎营销的基础。存在层的含义就是让网站尽可能多的网页被搜索引擎收录，即增加网页搜索引擎的可见性。

（二）表现层

表现层是指不仅能被主要搜索引擎收录，还要获得靠前的排名，通常可以通过优化网站的结构、内容等手段来达到这一目标。如果采用主要的关键词检索时网站在搜索结果中的排名靠后，则需要利用竞价等形式作为补充手段来实现排名靠前的目标。

（三）关注层

关注层是指提高网站的访问量。实现这一目标，需要从整体上对网站进行优化设计。搜索引擎营销的第三个目标直接表现为网站的访问量，也就是通过搜索结果点击率的增加来达到提高网站访问量的目的。要想顾客多点击网站和在网站上停留的时间够长，网站自身的优化必不可少。

（四）转化层

转化层是指能够实现网站的最终收益。转化层是前面三个目标层次的进一步提升，是搜索引擎营销效果的集中体现，在搜索引擎营销中属于战略层次的目标。从访问量转化为收益则是由网站的功能、服务、产品、体验等多种因素共同作用而决定的。

四、搜索引擎营销的形式

（一）搜索引擎登录

通常搜索引擎给用户提供收录该用户网址的入口，用户可根据相关要求输入网站地址等信息，符合搜索引擎收录标准，搜索引擎会收录该网址，这也是用户主动要求搜索引擎收录的方法之一。各大搜索引擎都提供了网站链接提交的入口。一般来说，符合用户搜索体验、网站服务具有持续性和稳定性、重视页面质量和用户体验、注重原创内容的网站更符合搜索引擎的收录标准。图 8-3 为百度链接提交入口。

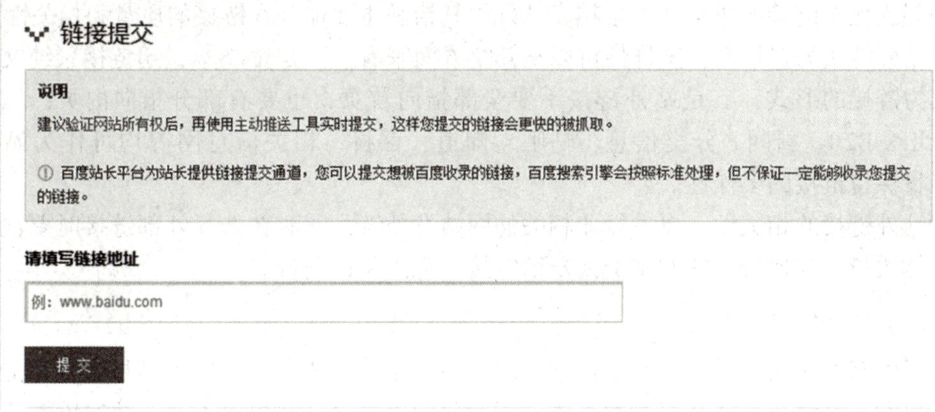

图 8-3　百度链接提交入口

（二）搜索引擎优化

搜索引擎优化（Search Engine Optimization，SEO）是指为提高网站流量、提升网站销售和品牌建设，遵循搜索引擎自然排名机制，对网站内部和外部的调整优化，从而使关键词在搜索引擎中自然排名靠前的过程。

1. 搜索引擎优化的目标

搜索引擎优化不能只考虑搜索引擎的排名规则，更重要的是为用户获取信息和服务提供方便，也就是说优化的最高目标是服务用户。当一个网站能不断为用户提供有价值的信息时，自然会有更多用户访问，在搜索引擎的表现也会更好。必须明确的是，搜索引擎优化应该以用户为导向。

2. 搜索引擎优化的方法

（1）站内优化。站内优化就是指网站内部优化，即网站本身内部的优化，SEO 站内优化包括 META 标签优化、URL 优化、内容优化等。

①META 标签优化：例如对标题（Title）、关键词（Keywords）、描述（Description）等的优化。网站标题、描述、关键词的写法在站长们的心目中一直是很重要的，直接关系网站的排名与流量，而且这三大标签在网站上线之后不能轻易修改。上线之后又去修改，搜索引擎会认为网站不稳定，然后把网站丢进沙盒，慢慢考察，此时想要再度被收录至少要等一个月，而且要保证这段时间每天给网站添加高质量的文章。

②URL 优化：包括合理布局导航、栏目权重的合理分配、锚文本链接的合理引导、网站地图的更新等。一个合理的导航布局，可以有效地引导蜘蛛抓取网页，从而提高收录率；在栏目权重的分配方面，一个网站的一级分类、二级分类、三级分类等，一般情况下，栏目的权重应该是递减的；锚文本可以是首页核心关键词，也可以是分类核心关键词，自然地将目标锚文本分配到文章中，将有效地调控整个网站的权重导向；通常来说，蜘蛛在爬行网页的时候，喜欢首先寻找网站地图，首页增加地图，可以提高爬行概率。

③内容优化：每天保持站点内容的更新，以原创内容为主。原创的网站内容更容易被收录，采集、复制他人信息等做法一般很难收录。原创文章既可以增加网站被搜索引擎收录的概率，也可提升网站优化排名。

(2) 站外优化。站外优化是指网站的外部优化，包括网站的外部链接和网站的品牌推广。外部优化中链接的建立并不是越多越好，其精髓主要体现在链接的质量和相关性上。

①站外链接的多样性：多样性可以从几个方面来看，一是锚文本、超链接、纯文本都可以作为链接的形式；二是站外链接不要全部指向首页，也要有部分指向内页；三是博客、论坛、B2B、新闻、分类信息、贴吧、知道、百科、相关信息网等均可作为站外链接，尽量保持链接的多样性。

②站外链接的相关性：要去行业相关的网站发外链，同时在选择外部链接时要注意网站的整体质量，与比较好的网站交换友情链接，巩固关键词排名。

（三）竞价排名

搜索引擎优化是个不错的网站推广方式，性价比高，效果好，但不是每个人都能熟练掌握，也并不是每个网站都有能力将关键词优化到搜索引擎结果的首页，此时就需要运用其他手段来进行搜索引擎营销。对于暂时没有实施搜索引擎优化的条件，又想在搜索结果中抢占好位置的公司来说，竞价排名就是有效的解决方案。

竞价排名是指网站通过付费方式来获得搜索引擎的靠前排名，是一种按效果付费的网络推广方式，采用CPC（按点击计费）的计费方式。客户可以通过调整每次点击价格，控制自己在特定关键字搜索结果中的排名，并可以通过设定不同的关键词捕捉不同类型的目标访问者。竞价排名的典型代表是百度推广。

 小链接：百度的不正当竞争行为

竞价排名在操作时，需要注意以下几个方面：

1. 关键词的精准度

关键词选择是竞价排名的重中之重，而选择关键词的原则就是要精准，在选关键词时要注意与网站业务相关，并且有一定的搜索量，此外，能否带来转化率是选择关键词的关键。

2. 网站的页面设计

用户点击进站之后，所看到的网站页面能不能打动用户，决定了用户会不会下单。因此，在设计网站页面时，要注意符合目标用户群的特点和喜好，要能给用户带来信任感，页面所提供内容要对客户有帮助，并能帮客户解答心中潜在的疑惑，从而促使用户留下信息或者与网站取得联系。

3. 数据监测与优化

对于竞价排名，数据的监测与优化可以有效地发现竞价过程中的问题，并及时采取一定的措施。如通过对关键词的点击数、消费数、注册数、订单转化率等的监测，判断关键词设定的合理性，以便进行调整，从而找到最佳的关键词组合。

 小链接：百度认为什么样的网站更有抓取和收录价值

第二节　电子邮件营销

一、电子邮件营销的定义

电子邮件营销（E-mail Direct Marketing，EDM），通常也称邮件列表营销和 E-mail 营销，是在用户事先许可的前提下，通过电子邮件的方式向目标用户传递有价值信息的一种网络营销手段。电子邮件营销是较早的网络营销和推广方式，也是发展比较成熟的网络营销方式之一。

视频：电子邮件营销

进入大数据时代后，单封电子邮件承担的信息量越来越大，邮件超载、垃圾邮件、钓鱼邮件盛行，让电子邮件的营销价值受到一定的挑战，尤其在社交媒体崛起之后，电子邮件在沟通速度和效率上的优势不再，这在移动设备上更为突出，人们越来越多地喜欢使用微信、微博私信等代替电子邮件进行沟通，电子邮件的打开率有下滑趋势，然而电子邮件的价值仍不容忽视。

电子邮件营销不是简单的邮件群发，真正的电子邮件营销需要满足三个要素：用户许可、通过电子邮件传递信息、信息对用户有价值。三个要素缺少一个，都不能称为有效的 E-mail 营销。

二、电子邮件营销的作用

（一）提升知名度

电子邮件的营销成本较低，可以通过廉价的方法快速提升知名度。只要通过一定的方式将相关目标用户群的邮件地址收集到，再通过邮件往来的形式，采取合理的邮件信息传递手段，就能让目标用户对企业或者产品产生一定的印象。

（二）发展新用户

这是进行电子邮件营销最根本的目的。在线订阅、邮件调查、网站注册、邮件地址交换、购买邮件地址库等形式，可以有效地帮助企业收集到新用户的有效邮件地址；再结合电子邮件营销，可发展新用户。

（三）维护用户关系

当用户众多时，维护用户关系就成为比较重要的问题，而电子邮件可以帮助企业进行客户关系的维护。比如，包含节日贺卡、生日问候、打折促销、优惠券等信息的电子邮件，可以加深用户对企业的印象，进而获得进一步的信任。

（四）提升用户黏度

对于网站等产品，用户的黏度是一个大问题，如果用户回访率太低，推广工作做得再好也没有用。而通过电子邮件，可以在一定程度上提升用户黏度。比如，在举办活动时，通过邮件引导用户回访并参与，让用户养成经常登录网站的习惯。

（五）促成二次销售

通常优秀的销售人员，不是新用户开发得多，而是老用户开发得好，他们能够让老用户重复购买。通过邮件的相关数据，可以确定二次营销的目标群体，实现更为精准的客户定位，从而促成二次销售。

三、电子邮件营销的分类

（一）以 E-mail 营销的功能为分类标准

以 E-mail 营销的功能为分类标准，可分为顾客关系 E-mail 营销、顾客服务 E-mail 营销、在线调查 E-mail 营销、产品促销 E-mail 营销等。

（二）以 E-mail 地址的所有权为分类标准

以 E-mail 地址的所有权为分类标准，可分为内部 E-mail 营销和外部 E-mail 营销，或称为内部列表和外部列表。表 8-1 对两种 E-mail 营销形式进行了比较与分析。

内部列表是指利用网站的注册用户资料开展 E-mail 营销。

外部列表是指利用专业服务商的用户电子邮件地址来开展 E-mail 营销。

表 8-1 内部列表和外部列表的比较

比较项目	内部列表	外部列表
主要功能	客户关系、客户服务、品牌形象、产品推广、在线调研、资源合作	品牌形象、产品推广、在线调研
投入费用	相对固定，取决于日常经营与维护费用，与邮件发送数量无关，用户数量越多，平均费用越低	没有日常维护费用，营销费用由邮件发送数量、定位程序等决定，发送数量越多费用越高
用户信息程序	用户主动加入，对邮件内容信任程度高	邮件为第三方发送，用户对邮件的信任程度取决于服务商的信用、企业自身品牌和邮件内容等
用户定位	准确度高	取决于服务商列表质量
获得新用户的能力	效果不明显	吸引新用户能力强
用户资源规模	需要逐步积累，一般无法在短时间内向大量用户发送信息	在预算许可的情况下，可同时向大量用户发送邮件，信息传播覆盖面广
邮件列表维护和内容	需要专业人员操作，无法获得专业人士的建议	由服务商专业人员负责，可对邮件发送、内容设计等提供建议
效果分析	较难准确评价每次邮件发送效果，需长期跟踪分析	由服务商提供专业分析报告，可快速了解每次活动的效果

四、电子邮件营销的三大基础

开展电子邮件营销面临三个基本问题，包括向哪些用户发送电子邮件、电子邮件发送什么内容以及如何发送这些电子邮件。这三个基本问题可以归纳为电子邮件营销的三大基础，即技术基础、资源基础和内容基础。

（一）技术基础

从技术上保证用户加入、退出邮件列表，并实现对用户资料的管理、邮件发送及效果跟踪等功能。邮件列表发行平台是 E-mail 营销的技术基础。经营邮件列表，可以自己建立邮件列表发行系统，也可以根据需要选择专业服务商提供的邮件列表发行平台，实际情况中具体采用哪种形式，取决于企业的资源和经营者的个人偏好等因素。

（二）资源基础

在用户许可的情况下，引导更多的用户自愿加入邮件列表，从而获得尽可能多的用户 E-mail 地址资源，是 E-mail 营销发挥作用的必要条件。企业并不是只能被动地等待用户加入，也可以采取一定的推广措施吸引用户的注意和加入。在获取用户资源时，企业可以通过以下方式来达到效果，如充分利用网站的推广功能、提供部分奖励措施、向同行推荐、利用其他网站或邮件列表的推荐、请求邮件列表服务商的推荐等。

（三）内容基础

有效的内容设计是 E-mail 营销发挥作用的重要前提和基本保障。在 E-mail 营销中，营销信息是通过电子邮件向用户发送的，邮件的内容能否引起用户的关注、对用户是否有价值，直接影响 E-mail 营销的最终结果。

在进行内容设计时，需要包含邮件主题、邮件正文、退出列表的方法、其他信息和声明、邮件列表名称、当期目录或提要、邮件内容阅读方式说明等要素，一般应该把握以下几个原则：

（1）E-mail 营销的目标应该与企业总体营销战略保持一致。

（2）E-mail 营销内容应直接或间接地体现企业相关营销信息，使读者能够方便、快速地了解和获取企业的相关信息。

（3）E-mail 营销的内容在一段时期应该保持连续性、系统性，从而使用户产生整体印象，精准地获取这一阶段的营销主题。

（4）E-mail 营销的内容应该精练且保持美观。尽量减少图片的使用，而凭借 HTML 字体、色彩和背景的搭配运用达到美观的效果。

（5）内部 E-mail 营销的内容必须有稳定、持续的来源，无论是自行撰写、编辑还是转载，这样才能确保邮件发送周期。

五、电子邮件营销的一般过程

开展 E-mail 营销的过程，就是将有关信息以电子邮件的形式传递给用户的过程，为了将信息发送给目标用户，首先应该明确向哪些用户发送信息、发送什么信息以及如何发送信息。图 8-4 为 E-mail 营销一般过程示意。一般开展 E-mail 营销主要包括以下一般过程：

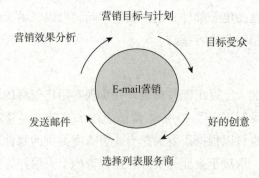

图 8-4　E-mail 营销一般过程示意

（一）制订 E-mail 营销的目标和计划

E-mail 营销的目标必须和企业整体的营销、品牌策略一致，因此必须评估 E-mail 营销在完成企业营销目标中担任的角色。它的主要目标应是开拓消费市场、维护客户关系、展示企业品牌形象等，并在此基础上制订相应的 E-mail 营销计划，分析目前所拥有的资源。

（二）确定目标受众

为了达到目标，要确定 E-mail 营销的目标客户。除了已有的理想受众外，同时可以使用兴趣、人口统计、地理统计等分类定向开发潜在 E-mail 列表用户。为了达到保持顾客的目的，需要对客户数据库进行细分，从而使客户与企业的营销沟通目的相匹配。

（三）设计好的创意

评估受众和营销活动目标，以决定应建立哪种形式的 E-mail。在设计 E-mail 形式时，通过使用 HTML 及富媒体，能更好地体现品牌的内涵，从而达到吸引消费者的目的。如缺乏这方面的人才，则需要请专业的公司进行邮件内容的设计制作。

（四）选择邮件列表服务商

在选择高质量的邮箱列表时，邮件列表质量、提供的服务水准、定向能力水平、追踪和报告反馈的能力、市场信誉等都是需要考虑的因素。

（五）向用户发送电子邮件

根据营销计划向潜在用户发送电子邮件。在向潜在用户发送邮件之前，应该根据营销计划确定邮件发送的时间和周期，并且要注意控制邮件发送的次数，若发送过于频繁，则会给用户带来不好的体验，达不到邮件营销的目的。

（六）对 E-mail 营销活动的效果进行分析总结

及时跟踪营销活动的效果，并根据一定的评价指标和反馈结果适时调整营销策略。每次电子邮件营销结束后，对营销效果进行分析总结，从而及时调整下次营销的计划和策略，达到邮件营销的最终目的。

六、电子邮件营销的评价指标

电子邮件营销并不只是简单地将信息发送给客户，并且希望客户喜欢这些内容。只有经过深入的数据分析，邮件营销才能真正有效。在实施邮件营销时，要监测以下数据：

（一）邮件送达率

这是最基本的数据，如果邮件送达率低，首先考虑发送工具是否存在问题。

（二）邮件退信率

如果邮件退信率高，需要检查邮件地址库中是否有太多无效地址。

（三）邮件打开率

邮件打开率低，往往与主题不好有关，如主题不够具有吸引力或者主题太像垃圾邮件等。

（四）邮件点击率

如果邮件中放置了网站地址，点击率也是要监控的指标。点击率低往往与邮件内容设计有关，内容设计不够吸引人或者目标群体不精准均是需要企业考虑的问题。

（五）反馈率

如果通过邮件进行调查，或者需要用户对邮件进行回应，那反馈率也是需要检测的指标，若想提高反馈率，则往往需要进行一定的物质刺激。

（六）转化率

以上的基本监测数据，目的是提高客户的转化率。转化率是衡量电子邮件营销的关键指标，是指有多少人通过邮件进行了注册、购买等行为。

（七）退订率

退订率是指用户收到了邮件但是要求退订的比率。该比率可用来评价营销信息的质量以及发送的频率是否恰当。正常的退订率在1%以下。

小链接：如何通过电子邮件了解客户？

第三节　网络口碑营销

一、网络口碑营销概述

（一）网络口碑营销的定义

网络口碑营销是指企业努力使消费者通过与其亲朋好友之间的交流将自己的产品信息、品牌传播开来。网络口碑具有极高的可信度，如地方特产、老字号厂家商铺及企业的品牌战略等，其中都包含有口碑营销的因素。

自从进入互联网尤其是Web 2.0时代以来，人们分享信息越来越"动

视频：
病毒性营销与
口碑营销

手不动口"了——通过键盘、鼠标、移动设备的操作轻松完成对他人的影响。由口碑营销与网络营销有机结合起来的网络口碑营销（Internet Word of Mouth Marketing，IWOM）是指消费者或网民通过网络（如论坛、微博、视频、社交媒体等）渠道分享的，为企业营销开辟新的通道，获取新的效益。

（二）网络口碑营销的优势

具体而言，网络口碑营销具有以下几个方面的优势：

1. 宣传成本较低

口碑是人们关于企业的见地，也是企业应该注重的一个问题。人们会对好的产品或服务在不经意间进行主动传播，良好的口碑为企业节省了大量的广告费用。口碑营销的成本投入主要集中于教育和刺激局部传播者，如意见领袖等，因而投入比面对大众人群的其他广告方式要低得多，且结果也常常能事半功倍。在信息更充沛的互联网时期，靠强迫宣讲灌输的品牌推行已变得难度越来越大且成本更高，性价比远远不如定向推行和口碑传播。

2. 可信任度高

如今的网络时代，广告信息呈爆炸式增长，质量和价值参差不齐，在获取和辨别有价值信息的同时也消耗着时间和精力，所以人们对广告媒体的信任度逐步下降，比起各类宣传广告，人们更愿意选择亲朋好友的推荐。普通状况下，口碑传播发生在较为接近或亲密的群体之间，具有可信度十分高的特性。

3. 具有精准性

口碑营销具有较强的针对性，常常借助于社会公众之间一对一的传播方式，信息的传播者和被传播者之间普遍存在某种联络。互联网用户都有本人的交际圈、生活圈，相近的消费趋向、类似的品牌偏好。人们日常生活中的交流常常围绕彼此喜欢的话题进行，这种状态下口碑的传播者能够针对接收者的详细状况，选择恰当的传播内容和方式，形成良好的沟通过程和精准的传播效果。

4. 影响消费者决策

随着互联网的出现，消费者不但可以快速搜索到厂商发布的产品信息，而且可以方便地获得其他人对产品使用的评价和意见。现在，很多消费者在购买产品之前，都会到网上寻找适合个人需要的产品信息，以这些信息为参照形成个人对产品的评价，进而决定是否购买该产品。研究发现，消费者在处理各种各样的产品信息时，有关产品的口碑信息是消费者优先考虑的，对消费者的决策具有巨大的说服力和影响力。

（三）网络口碑营销的载体

网络口碑的传播载体包括购物网站、专业网站、生活服务类网站、网络论坛、社交媒体等，有文字、图片、声音、视频、音乐等多种形式。

1. 购物网站

所有的购物网站（包括B2C、C2C电子商务网站）都允许用户留言，也允许买家对卖家的商品和服务进行评价，某些购物网站还设置了自动评价功能。从网站评论功能的一般意义来讲，买家公正、客观的评价弥足珍贵，很多潜在的购买者都会参考已购者的评价内容，这种购后评价机制，可以激励获得好评的商家继续提供优质产品和服务；同时，评论功能也是一种约束机制，让商家根据消费者的意见不断进行改进产品和服务。图 8-5 为京东商城华为官方旗舰店产品销售评价截图。

图 8-5　京东商城华为官方旗舰店产品销售评价

2. 专业网站

随着互联网运用的深入，垂直类网站的发展受到重视，各个行业都建立了相关的专业网站，这些网站锁定某一行业，具备较强的专业性，在同行业中具有较大的影响力，访问人群比较集中，比较适合专业性要求比较高的企业或产品进行口碑传播。一般而言，越是高端的、复杂的产品，消费者求助于专业性网站的频次也就越多。图 8-6 为汽车之家网站首页截图。

图 8-6　汽车之家网站首页截图

3. 生活服务类网站

以美团、58 同城、大众点评为代表的一批生活服务类网站在国内崛起，向用户提供餐饮、娱乐、租房、买房、工作、旅游、教育、亲子、婚嫁、培训等生活相关的“衣食住行用”的服务信息，贴合百姓生活的各个方面，成为用户解决生活服务需求的重要平台。这类网站在解决百姓日常生活问题的同时，理所当然地扮演着商家口碑营销平台的角色，是口碑营销的重要载体。图 8-7 为大众点评网热门导航截图。

热门导航					更多
分类:	火锅	小吃快餐	北京菜	西餐	日本菜
	川菜	烧烤	面包甜点	韩国料理	粤菜
	自助餐	美容/SPA	电影院	美发	全部分类
商区:	三里屯	望京	国贸	大望路	朝外大街
	亚运村	王府井/东单	亮马桥/三元桥	西单	双井
	中关村	五道口	东直门	崇文门	全部商区
地铁线:	1号线	2号线	5号线	10号线	全部线路
排行榜:	最佳餐厅	人气餐厅	口味最好餐厅	热门购物	热门休闲

图 8-7　大众点评网热门导航截图

4. 网络论坛

论坛几乎涵盖了人们生活的各个方面，每一个人都可以找到自己感兴趣或者需要了解的专题性论坛，而各类网站，如综合性门户网站或者功能性专题网站也都青睐于开设自己的论坛，以促进网友之间的交流，增加互动性和丰富网站的内容。论坛具有强大的聚众能力，利用论坛作为平台可以举办各类活动，促进网友与品牌之间的互动，有效为企业提供营销传播服务。注册会员不仅是这些信息的接收者，同时又是新一轮信息的发布者，从而引起一系列的连锁性信息传播。图 8-8 为天涯社区时尚板块截图。

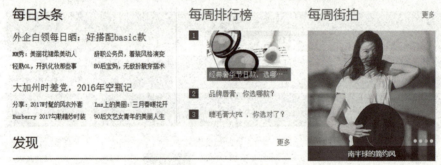

图 8-8　天涯社区时尚板块截图

5. 社交媒体

随着 Web 2.0 的应用，社交新媒体成为人们彼此之间分享意见、见解、经验和观点的工具和平台，现阶段主要包括社交网站、微博、微信、博客等。社交媒体传播的信息已成为人们浏览互联网的重要内容，不仅制造了人们社交生活中争相讨论的一个又一个热门话题，更进而吸引传统媒体争相跟进，新媒体的共享性、交互性满足了口碑营销对于信息传播互动性的要求，越来越受到企业营销的青睐。图 8-9 为新浪微博、腾讯微信社交新媒体App。

图8-9 社交新媒体App

二、网络口碑营销的要点

(一) 口碑的产生

1. 极致的服务或产品

一个产品做到极致之后，才能够产生口碑；远超用户预期的产品或服务，才能够引爆用户的传播。例如，苹果将"科技"与"极致的简洁性"有机糅合在了一起，让人们在享受高科技带来的生活享受的同时，能非常方便地操作，从而赢得用户的青睐。

2. 出其不意的关联

产品本身并没有显著特色，那么就需要出其不意，和别人想的不一样，才能够引发关注。黄太吉的煎饼，本来是很低端的产品，却能够做得"高大上"，将吃煎饼、喝豆腐脑与思考人生关联起来，这就是体验上的特色效果。但如果不注重好的产品体验，则营销效果只会昙花一现。

(二) 口碑的传播

1. 建立可以与粉丝互动的平台

口碑的传播便于向消费者传达商家的理念及诉求，也可以为消费者提供一个传达心声解决需求的渠道。这两点相互循环作用，让商家和消费者有效互动。

2. 重视消费者的心声

消费者的心声很难获取，当他们遇到不好的待遇或者在使用过程中出现问题时，最可能的发泄方式就是分享负面信息给朋友，当这些信息传递到商家时，已经蔓延到不可收拾的地步了。所以需要重视消费者的心声，鼓励消费者进行反馈，从而采取及时的针对性措施。

3. 优质的品牌内容

内容是营销的支点，当内容不够吸引人们的关注时，必将花费更多的力气才能将口碑撑起。好的内容需要了解消费者的需求，同时塑造产品的价值，用价值来满足消费者的需求。将消费者关心、需要了解的信息通过网站、社交媒体、视频、产品资讯等方式展示给消费者，让内容与消费者产生关联，才能够吸引他们的关注，带着情感进行宣传。

4. 分享品牌故事

一个产品要让消费者喜欢，就需要有一个能够传达品牌精神的故事，将品牌背后的付出与用心展示给消费者，让消费者在看到产品的同时，也能够了解企业的理念与精神。

5. 主动了解顾客

主动深入了解顾客的需求，在他们还没有进行消费时，便可以通过询问其喜好及兴趣，适当调整产品或服务。当他们感觉需求被满足、喜好被尊重时，会为企业的口碑营销做出贡献。

（三）口碑的维护

由于口碑来自用户的自发性传播，可能在口碑传递过程中存在一些负面信息，这时需要对口碑营销进行有效的引导，并采取一定的措施，让口碑营销向期望的方向发展。口碑的维护方法主要有以下几种：

（1）如果负面新闻出现在超大型网站、门户网站，准备申诉材料，提交删除申请，要求平台进行删除，通常不实的报道平台会及时进行处理。如果是一些小网站，可以通过网站上的联系方式，与站长进行沟通，并出具相关证明材料，要求其删除。

（2）对于一些打擦边球的负面新闻，发布的网站不同意删除，则需要进行新闻掩盖，通过发布相关的正面新闻，将这些负面信息进行掩盖，从而降低负面新闻的影响力，甚至可以借势进行新闻营销，炒作正面新闻。

（3）如果这些新闻是由客户发布出来的，那么就需要根据状况进行解决。在正常情况下，先要查明信息的来源，与客户进行沟通洽谈，解决矛盾，让用户自己删除负面信息。不可以采取过于强硬的措施处理与用户的矛盾，避免带来新的负面信息。

优质的产品或服务才是口碑营销的根本，一切从用户需求出发，把好质量关，同时做好口碑保护，才能够更好地发展企业口碑。

三、网络口碑营销的步骤

网络口碑营销是一次有计划的营销策划活动，因此需要有一定的操作步骤和流程，具体如下：

（一）策划一个眼球引爆点

想要有效地在用户之间形成口碑效应，第一个步骤是要策划一个眼球引爆点，因为只有让更多的人关注，使关注者对此事产生浓厚的兴趣，并很有欲望把这件事情告诉身边的人，才有可能引发口碑传播。

引爆点往往围绕用户需求来策划，需要考虑用户最关注什么、最想要什么、最想看什么、最想听什么，我们能给用户什么，等等。要对企业的产品或服务进行分析，主要从属性、功能、定位、特色等方面入手，结合消费者关心的问题，策划内容。比如，打折促销、价值给予、新鲜好玩、个性、良好的体验等，都可以作为好的引爆点。

（二）通过引爆点策划可谈论的话题

口碑营销的核心是用户之间在相互交流中进行传播，所以除引爆点之外，还要有足够的具有可谈论性的话题，只有这样才能通过意见领袖传出去。如，小米手机在推出之前，它的系统 MIUI 就已经成为发烧友争相传诵的产品，为小米手机在业内的口碑立下了汗马功劳。

(三) 选择相应的传播渠道

传播渠道很重要，如果传播渠道不畅，那么传播的效果就会大打折扣。口碑的传播渠道需要根据产品的属性进行选择，但万变不离其宗，将目标用户群体相互之间的联系纽带作为传播渠道是最佳选择。在以前，选择有效的渠道并不是件容易的事情，但随着互联网的不断发展，口碑营销的渠道越来越好选择，前文提到的网络口碑营销载体都是非常好的传播渠道。

(四) 口碑传播的监控

口碑营销和任何一种营销措施都一样，要去衡量效果，因为口碑营销往往需要与其他营销手段配合使用，所以监测的数据要根据所选的渠道来制定。如果通过论坛操作，那么检测的数据主要是发帖量、点击量、转载量、分享数量等。如果通过微信来进行，那监测的数据就是分享数量、查看数量等。

除此之外，还需要对传播的过程进行有效性管理和控制，有效引导舆论的走向，因为口碑可以是正面的，也可以是负面的，要防止在操作过程中因为一些意外因素而产生负面的信息传播。

 小链接：口碑成就现象：《琅琊榜》是怎样收视逆袭的？

第四节 网络事件营销

一、网络事件营销的概述

(一) 网络事件营销的概念

事件营销是国内外十分流行的一种公关传播与市场推广手段，是集新闻效应、广告效应、公共关系、形象传播、客户关系于一体，并为新产品推广、品牌展示创造机会，建立品牌识别和品牌定位，快速提升品牌知名度与美誉度的营销手段。通俗点说，网络事件营销是指要推广目标 A，但不直接去推广目标 A，而是找出一些有新闻价值的事件如 B_1、B_2、$B_3 \cdots B_n$ 来间接营销 A。互联网的飞速发展给事件营销带来了巨大的契机。通过网络，一个事件或者一个话题可以更轻松地进行传播和引起关注，无论从参与企业的数量、行业上来看，还是从企业运作事件营销的水平上看，事件营销策略都得到了不同程度的发展与完善。

网络事件营销是企业、组织通过网络平台，精心策划、实施可以让公众直接参与并享受乐趣的事件，并通过这样的事件达到吸引或转移公众注意力，改善、增进与公众的关系，塑造企业、组织的良好形象的目标，以谋求企业长久、持续发展的营销传播活动。

（二）网络事件营销的特征

与常规的广告等传播活动相比，网络事件营销能够以更快的速度、更短的时间创造最大化的影响力，其特征主要表现在以下几个方面：

1. 事件具有时效性、不确定性和风险性

企业在运作事件营销时，要注意热点事件的时效性、不确定性与风险性，即应注意风险管理。事件营销是企业要借社会热点事件、新闻之势或通过企业本身策划的事件进行造势来达到传播企业信息的目的。热点事件并不一定都可以用来做事件营销，因此，有必要对将运作或利用的事件进行全面的风险评估。

2. 事件营销具有依附性，要找准事件与品牌的关联

事件营销不能脱离品牌的核心理念，必须与品牌和产品、其他营销活动、目标消费者利益相关联。如果联结过于牵强，就难以让消费者对事件的关注热情转移到品牌，当然也无法提升品牌的知名度。无论是借助已有的事件，还是自行策划事件，事件营销自始至终围绕着同一个主题运作，敏锐地抓住公众关注的热点并进行创造性对接，从消费者利益和社会福利的角度出发，来实现营销的目的。在营销过程中，营销者要通过事件进行有新闻价值的传播活动，把产品、服务和创意的优秀品质传递给已有的和潜在的顾客，从而建立品牌美誉度和企业良好的形象。

3. 能避开媒体多元化形成的噪声，投资回报率高

事件营销因为具有新闻的特征，尤其针对目标受众关切的热点事件，因此可以避开同其他广告的正面冲突。有了消费者的主动参与，企业的知名度就能在短期内有很大的提升。事件营销的传播往往体现在新闻上，企业借助第三方组织或权威个人，将理念、产品与服务质量传播给目标市场。受众对于其中内容的信任程度远远高于广告。相关统计显示，企业运用事件营销手段取得的传播投资回报率约为一般传统广告的3倍，能有效地帮助企业树立产品的品牌形象，直接或间接地影响产品的销售。

4. 事件营销可形成二次传播

一个事件如果成了热点，会成为人们津津乐道、互相沟通的话题。传播层次不仅仅局限于看到这条新闻的读者或观众，还可以形成二次传播。相比之下，广告的传播一般局限于一个层面，且很难具有传播活性，同时其可信度往往易受到消费者的质疑。

二、网络事件营销的要素

新闻价值是事件营销成功的关键点。成功的事件营销必须包含下列四个要素之一，即重要性、接近性、显著性和趣味性，一个事件只要具备一个要素就具有新闻价值了。如果同时具备的要素越多、越全，新闻价值就越大，事件营销成功的可能性就越大；当一件新闻同时具备所有要素时，肯定会极具新闻价值。

（一）重要性

重要性是指事件内容的重要程度。要判断内容重要性主要看其对社会产生影响的程

度。一般来说，对越多的人产生越大的影响，新闻价值越大。

（二）接近性

越是心理、利益和地理上与受众接近和相关的事实，新闻价值越大。心理接近包含职业、年龄、性别等因素。从地理上说，人们对自己的出生地、居住地和曾经给自己留下美好记忆的地方有一种特殊的情怀。所以在策划事件营销时必须关注事件与受众的接近程度。通常来说，事件关联的点越集中，就越能引起人们的注意。

（三）显著性

新闻中的人物、地点和事件越出名，新闻价值也越大。国家元首、政府要人、知名人士、历史名城、名胜古迹往往是出新闻的地方。

（四）趣味性

有人认为，人类本身就有天生的好奇心，大多数受众对新奇、反常的东西比较感兴趣。

三、网络事件营销的步骤

互联网具备信息传播速度快、传播范围广的特点，在一定程度上能够提升企业营销效果。在营销过程中，策划人员能够通过借助制造新闻事件及炒作手段，提升公众的关注度以及传统新闻媒体关注度，借助社会化媒体以及传统媒体的传播，达到最好的营销效果。

（一）确定网络事件营销的目的

在营销中，重要的是企业在制造新闻的过程中，达到提升企业品牌知名度、曝光度以及实现盈利等目的。所以在策划营销方案的过程中，企业应该分析形势、明确目标，一切新闻事件都要围绕目标来策划。一般事件营销的目的包括吸引用户注册、吸引用户流量、吸引用户购买以及扩大品牌的传播等。

（二）寻找与品牌的关联性

网络事件营销最后的落脚点是提升企业的知名度，树立良好的品牌形象，所以事件营销无论是借助时事、公益活动还是热点新闻，一定要与品牌有关联，不应生搬硬套，最后要对品牌起到宣传作用，而且要达到正面积极的效果。企业应该避免炒作一些恶俗的事件，以免给企业带来负面影响。

（三）进行事件内容的策划

事件的内容是整个事件营销的焦点，它在很大程度上决定了营销成功的概率，内容的策划需要契合营销想要达到的目的。此外，结合互联网的特点，趣味性是一个很好的设计点，如萌宠、爆料、搞笑、亲民的路线，都可以让网民心动。

（四）选择合适的传播渠道

影响力大的新闻事件往往借助网络用户资源丰富的网络媒体，如门户网站、各大论坛等进行传播，这些平台借助本身的用户资源能够有效扩大新闻的传播范围，引起轰动效应，为此在新闻事件传播的过程中要注意引入媒体的力量，从而达到宣传推广的目的。

(五)鼓励网民的参与和再创作

没有网民的参与和互动,就不会形成大规模的传播效果。因此在确定受众群体后要与他们进行接触,体味他们的快乐喜爱;与他们互动,增进彼此的感情。在了解参与者的基础上,引导和激发网民的创作力,从而达到二次传播的效果。

(六)监测效果和控制风险

事件营销不是临时性的战术,而应该是一项长期的战略工程,因此需要就前期的效果进行监测和分析,以便引导舆论,及时将参与者转化为客户,并为下一阶段的营销做好准备。同时,鉴于网络事件营销的特征,在策划方案时,一定要充分考虑风险因素,控制好风险,以免造成负面影响。

小链接:逃离北上广

四、网络事件营销的效果评测及风险控制

(一)网络事件营销效果评测

对网络事件营销效果的具体测量并没有一定的标准,但可以根据网络中的热度和数量来进行判断,主要可以从以下几个方面来进行:

(1) 出现在多少家网站的首页。
(2) 多少家论坛、微博、视频等网络平台置顶。
(3) 多少网友参与。
(4) 多少搜索引擎获取,包括多少关键词的成型。
(5) 多少传统媒体报道。
(6) 多少网络评论员及新闻评论员对此进行评论。

(二)网络事件营销的风险控制

事件营销本身是一把"双刃剑":事件营销虽然可以以短、平、快的方式为企业带来巨大的关注,但也可能产生相反的作用,即企业或产品的知名度扩大了,却不是美誉度而是负面的评价。

1. 事件营销切入点的风险

事件营销中三大切入点可以按可控度进行排列,从大到小分别是公益、聚焦和危机,可控度降低的时候,影响度是递增的,即风险增大,营销效果越好。图8-10即为事件营销切入点的风险示意。

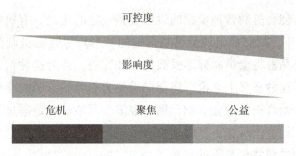

图8-10 事件营销切入点的风险示意

图8-10从右到左的事件中,企业可控制的因素越来越少,事件的不确定性越来越大,企业所面临的风险也越来越大。在公益事件中,企业通常占据主动地位,几乎不存在风险。聚焦事件的主要风险在于营销活动不能与企业、产品的战略发展相融合,甚至有损企业长远的战略形象。危机事件最能吸引眼球,同时风险也很大,特别是在处理企业自身危机时,应该更加小心谨慎。在进行危机公关时,如果不能有效控制,极有可能引起公众的质疑和反感,达不到营销效果,甚至影响企业生存。

2. 事件营销的风险控制

事件营销的利益与风险并存,所以在进行营销时要学会趋利避害。对于风险项目,策划者首先要进行风险评估,这是进行风险控制的基础。风险评估后,根据风险等级建立相应的防范机制,同时还要依据实际情况,不断调整和修正原先的风险评估,补充风险检测内容,并采取措施化解风险,直至事件结束。

 小链接:卫龙怎么就成了辣条界扛把子?

第五节 网络会员制营销

一、网络会员制营销概述

(一) 网络会员制营销的起源

1996年7月,亚马逊公司发起了一个名为"联合行动"的网络营销活动。联合行动的基本形式是:加入联合行动的网站首先要注册为亚马逊公司的会员,然后在网站适当放置亚马逊公司的产品或标志、广告链接,以及亚马逊公司提供的商品搜索功能框。当会员网站的访问者点击这些链接进入亚马逊公司网站并购买某些商品之后,亚马逊公司会根据销售额按一定比例付给这些加盟网站数额不等的佣金。"联合行动"后来被称为网络会员制营销。图8-11为亚马逊网站联盟登录首页。

不过，亚马逊首创会员制营销模式的说法受到一定的质疑。有研究表明，早在亚马逊"联合行动"之前两年，就已经出现会员制营销的雏形。尽管会员制营销的概念不是由亚马逊首创，但是，亚马逊将会员制计划发展得如此完美，并为这种营销方式的普及起到了至关重要的作用，从这种意义上来说，将亚马逊视为会员制营销的鼻祖也并不过分。人们大都通过亚马逊才开始真正熟悉会员制营销，很多小网站也正是通过加入亚马逊的会员计划赚到网上的第一笔佣金。现在，已经实施会员制计划的企业数目众多，几乎覆盖了所有行业，参与这种计划的网站更是不计其数。

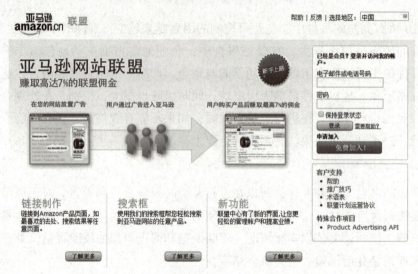

图 8-11　亚马逊网站联盟登录首页

（二）网络会员制营销的定义

网络会员制营销现在已经成为电子商务网站推广的主要手段，它的出现不是偶然的，企业把传统渠道中的会员制营销理论移植到网络渠道，从而产生了网络会员制营销。在传统的营销渠道，企业为了扩大经营规模、稳定销售渠道、团结分销成员和服务分销成员，通常会采用会员制营销。会员制营销模式指采用系统的管理和长远的渠道规划，利用企业的产品、品牌、视觉标识、管理模式以及利益机制来维系分销渠道，并组建相对固定的会员组织，实现利益共享、模式共享、信息沟通和经验交流的作用，它是深层的关系营销。

网络会员制营销（Affiliate Program）是一个网站的所有人在自己的网站上推广另一个商务网站的服务和商品，并依据实现的销售额取得一定比例佣金的网络营销方式。一个网络会员制营销程序应该包含一个提供这种程序的商业网站和若干个会员网站，商业网站通过各种协议和电脑程序与各会员网站联系起来。从这个定义来看，网络会员制营销不是简单地将传统会员制营销复制到网络渠道上，而是对传统会员制营销的创新。

二、网络会员制营销系统的构成

网络会员制营销网站实际上是一种广告渠道和产品分销渠道，网络会员制营销系统涉及网上销售商、联盟会员、网络用户和会员制解决方案提供商四方，图 8-12 为网络会员制营销系统构成示意。

(1) 网上销售商,即网络会员制营销计划的提供商。

(2) 联盟会员,即会员制计划的加入者,通过在自己的网站放置网上销售商的各类广告链接赚取佣金。

(3) 网络用户,在联盟会员网站登录,并通过会员网站上的链接进入网上销售商的网站购买产品或服务的网上浏览者。

(4) 会员制解决方案提供商,即随着网络会员制营销而兴起的为网上销售商提供网络会员制营销解决方案的第三方机构,亚马逊既是网上销售商又是网络会员制解决方案提供商。

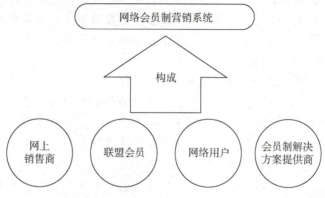

图 8-12　网络会员制营销系统构成示意

三、网络会员制营销的运作过程

一个完整的网络会员制营销运作涉及网上销售商、联盟会员、网络用户和会员制解决方案提供商,主要的运作过程如下:

(1) 会员制解决方案提供商根据网上销售商的实际情况制订会员制计划的具体实施方案,供网上销售商采用。也有部分网上销售商选择自己设计实施方案。

(2) 选择会员网站,并将广告链接投放到会员网站上。

(3) 网络用户在浏览会员网站时,点击感兴趣的链接进入网上销售商的相关网页。

(4) 最后,根据网上用户点击链接的情况,会员网站向网上销售商收取佣金。图 8-13 为网络会员制营销运作过程示意。

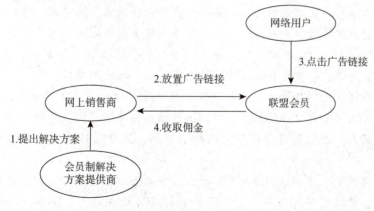

图 8-13　网络会员制营销运作过程示意

小链接：亚马逊网站联盟

本章小结

　　本章通过介绍搜索引擎营销策略，弘扬社会主义核心价值观，树立学生的诚信理念；通过介绍电子邮件营销策略，引导学生遵循网络礼仪，营造文明、和谐的网络环境；通过介绍网络事件营销策略，教会学生透过现象看本质，尊重事实、实事求是；领会搜索引擎营销、电子邮件营销、网络口碑营销、网络事件营销等方法在实践中的运用，培养学生的工匠精神。

　　搜索引擎是指根据一定的策略、运用特定的计算机程序从互联网上搜集信息，对信息进行组织和处理后，为用户提供检索服务，将用户检索相关的信息展示给用户的系统。搜索引擎的工作原理包括三个过程：抓取网页、处理网页、提供检索服务。搜索引擎的分类包括全文搜索引擎、目录搜索引擎、元搜索引擎、垂直搜索引擎。搜索引擎营销，即根据用户使用搜索引擎的方式，利用用户检索信息的机会尽可能将营销信息传递给目标用户。搜索引擎营销的目标可以归纳为四个层次，即存在层、表现层、关注层和转化层。搜索引擎营销的形式主要包括搜索引擎登录、搜索引擎优化、竞价排名。

　　电子邮件营销通常也称邮件列表营销和 E-mail 营销，是在用户事先许可的前提下，通过电子邮件的方式向目标用户传递有价值信息的一种网络营销手段。真正的电子邮件营销需要满足三个要素：用户许可、通过电子邮件传递信息、信息对用户有价值。电子邮件营销的作用是：提升知名度，发展新用户，维护用户关系，提升用户黏度，促成二次销售。以 E-mail 营销的功能为分类标准，E-mail 营销可分为顾客关系 E-mail 营销、顾客服务 E-mail 营销、在线调查 E-mail 营销、产品促销 E-mail 营销等。以 E-mail 地址的所有权为分类标准，E-mail 营销可分为内部 E-mail 营销和外部 E-mail 营销。电子邮件营销的三大基础为技术基础、资源基础和内容基础。电子邮件营销的一般过程为：制订 E-mail 营销的目标和计划、确定目标受众、设计好的创意、选择邮件列表服务商、向用户发送电子邮件、对 E-mail 营销活动的效果进行分析总结。电子邮件营销的评价指标主要包括邮件送达率、邮件退信率、邮件打开率、邮件点击率、反馈率、转化率、退订率。

　　由口碑营销与网络营销有机结合起来的网络口碑营销是指消费者或网民通过网络渠道（如论坛、微博、视频、社交媒体等）分享，为企业营销开辟新的通道，获取新的效益。网络口碑营销的优势有：宣传成本较低，可信任度高，具有精准性，影响消费者决策。网络口碑营销的载体包括购物网站、专业网站、生活服务类网站、网络论坛、社交媒体等。口碑营销的要点主要考虑口碑的产生、口碑的传播和口碑的维护。口碑营销的步骤有：策划一个眼球引爆点，通过引爆点策划可谈论的话题，选择相应的传播渠道，口碑传播的监控。

　　网络事件营销是企业、组织通过网络平台，精心策划、实施可以让公众直接参与并享受乐趣的事件，并通过这样的事件达到吸引或转移公众注意力，改善、增进与公众的关系，塑造企业、组织的良好形象的目标，以谋求企业长久、持续发展的营销传播活动。网络事件营销的要素包括重要性、接近性、显著性、趣味性。网络事件营销的步骤为：确定网络事件营销的目的，寻找与品牌的关联性，进行事件内容的策划，选择合适的传播渠道，鼓励网民的参与和再创作，监测效果和控制风险。

网络会员制营销是一个网站的所有人在自己的网站上推广另一个商务网站的服务和商品，并依据实现的销售额取得一定比例佣金的网络营销方式。网络会员制营销系统涉及网上销售商、联盟会员、网络用户和会员制解决方案提供商四方。

关键术语

搜索引擎、全文搜索引擎、目录搜索引擎、元搜索引擎、垂直搜索引擎、搜索引擎营销、搜索引擎优化、竞价排名、电子邮件营销、许可 E-mail 营销、内部 E-mail 营销、外部 E-mail 营销、网络口碑营销、网络事件营销、网络会员制营销

配套实训

1. 选择一个网站站点，运用所学分析工具，列出其在百度中的收录量、关键词排名及相关数据指标。

2. 选择一家企业，帮助其制定 E-mail 营销目标、确定受众、收集内外部邮件地址并汇集成表、编写邮件内容、填写邮件营销的进度计划书。

3. 自选主题，掌握口碑营销的步骤以后，以百度知道为平台，为你喜欢的一个品牌或者一款产品策划一次口碑营销。

4. 自选主题，以小组的形式在论坛发起一次事件营销，主要操作应该包括：准备一定量的论坛账号，进行事件策划，在论坛发帖，炒热，转载，最后进行效果分析。

5. 登录携程网，了解并学习其网站联盟的形式、奖励政策、分销模式等信息。

复习思考题

一、单选题

1. （　　）是从互联网上提取各网站的信息，建立数据库，并能检索与用户查询条件相匹配的记录，最后按一定的排列顺序返回结果。

A. 全文搜索引擎　　B. 目录搜索引擎　　C. 垂直搜索引擎　　D. 元搜索引擎

2. 去哪儿网是（　　）搜索引擎。

A. 综合搜索引擎　　B. 元搜索引擎　　C. 目录搜索引擎　　D. 垂直搜索引擎

3. 利用网站的注册用户资料开展 E-mail 营销的方式称作为（　　）。

A. 外部列表 E-mail 营销　　　　　　B. 许可 E-mail 营销

C. 内部列表 E-mail 营销　　　　　　D. 顾客关系 E-mail 营销

4. 口碑来自用户的自发性传播，可能在口碑传递过程中存在一些负面信息，所以需要对口碑营销进行有效的引导，这是（　　）。

A. 口碑的产生　　B. 口碑的传播　　C. 口碑的维护　　D. 口碑的评价

5. 新闻中的人物、地点和事件越出名，新闻价值也越大，这说明网络事件营销的（　　）特点。

A. 重要性　　　　B. 显著性　　　　C. 接近性　　　　D. 趣味性

6. 会员制计划的加入者，通过在自己的网站放置网上销售商的各类广告链接赚取佣金的网络会员制营销参与者是（　　）。

A. 网络用户　　　　　　　　　　B. 会员制解决方案提供商
C. 网上销售商　　　　　　　　　D. 联盟会员

二、填空题

1. ＿＿＿＿＿＿就是通过一个统一的用户界面帮助用户在多个搜索引擎中选择和利用合适的搜索引擎来实现检索操作，是对分布于网络的多种检索工具的全局控制机制。

2. META 标签优化主要是对＿＿＿＿、＿＿＿＿、＿＿＿＿的优化。

3. 竞价排名是指网站通过＿＿＿＿来获得搜索引擎的靠前排名，是一种按效果付费的网络推广方式，采用＿＿＿＿的计费方式。

4. 电子邮件营销需要满足三个要素：＿＿＿＿、＿＿＿＿、＿＿＿＿。三个要素缺少一个，都不能称之为有效的 E-mail 营销。

5. 电子邮件营销的三大基础是＿＿＿＿、＿＿＿＿和＿＿＿＿。

6. 请列举五种网络口碑的传播载体：＿＿＿＿、＿＿＿＿、＿＿＿＿、＿＿＿＿、＿＿＿＿。

7. 事件营销中三大切入点可以按可控度进行排列，从大到小分别是＿＿＿＿、＿＿＿＿和＿＿＿＿，可控度降低的时候，影响度是递增的，即风险越大，营销效果越好。

8. ＿＿＿＿是一个网站的所有人在自己的网站上推广另一个商务网站的服务和商品，并依据实现的销售额取得一定比例佣金的网络营销方式。

三、简答题

1. 简述搜索引擎的工作原理。
2. 简述搜索引擎营销的目标层次。
3. 什么是电子邮件营销？开展电子邮件营销的一般过程是什么？
4. 举例说明口碑营销的步骤。
5. 什么是网络事件营销？其有哪些特点？
6. 简述网络会员制营销的运作过程。

四、案例讨论

一只吉祥物就能带来 1.6 亿元销量？

第九章 新媒体营销

学习目标

知识目标

1. 掌握新媒体的含义,新媒体营销的含义、特点及平台,微博营销的含义及优缺点,微博营销的方式,微信营销的含义及特点,微信营销的形式,定制营销的概念及特征,定制营销的策略。
2. 了解新浪微博营销产品的类型、微信公众号的类型。
3. 理解新浪微博营销产品间的差异、微信不同类型公众号之间的差异。

技能目标

1. 掌握新浪微博营销工具的应用,理解新浪微博的数据信息。
2. 掌握微信公众号营销的一般方法。
3. 了解定制营销的主要内容及流程。

思政目标

1. 把握学科前沿发展动态。
2. 践行社会主义核心价值观。
3. 树立诚信理念。
4. 培养学生的工匠精神。

导入案例

故宫淘宝:做"朕"的生意,如何成为超级"网红"?

2016年7月,一个"穿越故宫来看你"的H5火爆朋友圈,一个皇帝从画中走来,唱着Rap,宫女戴着VR,发着QQ表情,刷着朋友圈……这是"腾讯NEXT IDEA×故宫QQ表情创作大赛"的宣传,在这流行的节奏中,"一脸萌贱"的皇帝让全民情绪高涨起来。

故宫给我们的记忆点与今天这个会"卖萌"的皇帝完全不同,权威、庄严、辉煌等形容词中不会有一个跟"有趣"相关,但是这两年"故宫淘宝"让我们眼前一亮,这个"很不故宫"的产物,却成了畅销品。

截至2015年12月,故宫博物院共计研发文创产品8 683种,包括服饰、陶器、瓷器、书画等系列,产品涉及首饰、钥匙扣、雨伞、箱包、领带等,2015年营业额超过10亿元。2015年8月,故宫淘宝在网上促销,第一个小时,1 500个手机座宣布售罄,一天内成交1.6万单。目前故宫淘宝的微信公众号,有趣的"广告文"阅读量篇篇"10万+"。故宫淘宝如何在网络走红?具体分析如下:

（一）品牌亲民化

故宫是来北京旅游者的必到之处,除了参观,更多是对故宫历史的学习,这与用户之间形成的连接是有距离感的。然而"故宫淘宝"出现之后,这个距离感在迅速缩短,从故宫博物院用户数据中看,12岁以下的青少年是重要人群,25～50岁是主流,而故宫淘宝在25～34岁人群中非常突出,这部分年轻人正是"85后""90后"人群,对新鲜事物、热门话题、互联网化语言及潮流产品十分推崇。

1. 从被动到主动

你来或不来,故宫博物院就在那里,基本我们与它的交集是一张参观的门票,但是盛大庄严的故宫是从视觉、听觉中感知的,对于故宫来讲,它是被动地在等用户,且不知道用户是谁。创新的文创产品上了淘宝,开通了微博、微信公众号,在与用户互动之间更加主动,这个变化让用户"受宠若惊"。

2. 从权威到"卖萌"

故宫博物院有沉重、庄严的历史感,从历史的厚重到一个会"卖萌"、语言与画风上甚至还透着"贱贱"的感觉,这样的反差感立马激发了很多年轻人的兴趣,为它点赞,为它转发,甚至购买产品。

（二）产品娱乐化

有趣、娱乐化是目前互联网、移动互联网时代的重要关键词,比如看微博、微信等社交平台时喜欢关注娱乐化、趣味化的信息。当产品同时兼具娱乐化属性,就很容易引发用户共鸣。

1. 创意

故宫的文创产品并不新奇,很多都是我们常见的手机壳、针线盒、折扇、盆栽等,但是在产品包装的创意上,加上了故宫元素,而非一个Logo标识,重要的是皇帝、宫女、大臣等形象卡通化,并且配以调侃的文字,这样有趣的文案、原创画与产品结合之后,就有了乐趣,让用户感觉这是一个好玩的产品,这一点很重要。

第一种,历史改编创意:故宫淘宝有一些产品是趣味化了皇宫物件,比如圣旨、奏折、折扇等,其中元素加入了皇帝形象或者是皇帝曾经的语录,比如雍正的"朕亦甚想你""朕生平不负人",就成为设计师的天然素材。图9-1为故宫淘宝产品记事本宣传图。

图9-1　故宫淘宝产品记事本宣传图

第二种，组合激发创意：比如"皇帝狩猎便签夹盆栽"融合了皇帝人偶形象、便签夹、盆栽三个元素，其摆件特点也适合放在办公桌、客厅等场景。在包装产品时以皇帝的视角，让一个本无语言的产品活灵活现。一句"看！这就是朕为你打下的一盆江山！"顿时妙趣横生。图9-2为故宫淘宝产品便签夹宣传图。

图9-2　故宫淘宝产品便签夹宣传图

第三种，用户驱动创意：有些产品也源于用户的创意，比如"冷宫"冰箱贴，2016年1月11日，故宫淘宝发了一条微博："有人建议做款冰箱贴，既充满历史感又言简意赅，冰箱上就贴两大字：冷宫！所以这都什么粉丝啊！"有网友建议和海尔合作，之后海尔微博也大方回应"容我考虑一下"。之后故宫淘宝回了一个"给一个窜天猴，要不？"这样在微博上有来有往半年后，就正式上线了"冷宫"冰箱贴。图9-3为故宫淘宝微博冰箱贴话题互动图，图9-4为故宫淘宝冰箱贴宣传图。

图9-3　故宫淘宝微博冰箱贴话题互动图

图9-4　故宫淘宝冰箱贴

2. 文案

一个好的产品，加上一个有趣的售卖方式，就会获得很多用户的喜爱，不过在故宫淘宝推出的产品上，我们会发现，文案的作用不仅仅是锦上添花，它已经成为产品的重要部分。就如同那个皇帝盆栽，如果单纯是一个皇帝人偶加上盆栽，很难打动你，但是配上文字就截然不同。

除了文案在产品中的应用之外，故宫淘宝的新媒体文案也很有趣。图9-5为故宫淘宝微博与网友互动图。

@故宫淘宝
今天有一群学生在御花园拍戏，说是毕业作品，并大概介绍了一下戏份内容，故事曲折离奇婉转动人，我们安保人员听了很是感动于是赶走了他们。
2015-11-28 21:45 来自 微博 weibo.com　2643 | 759 | 4957

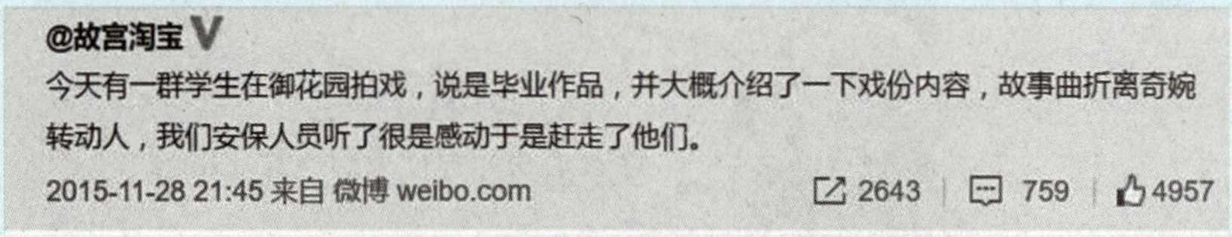

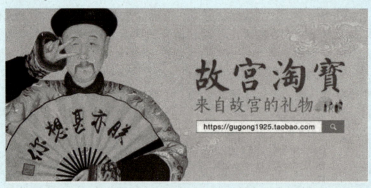

图9-5　故宫淘宝微博与网友互动图

3. 画风

看了故宫淘宝产品、新媒体中出现的各种画面，其画风绝对颠覆你对故宫的了解，“卖萌”的皇帝、亮出剪刀手的宫女等，触及了很多用户的兴趣点。图9-6为故宫淘宝店宣传页图。

图9-6　故宫淘宝店宣传页

（三）用户年轻化

微指数的数据显示，由于故宫淘宝的出现，更多年轻人开始了解故宫的故事、文化。

1. 淘宝店成为销售主阵地

在淘宝开店，线上购物与线下形成了鲜明对比，同时故宫博物院线下场景的人流量有限，如果一个文创产品以旅游纪念品形式出现时，其用户黏度与价值感远没有放大，通过淘宝平台推出故宫文创产品是重要的销售渠道。

2. 微信公众号用段子植入产品

由于微信与淘宝不能互通，所以故宫淘宝公众号也没能直接跳转到淘宝店，虽然未能实现自然导流，但是当微信成为移动互联网超级App时，这个阵地上有众多年轻人在此获取资讯，在朋友圈、微信群中很多人喜欢传播幽默搞笑的段子，故宫淘宝的公众号，俨然一个段子手，比如有一条微信“从前有个皇帝他不好好读书”，在摘要中“后来他就死了”。真是神转折，文章中也是从历史入手之后，采用各种网络语言、表情、漫画，中间植入书签产品。图9-7为故宫淘宝微信文案图。

图 9-7　故宫淘宝微信文案

3. 微博提升用户互动

在故宫淘宝的微博上，可以看到账号经常与粉丝互动，同时也会参与一些话题，包括品牌之间的调侃。一个愿意且及时与粉丝互动的品牌，用户黏度才会越来越好，品牌价值也会越来越高。图 9-8 为故宫淘宝微博与网友互动图。

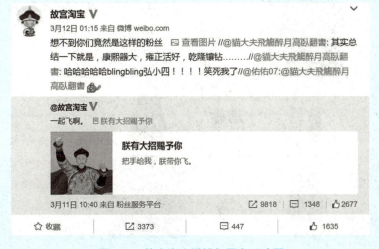

图 9-8　故宫淘宝微博与网友互动图

（四）营销多元化

故宫淘宝在淘宝上卖产品，在微博上火爆，在微信朋友圈疯传，小小的手机壳、折扇这类日常用品加上了故宫元素立马提升了用户品位。

1. 平台联合

腾讯 NEXT IDEA×故宫 QQ 表情创作大赛，一个会唱 Rap 的皇帝用 H5 刷屏了，这一次让故宫淘宝更红了，目前它可以跻身一线网红之列。图 9-9 为故宫 QQ 表情创作大赛宣传图。

图 9-9 故宫 QQ 表情创作大赛

2. IP 联合

2016年热门的动画电影《大鱼海棠》上映时，故宫淘宝与其联合推出了定制产品。图 9-10 为故宫淘宝定制布鞋微博宣传。

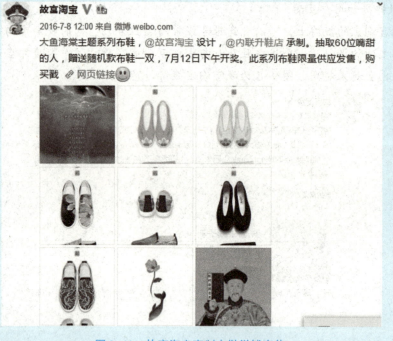

图 9-10 故宫淘宝定制布鞋微博宣传

3. 借势营销

在节日、热门话题上，故宫淘宝也经常借势，比如"葛优瘫"话题火爆，故宫淘宝的微博就发了一组古人图。图 9-11 为故宫淘宝微博文案。

从"品牌亲民化、产品娱乐化、用户年轻化、营销多元化"可以看出，一个会"卖萌"的故宫淘宝已经成为爆款 IP。它已经品牌化，且在活动、文案、话题中让用户深深地记住了这个品牌，并形成一个"萌贱"有趣的品牌形象。对于它的未来，我们充满期待。

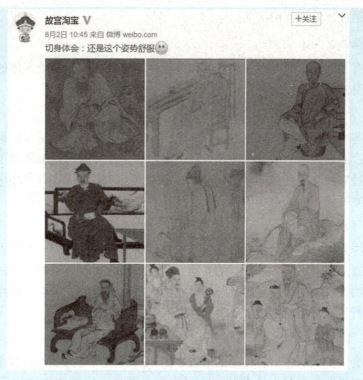

图 9-11　故宫淘宝微博文案

讨论：故宫淘宝如何借助新媒体营销成为热门 IP？

第一节　新媒体营销概述

一、新媒体营销的概述

（一）新媒体营销的定义

每次新媒体的出现都会带来企业营销环境的剧变。如小米公司依靠互联网新媒体营销，迅速提升知名度成为中国最赚钱的手机企业之一。移动互联时代的来临使整个营销环境发生了剧变，企业能否适应时代的变革、展开有效的营销，成为新媒体时代企业竞争力提升的关键。

所谓新媒体，是相对于报刊、户外、广播、电视四大传统意义上的媒体而言的，新媒体被形象地称为"第五媒体"，是一个不断变化的概念。新媒体是在新的技术支撑体系下出现的媒体形态，主要是指通过网络传播视频、音频及图文资讯的媒体形态。

新媒体营销则是以新媒体平台（如微博、微信、门户网站、社交网站、视频网站等）为传播和购买渠道，把相关产品的功能、价值等信息传送到目标群众的心里，从而实现品牌宣传、产品销售目的的营销活动。

（二）新媒体营销的特点

新媒体具有互动性、即时性、大众性和多元性等多种有别于传统媒体的特点，新媒体营销也具有自身的特点。

1. 目标客户精准定向

新媒体涵盖丰富多彩和多样化的内容，微信、微博、博客、论坛等让每个人都可以成为信息发布者，浩如烟海的信息中涉及生活、学习、工作等的讨论都展现了前所未有的广度和深度。通过对社交平台大量数据的分析，企业可以利用新媒体有效地挖掘用户需求，为产品设计开发提供很好的市场依据。

2. 与用户的距离拉近

相对于传统媒体只能被动接收信息而言，在新媒体传播的过程中，接收者可以利用现代先进的网络通信技术进行各种形式的互动，这使传播方式发生了根本性的变化。移动网络及移动设备的普及，使信息实时及跨越时空的传播成为可能。因此，新媒体营销实现了随时随地可进行信息传播，营销效率大大提高。

3. 企业宣传成本降低

新媒体改变了传统媒体信息传播的形态，由一点对多点变为多点对多点，并且新媒体形态多样，很多平台免费对大众开放，信息发布、共享、传播和创造均只需要较低的成本，为企业提供了一个良好的营销平台。

4. 营销方式碎片化

随着新媒体终端逐渐向手机移动端转移，人们的阅读方式越来越碎片化，用一个电视广告就产生一个新品牌的时代已经过去。传统营销思维下，需要传递的无非是企业的品牌形象、战略动向、新闻动态、产品评析、消费者故事等。而碎片化的新媒体环境下，营销讲的不再仅是文案，而是创意，是随时随地的热点借势；讲的不再是媒体关系，而是眼球效应。

二、新媒体营销的平台

新媒体平台为互联网的信息发布、传播、共享和创新提供了载体，微博、微信、视频网站等已经成为重要的媒介，具体来说，可以将新媒体营销的平台细分为社交新媒体平台、资讯新媒体平台、视频新媒体平台、音频新媒体平台等。

（一）社交新媒体平台

2012年Facebook成功上市宣告了互联网社交时代的来临，社交产品如雨后春笋般不断出现，互联网为人类社交提供了新的渠道和平台。基于Web 2.0的特点，用户在社交媒体中自己生产和创造内容，并与其他群体进行交流与讨论，因此参与、公开、对话等特点为社交新媒体增添了活力，进一步使其成为人们获取信息和资讯的重要平台。

在社交新媒体上，用户制作个人简介，通常包括照片和兴趣清单，向朋友发出请求，得到确认之后形成朋友圈。通过网站交友、分享、线下聚会，社交媒体成为现代人不可或缺的社区生活的一部分。基于六度分隔理论，社交网络可以对人群进行精准的定位，其商业价值不言而喻。微信、微博、QQ空间、豆瓣、知乎等成为社交新媒体的代表性工具，变成人们日常分享意见、见解、经验和观点的重要平台，也成为企业进行新媒体营销的主要阵地。

（二）资讯新媒体平台

资讯新媒体平台是传统新闻资讯在互联网上的衍生，通过网络用户获取资讯内容方式的改变，诞生了提供某类综合性互联网信息资源并提供有关信息服务的应用系统。在全球范围内，著名的门户网站是谷歌和雅虎，在中国，著名的门户网站有新浪、网易、搜狐、腾讯，其他还有新华网、人民网、凤凰网等，同时还包括行业类资讯网站、生活资讯网站等。

（三）视频新媒体平台

随着网民的个人价值观和网络行为特征日趋复杂化和多样化，简单的文字、图片信息传播已经难以满足需求，消费需求结构的多元化驱动了视频新媒体的多元化发展，成为休闲娱乐类的主要应用。用户对于网络视频的需求越来越大，给视频网站带来的市场和机遇也越来越多，微视频、视频社交、大数据、用户付费、视频直播等，都有望给视频网站今后的发展带来新亮点。企业可以借助视频新媒体进行品牌宣传、产品促销、增加用户触达、促进用户参与度、业务推广等活动。老牌的视频网站如优酷、搜狐、腾讯、爱奇艺等提供短视频的制作，是企业进行品牌传播的渠道；而新兴的直播类视频新媒体如映客、斗鱼等通过视频实时互动，成为电子商务导购、自媒体营销的新平台。

（四）音频新媒体平台

网络电台等音频新媒体把传统意义上的电台搬到了网上，借助网络传播优势，对传统广播的传播方式和效果进行改造和优化。由于音频具有独特的伴随性特点，因此在跑步、做饭、上下班、睡前等各类移动场景下，当用户的双眼被占用的时候，音频会成为一个最方便的获取信息、娱乐放松的途径和方式。相比过度开发的开屏（视觉）广告，音频的闭屏特点，更有效地让品牌信息触达用户，这是音频营销的关键点。目前喜马拉雅、荔枝、蜻蜓等音频类新媒体快速发展，越来越深入大众不同的生活场景。

第二节　微博营销

一、微博

微博，即微型博客（Micro-blog）的简称，也是博客的一种，是一种通过关注机制分享简短实时信息的广播式社交网络平台，微博主要基于用户关系进行信息的分享、传播及获取。相对于博客而言，其更注重时效性和随意性，能表达出人们每时每刻的思想和最新动态。

最早也最著名的微博是美国Twitter，Twitter现成为国内企业效仿的对象。随着搜狐、网易、腾讯退出微博业务，目前微博用户逐渐向新浪微博迁移和集中，市场集中化程度进一步提高。同时，用户的上网习惯日益细分，对不同网络

视频：
微博营销

应用的需求也进一步明确。以微博为代表的社交网络，已经与即时通信类产品建立起比较明确的类型区隔。微博的传播效果得到客户市场和用户市场的认可，成为社交网络中最重要的营销传播平台之一，其特点主要有以下几点：

1. 便捷性

微博提供了这样一个平台，你既可以作为观众，在微博上浏览自己感兴趣的信息；也可以作为发布者，在微博上发布内容供别人浏览。发布的文字内容一般较短，无具体格式要求，也可以发布图片、分享视频等。微博最大的特点就是发布信息快速，信息传播的速度快。

2. 背对脸

微博是背对脸的交流，可以一点对多点，也可以点对点。微博上的粉丝数量和关注的微博数量并不是一对一的关系，所以只需要关注自己感兴趣的微博、话题并就此发表自己的看法，不需要像微信一样互加好友才能进行社交关系的培养。移动终端提供的便利性和多媒体化，使微博用户体验的黏性越来越强。

3. 原创性

相对于博客来说，微博对用户的技术要求门槛很低，而且在语言的编排上，没有博客那么高。移动设备的发展，为微博的便捷化提供了基础，如一些突发事件，如果用户在事发现场，就可以在微博上发表，其实时性、现场感及快捷性，超过所有媒体。网络上众多资讯信息、热点解读、悠闲旅游、幽默搞笑的段子都来自微博用户的原创内容。

4. 草根性

微博用户大部分为普通民众，报道的都是他们身边的人和事，流露的都是个人的真情实感，很容易引起受众的共鸣。这种信息传播的方式门槛很低，不需要传播者具备较高的专业素养甚至独特的新闻视角，对新闻的敏感度、思想的深刻性也没有过高的要求，传播的信息大多取材于生活，并以口语化的语言表述。它没有传统媒体的深度，却以其自身的广度契合了现代人的生活节奏和习惯，提供了更多的信息素材，成为传播网络中一个个不可或缺的信息点。

二、微博营销的定义

《2020微博用户发展报告》显示，微博用户群体继续呈现年轻化趋势，其中"90后"和"00后"的占比接近80%，女性用户规模高于男性用户。在生活消费、兴趣关注上，不同年龄段微博用户呈现出明显的代际特征。

所谓的微博营销是指通过微博平台为商家、个人等创造价值而执行的一种营销方式，也是指商家或个人通过微博平台发现并满足用户的各类需求的商业行为方式。相对于其他营销模式而言，微博营销更加注重价值的传递、内容的互动、系统的布局、准确的定位。

三、微博营销的优缺点

（一）微博营销的优点

1. 操作简单方便

微博的应用非常简单，基于微博自身的特点，考虑到了用户行为模式，一键转发、评论方便,并且每一条微博的内容都比较精练,符合互联网时代碎片化的特点,能够让用户在短时间内关注到焦点事件。

2. 应用体验好

微博营销过程中注重创意,创意内容往往需要利用文字、图片、声音、视频等多种形式。微博本身提供了这样的功能,企业或者营销者可以利用多种展现形式将产品进行描述,让创意更加生动,利于用户阅读以及体验,从而使潜在消费者更加容易接受信息,防止出现审美疲劳。

3. 用户互动性强

微博用户群体比较广泛,企业通过对粉丝的积累,能够有效利用众多粉丝的关注进行病毒式传播,不断提高影响力。不仅如此,企业与企业之间,企业与名人、明星之间同样能够进行合作,这样产生的效益更广、更为突出,会获得更多微博用户的关注以及更广泛的传播。由于互动方式多样,关注、点赞、转发、评论等功能为信息的传播提供了丰富的渠道。

4. 精准度高

微博信息获取具有很强的自主性、选择性,用户可以根据自己的兴趣偏好,依据对方发布内容的类别与质量,来选择是否关注某用户,并可以对所有关注的用户群进行分类,为企业进行精准性的营销提供基础。

(二)微博营销的缺点

1. 需要一定的用户基础

微博营销需要考虑关注的人群,产品促销中需要有足够的粉丝才能够达到预期的传播效果。想要获得更广的传播,人气是微博营销的基础。对于没有任何知名度和人气的企业来说,微博营销门槛相对较高,需要一步一步奠定基础,首先需要通过一定的方式提高微博的关注度,获得更多的用户关注。在此基础上,才能开展营销活动。

2. 推广博文容易被错过

每一个微博用户都会关注多个不同的微博,而这些微博都会在一定的时间段更新内容,新内容产生的速度太快,很容易被覆盖,这样会造成粉丝错过企业发布的信息,即使有创意的主题,也不会得到更多关注以及传播。

3. 营销信任度较低

由于微博是一个开放的平台,所以对于内容的要求相对较低,这就导致很多微博账号在营销过程中不注重原创,而往往进行抄袭和伪原创。从长期来看,这一现象已经影响到微博生态圈的优化,部分用户对微博的信赖度降低,对营销的手段不认可,导致了微博营销信任度降低。所以在微博营销的过程中,是否为原创内容,是微博营销能否达到良性发展的关键。

四、微博营销的应用

(一)新浪微博简介

新浪微博是一款为大众提供娱乐休闲生活服务的信息分享和交流平台。自 2009 年 9 月推出以来,发展至今已成为社交媒体的典型代表。新浪微博具有"资讯+社交"的双重特质。一方面,提供的信息资讯具有传播快、来源广、多角度等特征;另一方面又为用户提供了关注名人动向、与亲友保持联系、获取商家优惠信息、打造个人品牌等社交功能。因此,新浪微博已经成为用户日常获取信息和社交的主要渠道,这一点在移动端表现得尤为明显。图9-12为新浪微博logo。

图9-12 新浪微博logo

(二)新浪微博的营销产品

1. 粉丝头条

粉丝头条是新浪微博推出的一款轻量级营销工具。使用粉丝头条后,所选的微博将在24小时内出现在所有粉丝或者潜在粉丝的顶部或靠近顶部的位置,可以增加微博的阅读量、扩大微博的影响力。一次"粉条"推广对同一用户只会显示一次,用户看到信息后,再次刷新时,该条微博不会继续置顶,会随正常信息流滚动,不会对粉丝产生干扰。目前粉丝头条的产品有以下几种:

(1) 博文头条:微博推广的利器,可以使微博置顶在粉丝的信息流首位,不仅仅可以展示给粉丝,而且可以通过人群定向、兴趣定向、指定账号等精准投放给除粉丝以外的更多用户。还可以使用帮上头条,帮其他用户某条微博推广到其粉丝信息流第一条。

(2) 账号头条:新浪微博官方推出的账号推荐工具,它通过精准算法把账号推荐给最有可能关注您的用户,切实有效地提升粉丝数。图9-13为企业用户博文头条、图9-14为企业用户账号头条。

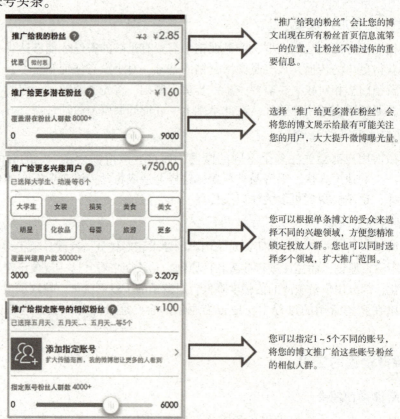

图9-13 企业用户博文头条

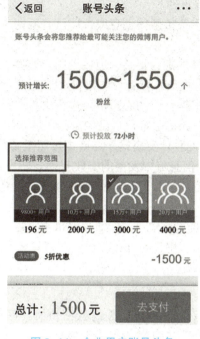

图 9-14 企业用户账号头条

2. 粉丝通

粉丝通是基于新浪微博的海量用户，把推广信息广泛传递给粉丝和潜在粉丝的广告产品。广告主可以根据用户属性和社交关系将信息精准地投放给目标人群，广告投放更加精准有效。推广信息包括博文推广及应用推广。同时粉丝通也具有普通微博的全部功能，如转发、评论、收藏、点赞等，可实现广告的二次传播，从而大幅提高广告转化率。图9-15 为新浪粉丝通广告中心。

图 9-15 新浪粉丝通

粉丝通可以进行博文推广、账号推广和应用推广。
（1）博文推广：将精彩创意推送到目标用户显著位置，大幅提升博文的互动量。
（2）账号推广：将账号推荐给潜在粉丝，实现关注转化，积累高质量的社交资产。
（3）应用推广：App 应用开启客户端定位推广，实现推荐应用直接下载安装。

粉丝通的推广步骤分为以下四步：

（1）创建新广告组。创建一条微博创意或选取已有微博。微博创意在推广前会根据广告法要求进行文案审核。

（2）设置定向条件。选择性别、年龄、地域等用户属性；使用用户兴趣或指定账号相似粉丝等功能，可以准确锁定投放人群；设置出价和消耗日上限。

（3）出价与扣费。可以根据自己的心理价位进行出价，系统会根据用户实际投放情况进行扣费。粉丝通的投放和消耗是由客户自己控制的，客户可以设置每日消耗上限。

粉丝通提供 CPM 与 CPE 两种计费模式。CPM 即按照微博在用户信息流中曝光人次进行计费；CPE 即按照微博在用户信息流中发生的有效互动（转发、点击链接、加关注、收藏、点赞）进行计费。粉丝通的底价为 CPE 0.5 元，最小加价为 0.01 元。CPM 底价为 5 元/1 000 人次，最小加价为 0.1 元。

（4）查看效果。消耗数据实时显示，计划数据每小时更新一次，广告组数据每天更新一次。粉丝通是实时竞价产品，用户在开始投放后，可以密切关注数据，以便随时对广告进行调整。

3. 微任务

微任务是新浪官方唯一自媒体 KOL（关键意见领袖）在线广告交易平台，拥有"搞笑""美食""娱乐""互联网""直播"等多领域微博红人，帮助企业提高官微影响力，将微博传递给千万用户。任何微博账号均可以授权"我的微任务"应用，在通过审核后将成为微任务平台中的一员，并将有机会接到有偿信息发布的任务。微博账号可以自由选择执行或拒绝任务，接受任务后，微任务平台将以微博账号的身份在任务指定时间发布任务微博，成功执行任务可以获得相应的任务报酬。图 9-16 为微任务平台。

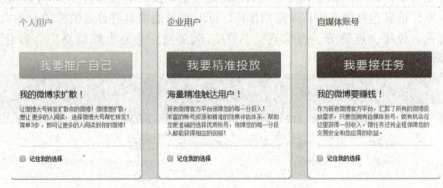

图 9-16　微任务平台

此外，新浪微博还提供抽奖平台、微卡券等微博营销方式。抽奖平台可供使用方对所发微博的转发用户进行抽奖，可满足使用方传播营销信息、增加粉丝的需求；微博卡券平台则是为商户提供的卡券销售及推广解决方案，帮助商户在微博内开展优惠促销活动，刺激用户消费，利用微博强大的社交网络拓展商家网络品牌和销售。针对普通用户来说，这是本地生活服务类优惠信息的一站式平台，提供销售和推广遍及吃喝玩乐优惠的解决方案。

　小链接：野兽派的微博营销

第三节 微信营销

一、微信

微信是腾讯公司于 2011 年 1 月 21 日推出的一个为智能终端提供即时通信服务的免费应用程序,微信是通过网络快速发送免费语音短信、视频、图片和文字等信息的聊天工具,同时,也是具有"摇一摇""漂流瓶""朋友圈""公众平台""二维码扫描""微信支付"等服务插件的社交工具。官方数据显示,微信是一个超过 8 亿人使用的手机应用。2016 年 9 月,微信每天活跃用户已高达 7.68 亿,除此之外,无论是从整体使用频率还是使用时长看,微信的用户黏度都表现得非常强。微信融合了通信及社交的特点,体现出移动互联网的独特性。微信支持传送即时语音消息、视频、图片、表情、文字等多种信息表现形式;支持多人群聊;支持 LBS(基于位置的服务),可以寻找当前位置附近正在使用微信的人;支持腾讯其他产品如空间、邮箱、漂流瓶等插件功能。

二、微信营销的定义及特点

微信营销即在以安卓系统、苹果系统的手机或者平板电脑中的移动客户端进行的区域定位营销,商家通过微信公众平台,展示商家微官网、微会员、微推送、微支付、微活动,形成的线上线下微信互动营销方式。其营销特点有以下几点:

(一)实现点对点精准营销

微信拥有庞大的用户群,且用户之间通过社交形成一定的交际圈,这本身让使用者体现出分群的特点。同时借助移动终端、位置定位、自主订阅公众号等优势,将每个人的兴趣爱好进行了精准分类,继而为商家实现点对点精准化营销提供了基础。

(二)形式灵活多样

企业可以采用包括漂流瓶、位置签名、二维码、开放平台、公众平台、小程序、微信广告等多种形式进行企业品牌及产品的宣传,提升营销推广效果。

(三)强关系的机遇

微信的点对点产品形态注定了其能够通过互动方式将普通关系发展成强关系,从而产生更大的营销价值。

三、微信营销的形式

2020 年微信月活跃用户数超过 12.25 亿,巨大的用户群体,就像一座巨大的富矿,引来众多淘金者。具体而言,在微信平台上,企业常用的新媒体工具和资源包括以下几种:

(一)漂流瓶

漂流瓶最初应用在腾讯邮箱,使用方式是用户将信息放入瓶子后抛出,其他用户主动捞起得到信息并进行回复和传播,是随机推送信息的一种方式。这一应用在微信产生后引入了微信中，部分企业通过漂流瓶的方式开展营销活动。微信官方可以通过对漂流瓶参数的更改，使合作商家在漂流瓶活动推广期间抛出的瓶子和捞到瓶子的用户增加，加上摇一摇、小游戏等形式的配合，可以增加用户的参与度，达到营销效果。

但由于漂流瓶是随机的信息推送，所以漂流瓶营销活动的目的不强。此外，很多用户出于消遣的目的使用漂流瓶，喜欢好玩、有趣的内容。企业的营销内容可能不符合用户的需求，容易遭到用户的厌恶，漂流瓶的营销可能会受到一定影响。

小链接：微信营销案例之招商银行"爱心漂流瓶"

（二）位置签名

腾讯提供基于位置的服务，并推出了相应的产品"附近的人"或"摇一摇"等功能，配合微信"签名栏"的产品功能，营销商家将签名栏修改为广告或者促销信息，当用户通过"查找附近的人"进行搜索时，附近的商店信息就会发送给用户。但此方式覆盖人群少，营销效果有限。图9-17为位置签名广告。

图9-17 位置签名广告

（三）二维码

用户可以通过扫描识别二维码身份来添加朋友、关注企业账号；企业则可以设定自己品牌的二维码，用折扣和优惠来吸引用户关注，开拓O2O的营销模式。在很多情况下，用户扫码行为都是在和商家进行了一定接触后的行为，所以所得到的用户均为精准用户。在进行产品推广时，在分析用户的基础上，结合营销目的，有针对性地进行诱导性消费，从而通过多次互动培养用户忠诚。

小链接：星巴克的微信二维码营销案例

（四）公众平台

微信公众平台是给个人、企业和组织提供业务服务与用户管理能力的全新服务平台。就个人用户来说，微信公众号最大的特点是无门槛，通过绑定微信号就可以注册自己的微信公众号，可以就自己感兴趣的话题发表优质的内容、观点，从而吸引其他用户的关注，为自媒体营销活动提供基础。就企业和组织而言，可以通过微信公众平台，提升企业的服务意识，在微信公众平台上，企业可以更好地提供服务，如商家通过申请服务号，展示商家微官网、提供售后、促销活动信息等,已经形成一种线上线下微信互动营销方式。

(五)开放平台

通过微信开放平台,应用开发者可以接入第三方应用,还可以将应用的 Logo 放入微信附件栏,使用户方便地在会话中调用第三方应用进行内容选择与分享。如,美丽说的用户可以将自己在美丽说中的内容分享到微信中,使一件美丽说的商品得到不断传播,进而实现口碑营销。

(六)微信广告

2015 年 1 月微信朋友圈上线了广告功能。微信的这一举动随即在网络上引发热议,一些网友认为这片网络世界难得的无广告之地也被商业侵占。但也有网友认为,其实很多人的朋友圈内早已成为各类微商、代购推广盈利的场所,官方团队的广告多一条或少一条无伤大雅。在朋友圈等相对封闭的网络社交空间内,广告的发布与设计必须从新潮创意入手以吸引用户进行互动。

小链接:面包新语微信广告

四、微信公众平台账号类型

目前,微信公众平台包括服务号、订阅号、小程序和企业微信。图 9-18 为微信公众平台账号类型。

图 9-18 微信公众平台账号类型

(一)服务号

服务号可以为企业和组织提供更强大的业务服务与用户管理能力,主要偏向服务类交互,功能类似于 12315、114、银行,是提供绑定信息、服务交互的,主要适用人群为媒体、企业、政府或其他组织。服务号的群发次数为 1 个自然月内可发送 4 次群发消息。图 9-19 为招商银行信用卡微信服务号。

图 9-19 招商银行信用卡微信服务号

（二）订阅号

订阅号可以为媒体和个人提供一种新的信息传播方式，主要功能是在微信侧给用户传达资讯，功能类似报纸、杂志，提供新闻信息或娱乐趣事。订阅号适用人群为个人、媒体、企业、政府或其他组织。其群发次数为 1 天内可群发 1 次消息。图 9-20 为央视新闻微信订阅号。

图 9-20 央视新闻微信订阅号

服务号与订阅号的区别如下：

（1）如果想简单地发送消息，达到宣传效果，建议选择订阅号。

（2）如果想进行商品销售，进行商品售卖，建议申请服务号。

（3）订阅号通过微信认证资质审核后有一次升级为服务号的入口，升级成功后类型不可再变。

（4）服务号不可变更成订阅号。

（三）小程序

小程序是微信一种新的开放功能，开发者可以快速地开发一个小程序。小程序可以在微信内被便捷地获取和传播，同时具有出色的使用体验，是一种不需要下载安装即可使用的应用，它实现了应用"触手可及"的梦想，用户扫一扫或搜一下即可打开，也体现了"用完即走"的理念，用户不用关心安装太多应用的问题。应用将无处不在，随时可用，但又无须安装。其适用人群为企业、政府、媒体及其他组织。图9-21为ROCO若可微信小程序界面。

图9-21　ROCO若可微信小程序

 小链接：外交部微信小程序上线　国人在海外咨询求助更便捷

（四）企业微信

企业微信即为原企业号，是企业的专业办公管理工具。拥有与微信一致的沟通体验，提供丰富免费的办公应用，并与微信信息、小程序、微信支付等互通，助力企业高效办公和管理。图9-22为企业微信注册界面。

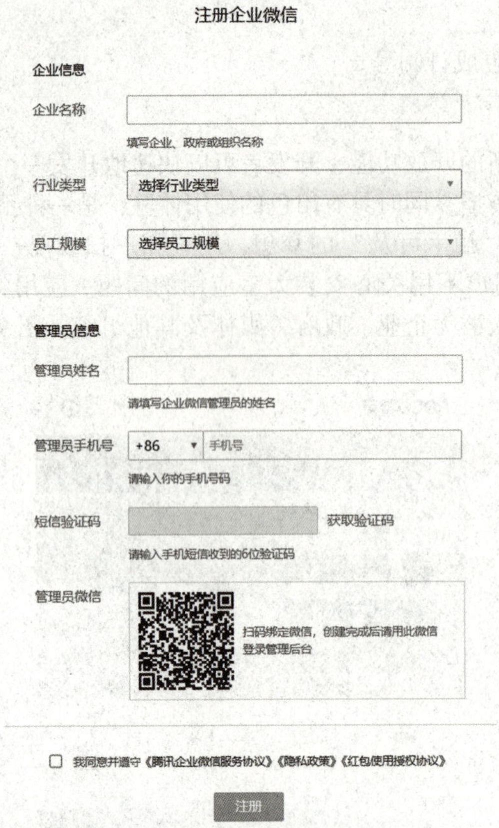

图 9-22　企业微信注册界面

第四节　定制营销

一、定制营销的定义

随着企业之间竞争的加剧，商品和服务同质化日益严重，而互联网和电子商务的快速发展，使得消费者在基础需求得到普遍满足的情况下，表现出消费主动性增强、追求个性化等新特点，这就对企业的营销创新提出了更高的要求，"个性化定制"成为互联网时代企业营销极其重要的一个方面。特别是在电子商务市场上，越来越年轻的主力消费群体和越来越多样化的客户需求，让整个社会消费的模式向个性化定制的方向转型。阿里巴巴集团 CEO 曾说："电子商务最终会走向真正的以大数据驱动的产品设计、产品制造，所以在多年以前阿里巴巴提出的电子商务不是 C2C 和 B2B，而是 C2B，整个社会正在逐步走向以大数据驱动，以消费者为中心，以消费者的洞察来驱动，以柔性的供应链和柔性的制造为解决手段来满足消费者需求的 C2B。"

定制营销（Customization Marketing）是指在大规模生产的基础上，将市场细分到极致，把每一位顾客视为一个潜在的细分市场，并根据每一位顾客的特定要求，单独设计、生产产品并迅速交货的营销方式。它的核心目标是以顾客愿意支付的价格并以企业能获得一定利润的成本高效率地进行产品定制。美国著名营销学者科特勒将定制营销誉为21世纪市场营销最新领域之一。在全新的网络环境下，亚马逊、阿里巴巴等电子商务网站，借助于大众消费记录、购买记录、浏览记录甚至留言评论等数据的分析，可以实现为客户提供高度个性化定制的产品推荐和营销广告。

 小链接：Amazon 成功的秘密：独一无二的"读心术"

二、定制营销的特征

一般来说，定制营销包括以下四个特征：

（一）定制营销重视与顾客的双向沟通

定制营销强调与顾客的沟通，这种沟通不是单向的，而是以双向信息交流的方式进行的。通过双向沟通以及信息反馈机制，可以克服传统市场营销的单向信息交流方式中营销者与顾客之间无法沟通的劣势，在企业与顾客之间形成互动，获得传统的营销调研活动所无法获取的信息。

（二）满足顾客个性化需求是产品生产的出发点

市场营销活动应该以消费者需求为出发点，同时以消费者需求的满足为归宿。定制营销活动中，企业按照顾客的个性需求为其提供量身定做的商品或服务。在互联网时代，顾客的力量变得越来越强大，很多企业开始重视与顾客的互动，聆听顾客的声音，以顾客需求为导向，开发新产品。

（三）产品结构模块化，核心产品标准化

定制营销要实现企业成本节省与顾客个性化需求满足的最佳状态，企业只有依靠产品结构的模块化、核心产品标准化进行柔性生产。柔性化生产是企业既满足消费者个性化需求又能降低成本的一种有效的生产方法。

（四）定制生产以大规模生产为基础

为了满足消费者个性化需求，定制必然会带来企业成本的提高。要减少这些成本，开展定制的企业必须将生产建立在大规模的基础之上，即把一系列具备高度特殊性的产品分解为可预先独立存在的模块。通过对不同模块的组合，为客户提供量身定做商品或服务。在电子商务的背景下，基于长尾理论的思考，由于市场无限扩大，以前看似需求极低的产品，其所占据的市场份额总和，可以和主流产品的市场份额相当，甚至更大。这为定制营销提供了有利的环境和基础。

三、定制营销的策略

互联网技术的不断成熟与普及为企业进行定制营销提供了技术基础，如果说信息化是定制营销的基础，那么营销策略则是定制业务成功的关键。定制营销更提倡沟通的互动性和即时性，对营销策略的创意要求更高，企业要做好定制营销，应该遵循以下策略：

（一）引发消费者兴趣

"任何营销切入点终究是研究如何引发消费者兴趣再构成商品交易。"营销的本质是策划消费者的兴趣，从而吸引消费者关注，提高知名度、美誉度等。尤其是在互联网时代，媒体环境的改变使消费者习惯发生变化，吸引消费者注意力的方式也需要加以改变。实际上，并不是所有商品都可以定制，功能不强和文化内涵不高的产品是很难定制的。

（二）注重数据的应用

通过大数据，将消费者编制在企业营销策略之中。在"互联网+"时代背景下，大数据会使企业更主动，实时了解消费者需求，实现精细化管理，有效判断市场需求趋势，从而有利于提升企业营销策略实施。如，电商网站通过记录购物习惯、点击浏览页面甚至页面停留时间等信息，形成消费者大数据系统，并通过对消费者的具体分析，对消费者进行类别划分，从而为商家进行定制服务提供可靠保障，确保提供给每一位用户的都是用户想要的，且是独一无二的。

（三）一对一精准沟通

传统企业大多通过调查问卷、走访观察、小组讨论、分析订单特点等方式进行市场研究，然而，受环境、情绪等各种因素的影响，这些方法得出的结果并不十分精准，可能导致答案失真。但是定制营销则不同，企业通过数据可以把一个消费者当作一个市场来研究，精确、详尽地了解其对产品的期望和要求，最大化地去满足每一个消费者，通过一对一的精准沟通，将消费者所要的商品呈现在他眼前，这会极大地提升顾客的消费欲望。

（四）和传统业务互补

定制营销除要让顾客得到自己个性化的商品之外，另一个功能是拉动标准化产品的销售，并从定制营销中了解到市场变化，不断改善自己的标准化产品。如耐克的一些新品设计灵感就来自客户的创意，定制业务增长的同时也促进了传统业务的增长。

第五节 抖音营销

一、抖音营销的定义

抖音是专注于 15 秒音乐短视频的社区，用户可以自由选择歌曲，配以短视频，形成自己的作品；也可以通过调整拍摄的快慢速度、编辑、特效等技术让视频更具创造性。它给了人们一个打破既定方向挑战更多花样的可能性，作为一个深度耕耘用户群体的 App，自然少不了有趣的营销。

二、抖音营销的策略

（一）明星策略

一款新产品迅速蹿红绝对离不开大量的营销推广，而最快引领潮流的是明星效应。抖音 App 在 2017 年 3 月份因为明星岳云鹏转发了一条微博带有抖音 App 的 logo，热度开始上升。随后又有娱乐圈众多明星推荐，热度迅速蹿升，用户量不断增加。

（二）内容运营策略

在平台内容运营方面，抖音 App 结合了今日头条的算法，让没有任何粉丝基础的新用户也能获得推荐，因此，抖音 App 成为增粉最快的短视频网站，这一点优势让其吸引了很多其他平台上的"网红"资源，如很多快手上的"网红"开始转战抖音，给抖音带来大量优质用户。此外，在内容运营上，抖音 App 运营团队还善于结合当下最火的电视剧、综艺、轻生活方式等进行内容营销，如，与《中国有嘻哈》热门综艺合作，大玩嘻哈音乐，吸引了中国年轻人关注；与摩拜、汉堡王联手，打开脑洞，玩转轻生活。

（三）公关传播策略

为了让更多人知道抖音，抖音开始集中在一些平台上投公关文章进行传播，这些平台大多是垂直媒体或者大型门户网站，这些网站既有抖音 App 的目标用户，又有大量的用户基础和文章推荐排名优势，对加快抖音的传播起到推动作用。

（四）合作营销策略

抖音通过寻找精神契合的品牌，为品牌年轻化营销开拓新的可能。火爆年轻人社交圈的抖音 App，携手"最会玩"品牌 Airbnb、雪佛兰、哈尔滨啤酒，开创原生短视频广告新玩法，共启"抖音品牌视频广告首秀"计划。

三、抖音营销的流程

（一）分析品牌目标人群

用数据深度分析品牌在抖音上的目标人群，包括年龄、性别、区域、兴趣等。

（二）分析目标人群关注的 KOL 特征

通过数据找到品牌目标人群在抖音上共同关注的 KOL，分析这类目标用户在抖音上喜欢什么类型的内容。

（三）基于 KOL 特征，进行人格化品牌形象打造

首先深度分析 KOL 的年龄、性别、内容风格，找到最为契合品牌调性的 KOL 原型，列出共同特征，通过共同特征来找出与品牌紧密结合的形象。

（四）通过优质内容输出，强化品牌"人设"

以此为基础，人格化品牌形象，并通过持续优质的内容，丰富、强化品牌"人设"。

本章小结

本章紧密围绕企业实践，辅以大量案例介绍新媒体营销，彰显学科前沿，有助于学生把握学科前沿发展动态；正确使用微博、微信、抖音开展营销活动，弘扬社会主义核心价值观，树立诚信理念；培养学生的工匠精神，追求对消费者个性化需求的满足。

新媒体是相对于报刊、户外、广播、电视四大传统意义上的媒体，新媒体被形象地称为"第五媒体"。新媒体营销则是以新媒体平台（如微博、微信、门户网站、社交网站、

视频网站等）为传播和购买渠道，把相关产品的功能、价值等信息传送到目标群众的心里，从而实现品牌宣传、产品销售目的的营销活动。新媒体营销的特点包括目标客户精准定向、与用户的距离拉近、企业宣传成本降低、营销方式碎片化。新媒体营销的主要平台有社交新媒体平台、资讯新媒体平台、视频新媒体平台、音频新媒体平台。

微博，即微型博客（Micro-blog）的简称，也是博客的一种，是一种通过关注机制分享简短实时信息的广播式社交网络平台，微博主要基于用户关系进行信息的分享、传播以及获取。微博具有以下特点：便捷性、背对脸、原创性、普遍性。微博营销是指通过微博平台为商家、个人等创造价值而执行的一种营销方式，也是指商家或个人通过微博平台发现并满足用户的各类需求的商业行为方式。微博营销的优点包括：操作简单方便，应用体验好，用户互动性强，精准度高。微博营销的缺点有：需要一定的用户基础，推广博文容易被错过，营销信任度较低。

微信营销是在以安卓系统、苹果系统的手机或者平板电脑中的移动客户端进行的区域定位营销，商家通过微信公众平台，展示商家微官网、微会员、微推送、微支付、微活动，形成线上线下微信互动的营销方式。微信营销特点：实现点对点精准营销，形式灵活多样，强关系的机遇。微信营销的形式有漂流瓶、位置签名、二维码、公众平台、开放平台、微信广告。微信公众号包括服务号、订阅号、小程序和企业号。

定制营销是指在大规模生产的基础上，将市场细分到极致，把每一位顾客视为一个潜在的细分市场，并根据每一位顾客的特定要求，单独设计、生产产品并迅速交货的营销方式。定制营销包括四个特征：定制营销重视与顾客的双向沟通；满足顾客个性化需求是产品生产的出发点；产品结构模块化，核心产品标准化；定制生产以大规模生产为基础。开展定制营销的策略有：引发消费者兴趣，注重数据的应用，一对一精准沟通以及和传统业务互补。

抖音作为一个深度耕耘用户群体的App，已发展成网络营销重要的新媒体形式。企业结合抖音平台规则开展营销活动，有利于商家规划好短视频营销内容，助力渠道打通，又可以及时根据抖音模式设计升级搭建新的流量平台，吸引更多的垂直细分领域的资源进行品牌整合发展。抖音营销策略包含明星策略、内容运营策略、公关传播策略及合作营销策略。

关键术语

新媒体、新媒体营销、社交新媒体平台、资讯新媒体平台、视频新媒体平台、音频新媒体平台、微博、微型博客、微博营销、微信、微信营销、公众平台、服务号、订阅号、小程序、企业号、定制营销、个性化定制、抖音营销

配套实训

1. 打开新浪微博，了解粉丝头条、粉丝通、微任务、微卡券等营销产品，并掌握其区别。

2. 查看自己的新浪微博账号，进入管理中心、数据助手，对自己的微博数据进行分析，并形成报告。

3. 自选主题，开通微信订阅号，通过分析设计订阅号的功能及内容，撰写"订阅号

推广计划"报告。

4. 开通抖音账号，自选主题发布视频，比较选取主题自拍视频的点击量、点赞量、评论量和 KOL 视频的差异并分析原因。

复习思考题

一、单选题

1. 下列选项中，不属于新媒体的是（　　）。
   A. 户外广告　　　　B. 腾讯新闻　　　　C. 数字电视　　　　D. 新浪微博
2. 喜马拉雅 FM 属于（　　）新媒体。
   A. 社交　　　　　　B. 资讯　　　　　　C. 视频　　　　　　D. 音频
3. 微博可以一点对多点，也可以点对点，体现了微博的（　　）特点。
   A. 便捷性　　　　　B. 背对脸　　　　　C. 原创性　　　　　D. 普遍性
4. 使用（　　）后，所选的微博将在 24 小时内出现在所有粉丝或者潜在粉丝的顶部或靠近顶部的位置。
   A. 粉丝通　　　　　B. 粉丝头条　　　　C. 微任务　　　　　D. 微卡券
5. 微信（　　）的群发次数为 1 个自然月内可发送 4 次群发消息。
   A. 公众号　　　　　B. 企业号　　　　　C. 服务号　　　　　D. 订阅号
6. （　　）是指在大规模生产的基础上，将市场细分到极致，把每一位顾客视为一个潜在的细分市场，并根据每一位顾客的特定要求，单独设计、生产产品并迅速交货的营销方式。
   A. C2B　　　　　　B. 服务营销　　　　C. 定制营销　　　　D. 体验营销

二、填空题

1. 所谓新媒体，是相对于报刊、户外、广播、电视四大传统意义上的媒体，新媒体被形象地称为"_____"。
2. 新浪粉丝通提供_____与_____两种计费模式。
3. 微信公众平台中的_____可以高效地帮助政府、企业及组织构建自己独有的生态系统，随时随地连接员工、上下游合作伙伴及内部系统和应用，实现业务及管理互联网化。
4. 定制营销的策略包括_____、_____、_____、_____。

三、简答题

1. 新媒体营销的特征有哪些？
2. 简述微博营销的优缺点。
3. 新浪的营销产品有哪些？
4. 请举例说明微信营销的形式。
5. 定制营销有哪些特征？
6. 抖音营销的策略有哪些？
7. 如何开展抖音营销？

第十章 网络营销常用工具

学习目标

知识目标

1. 了解网络营销常用的工具，明确各种网络营销工具的优缺点和主要功能。
2. 理解各种营销工具之间的关系，能够分析在多种情况下应采取哪种网络营销工具。
3. 掌握使用各种网络营销工具的方法。
4. 理解目前常用的网络营销工具营销的基本原理，了解网络营销工具在现实中的使用成果。

技能目标

1. 熟练使用常用网络营销工具。
2. 熟练使用其他网络营销工具。
3. 构建网络营销工具的使用平台。

思政目标

1. 培养学生正确的传播理念，树立正确价值观。
2. 引导学生遵循网络礼仪，营造文明、和谐的网络环境。

导入案例

流量为王不可取

虚假新闻、"标题党"等被新闻专业人员嗤之以鼻的行为，在如今的融媒体时代却有愈演愈烈之势。深究其产生的原因，不外乎"流量"二字。

在网络营销工具花样繁多的今天，"流量为王"几乎已成共识。高流量意味着高关注，意味着高商业价值，更意味着高收益。但是，伪造新闻或者炮制耸人听闻的标题并非长久之计，如此吸引来的流量无异于空中楼阁，难以支撑长远发展。无论什么时候，都不可忘记：真实、准确、优质的内容才是新媒体的核心竞争力。

"内容为王"永不过时。互联网时代，信息大爆炸。一部智能手机让读者每天遍览天下事，但是信息往往泥沙混杂。如何提供优质信息、获得更多关注，便成为新媒体破题的关键。此外，融媒体大发展更对媒体提出了新要求——学会讲故事。随着受众自身学识修养、教育水平和认知水平的提高，对内容质量的要求水涨船高。这就要求网络营销工具的运用者不但要提供翔实准确的内容，更要有独特而鲜活的表达手段，让读者的目光停留得更久。

讨论： 说说让你印象深刻的为了流量哗众取宠的营销案例和通过创新创意让人印象深刻的营销案例。

第一节　即时通信工具

即时通信工具（Instant Message，简称 IM）是指互联网上用以进行实时通信的系统服务，允许多人使用即时通信软件实时传递文字信息、文档、语音及视频等信息流。

最早的实时通信软件是 ICQ，ICQ 是英文中 I seek you 的谐音，意思是我找你。四名以色列青年于 1996 年 7 月成立 Mirabilis 公司，并在 11 月份发布了最初的 ICQ 版本，在 6 个月内有 85 万用户注册使用。

IM 作为互联网的一大应用，其重要性显得日益突出。有数据表明，IM 工具的使用已经超过电子邮件的使用，成为仅次于网站浏览器的第二大互联网应用工具。早期的 IM 只是个人用户之间信息传递的工具，而现在随着 IM 工具在商务领域内的普及，IM 营销也日益成为不容忽视的话题。最新调查显示，IM 已经成为人们工作上沟通业务的主要方式，有 50%的受调查者认为每天使用 IM 工具进行工作交流，49%的受调查者在业务往来中经常使用 IM 工具，更便捷地交换文件和沟通信息。目前 IM 主要包括三类：综合类即时通信软件、跨网络即时通信软件、垂直即时通信软件。

综合类即时通信软件的用户群体以及用途并没有明显特征，该类型最典型的软件是腾讯 QQ 和微软 MSN Messenger。从软件的历史分析，综合类即时通信软件出现时间较早，在功能以及用户规模上均有较好的积累，而这种积累也为其潜在价值的挖掘创造了便利条件。

跨网络即时通信软件指其信息传输网络除了互联网之外，还将传统电信网络纳入其中。受国家电信政策的影响，目前真正实现跨网络的即时通信软件并不多，其中最典型的是 Skype。

垂直即时通信的用户针对性较强，其往往由其他互联网服务带动兴起，如门户型即时通信工具网易泡泡、新浪 UC。而随着电子商务的兴起，一批新即时通信工具也应运而生。其中，阿里旺旺尤为突出。

一、QQ

QQ 是 1999 年 2 月由腾讯自主开发的基于 Internet 的即时通信工具，发展初期主要为个人用户服务，娱乐特点突出，无法完全满足企业的商务功能。2007 年腾讯提出营销 QQ 概念，突出营销及管理特点，经过 3 年的沉淀正式推出以商务功能为主打的营销 QQ，营销 QQ 主要用于企业管理员工的 IM 工具，具有可以屏蔽个人 QQ 登录、电子考勤、内部群发广播、群发短信，查看员工 QQ 登录记录、聊天记录、好友记录，删除好友，限制是否隐身，限制访问娱乐网页，限制使用娱乐软件等权限控制等功能。

(一) 营销 QQ 概述

营销 QQ 是在 QQ 即时通信的平台基础上，专为企业用户量身定制的在线客服与营销平台。它基于 QQ 海量用户平台，致力于搭建客户与企业之间的沟通桥梁，充分满足企业客服稳定、安全、快捷的工作需求，为企业实现客户服务和客户关系管理提供解决方案。

(二) 营销 QQ 的使用技巧

1. 基础对话功能

(1) 多人在同一窗口聊天。

(2) 支持保存数百条快捷回复：常用回复内容，双击即可发送；同时可通过"设置共用快捷回复"统一管理；快捷回复支持两级文件夹结构，方便管理；共用回复内容保存在云端，所有工号同步更新。

(3) 访客分流。

(4) 未接入客户管理。

(5) 工号间或企业间可建立联系：营销 QQ 用户可添加其他营销 QQ 为好友，实现企业间的资源共享；企业间可通过营销 QQ 进行会话；同一企业工号间可进行内部会话。

(6) 营销 QQ 邮箱：营销 QQ 邮箱是系统为每个开通营销 QQ 服务的企业，统一分配的一个与其账号一一对应的邮箱账号；支持离线文件发送，上传完毕之后可以分享和保存至网盘等。

(7) 远程协助，音视频沟通：由客户发起远程协助请求，客服端即可进行操作；支持营销 QQ 与客户之间进行音频或视频通话，提供多媒体沟通方式。

2. 网站功能整合与增强

(1) 嵌入在线咨询代码：按需生成营销 QQ 在线咨询图标，若选择使用 QQ 聊天风格的在线状态，如果客户电脑上安装了 QQ，则点击在线咨询图标时会要求客户登录 QQ 与企业交流；如果客户电脑上未安装 QQ，则会打开匿名聊天窗口与企业匿名交流。客户登录 QQ 之后可保证其 QQ 号码、消息记录等相关通信息完整保存在营销 QQ 中，便于企业维护客户关系，对客户分类主动营销。

(2) 查看网站用户及详细信息：实时查看当前网站访客列表；选定单个访客，可查看访客来源及浏览页面信息；针对网站访客设置手动或自动发起邀请。

(3) 网站访问统计辅助：为企业提供腾讯站点统计工具；整合展示会话量数据等信息。

3. 客户接待与信息维护

(1) 一号对外，多人在线。

(2) 对于跟进型客户可设置独占：二次来访客户仅能被"第一次接待来访的客服"看到和回复以确保跟单过程万无一失。

(3) 支持将会话无缝转接：可将来访客户转接给对应的客服工号；接到他人转接的客户，可查看之前消息记录。

(4) 实时查看访客来访轨迹：会话中实时查看客户来访信息，包括所在地、点击来源、正在浏览页面、过往接待与服务记录等。

（5）便捷迁移现有客户：快捷安全批量导入 QQ 客户；有的放矢地按条件筛选 QQ 客户。

4. 服务监控与客服管理

（1）消息记录漫游与查看：消息记录可漫游及保存至云端，重装系统或者更换电脑也不会丢失；同时可以根据接入工号和消息类型等进行筛选。

（2）会话中支持抢接：客服主管在查看客服接待情况时，可以将服务质量不到位的会话抢接，为客户提供更完善的服务。

（3）工作日报查看：可以查看工号的工作情况图表，根据工号和日期来进行不同数据筛选，时时对客服人员的服务水平进行评估。

（4）访客满意度报表：可按需设置满意度调查内容；会话结束后会向用户发出调查；登录账户中心查看或导出统计报表。

5. 主动营销与业务推广

（1）在线访客主动邀请：可展示当前在线访客数与可邀请数，并与在线代码紧密结合，向用户弹出邀请。

（2）一键群发消息：群发功能可实现向海量用户一键发送消息，可以定期向海量客户发送通知、促销信息或节日问候；还支持向特定的客户分组发送消息，通过群发功能，可以快速精准地向客户传递信息，及时收集用户反馈。

二、Skype

近年来跨境电子商务因其成本低、速度快、利润高的特点迎合了国际贸易的需求，在全球范围掀起了一股发展的热潮。我国的跨境电子商务平台如雨后春笋般越来越多，相信在未来十年内将在世界上占据更大的市场份额。与此同时，越来越多的中小微企业加入跨境电商中来，与传统外贸企业不同，这些企业更多借助互联网工具与海外客户进行沟通，开发市场，磋商业务，因此掌握海外客户常用的即时通信工具就势在必行。

（一）Skype 概述

Skype 是一款即时通信软件，具备 IM 所有的功能，比如视频聊天、多人语音会议、多人聊天、传送文件、文字聊天等。它可以高清晰与其他用户语音对话，也可以拨打国内国际电话，无论固定电话、手机均可直接拨打，并且可以实现呼叫转移、短信发送等功能。Skype 是全球免费的语音沟通软件，拥有超过 6.63 亿的注册用户，同时在线人数超过 3 000 万。

根据研究数据显示，2010 年 Skype 通话时长已占全球国际通话总时长的 25%。Skype 用户免费通话时长和计费时长累计已经超过了 2500 亿分钟。37% 的 Skype 用户用其作为商业用途，超过 15% 的 iPhone 和 iPod touch 用户安装了 Skype。2013 年 3 月，微软就在全球范围内关闭了即时通信软件 MSN，Skype 取而代之。只需下载 Skype，就能使用已有的 Messenger 用户名登录，现有的 MSN 联系人也不会丢失。

（二）Skype 的使用技巧

中国 MSN 用户目前已经可以顺利转移到 Skype 上，并且可以正常通信。通过微软官方下载的 Skype 支持简体中文，用户还可以通过信用卡充值，直接在 Skype 上拨打好友电话或者发送短信给好友。

（1）先下载 Skype 最新的应用程序，下载后双击应用程序，进行安装。

（2）安装之后，就出现了登录界面，选择使用 Microsoft 账号登录即可。

（3）使用 MSN 账号登录的界面，输入账号和密码，点击登录。

（4）点击继续，或者设置头像。

（5）如果想和好友通话，Skype 会出现充值界面。

（6）充值界面有详细信息。

（7）拨打电话界面。

（8）即时聊天界面，与 MSN 操作一样。

（9）如果想要通过 Skype 查找客户，打开 Skype，选择搜索 Skype 用户。

（10）比如要找德国 LED 产品客户，就输入 LED GmbH（GmbH 是有限责任公司的德语缩写），就能搜索到信息。

（11）这样可以直接找出几个对口公司。对于有网站的 Skype 对口客户，可以直接发邮件，有名字的客户，对方的阅读机会就大很多。也可以直接给对方电话进行开发。还可以输入产品名，然后通过看客户账户，搜索客户账户确认是否对口。

三、阿里旺旺

（一）阿里旺旺概述

阿里旺旺是淘宝旺旺与阿里巴巴贸易通整合在一起的新品牌，是淘宝网和阿里巴巴为买卖双方量身定做的免费网上商务沟通软件，它能帮助企业轻松寻找客户，发布、管理商业信息，及时把握商机，随时洽谈生意。

（二）阿里旺旺的使用技巧

在阿里旺旺的使用过程中，把握以下四个技巧对营销效果有所裨益。

1. 使用好签名

阿里旺旺有签名功能，在与客户沟通的时候，这个签名会出现在客户聊天界面的最顶端位置，客户第一时间就可以看到。签名字数最好控制在 15 个字内，言简意赅，让客户看一眼就明白。

2. 建立"组"

学会在阿里旺旺上建立"组"，能够很好地对好友（包括客户）进行有效的分类管理。比如，建立"意向客户""成交客户""商界好友""阿里网友 1""阿里网友 2""阿里网友 3""阿里网友 4""阿里网友 5"。其中，"阿里网友"都是普通的网友，数量最多。每个"组"最好只保留 200 人，这是为了保证顺利群发消息。建立"组"的具体操作步骤是：在旺旺的空白处，点击右键，然后选择点击"添加组"，然后对"组"进行命名。

3. 群发文章

写好了文章，可以把文章群发给阿里旺旺上的网友，让他们一起分享。首先要用光标按住组名，然后点击右键，选择点击"向组员群发消息"。旺旺的系统规定，如果要顺利群发消息,每个"组"只允许有 200 个人,如果超出 200 个人,要把其他人移到其他的"组"里去。在群发的时候,通常是粘贴上文章的标题和链接地,还可以贴上一小段广告语。这里要特别注意一点的是:很多网友不喜欢收到群发文章,所以要在群发消息里写上一句"如有打扰,请告知"。对方如有回应,明确表示不希望再收到群发消息,那么你有两个处理方式:一是建立一个"组",这个"组"专门用来放置不希望再收到群发消息的网友;二是直接删除对方。

4. 建立"群"

要学会使用群来做营销。QQ 群营销跟旺旺群营销是一样的。你要多建立几个群,让你的潜在客户加入群里来,然后集中向他们推销产品。建群很简单,在旺旺上找到"我的群",根据提示,双击,然后命名群名称,并且要对群进行精准的分类。

(1)认真选择群。想要运用群来实施营销活动,首先要认识到潜在客户是什么群体,哪些人最有可能购买产品。

(2)建立自己的群。首先,要不断沉淀积累自己的客户,建立自己的群,只有这样才会形成稳定的圈子,要想自己的群营销能够有效,就必须在群里聚集一定的人气;其次是群里人的活跃度,活跃度越高的群,大家都积极参与,受众接受的概率越高。

(3)群内做广告。

① 不要做太直白的广告,让群友觉得你唯利是图。

② 要为群友提供有价值的信息,而不是一味地推销产品。

③ 要对所经营的行业了如指掌,以专家的身份给予意见。

 小链接:云打卡清华大学 110 周年校庆

第二节　电子邮件营销工具

一、邮件群发软件

(一)邮件群发软件概述

邮件群发软件是适用于各种需要发送邮件到大量地址的应用,如电子报刊发行、邮件列表订阅发送、多客户企业联系、论坛版主、网站管理员等。

(二)邮件群发软件功能

邮件群发软件的功能非常强大,下面以双翼邮件群发软件为例介绍一些常用的功能,图 10-1 即为双翼邮件群发软件主界面。

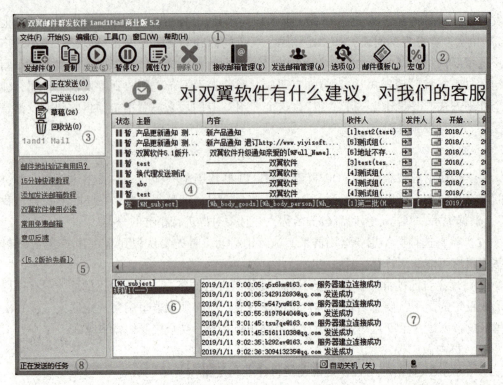

图 10-1 双翼邮件群发软件主界面

（1）主菜单栏：包含双翼软件所有功能菜单。

（2）主工具栏：包含常用的功能按钮。

（3）任务目录：共包含四个目录，括号中数字表示目录中的任务数量。

（4）任务列表：显示任务目录中的所有任务。

（5）常用连接：显示常用的连接，这些连接对使用和了解双翼软件有很大帮助。

（6）任务线程列表：显示正在发送任务使用的线程。

（7）任务线程进度：显示线程的过程，显示正在使用哪个邮箱发送，正在发送哪封邮件，是否发送成功。

（8）状态栏：当鼠标移动到界面的某个区域，或者某个菜单上时，显示相应的提示信息；"自动关机"状态，灰色图标表示没有启动自动关机，红色图标表示已经启动自动关机，双击图标可以切换。"登录身份"状态，灰色图片表示没有登录，也就是没有设置密码。彩色图标表示已经登录，后面的文字显示登录身份：管理员、用户。双翼图标可以锁定双翼软件。

（三）双翼邮件群发软件的使用流程

双翼邮件群发软件的操作步骤如下：

1. 建立发送邮箱账户

发送邮箱账户是用于发送邮件的邮箱，所有的邮件都是通过账户邮箱发出去的。

操作步骤：在主界面的工具栏选择账户"发送邮箱"，打开发送邮箱账户管理界面，进行添加账户操作或导入账户。

2. 建立邮件地址

双翼软件提供"地址簿"管理，所有接收者邮件地址都放在地址簿中。

操作步骤：在主界面的工具栏选择地址簿"接收邮箱"，打开地址簿管理界面，进行添加邮件地址操作或导入邮件地址。

3. 群发邮件

建立邮件群发任务来完成邮件群发。

操作步骤：在主界面的工具栏选择新群发任务"新任务"，打开群发任务界面，选择发件人、收件人、录入标题、邮件内容。

（四）双翼邮件群发软件的使用技巧

1. 防止被拦截

进入收件人的垃圾邮箱、收件人拒收、发送邮箱禁止发送（发送失败），这些情况都是被拦截。被拦截的因素很多，发送邮件内容是一个主要的因素：大量发相似、相同的内容，例如包含相同的关键词、相同的图片、相同的网址。双翼软件在新建群发任务时，按邮件主题下方的"防被拦截"按钮，打开"高级"选项中的"宏变量"，可以设置多个宏，让邮件内容多变，防止被拦截。

2. 使用地址簿、地址组

地址簿一般作为大的分类，比如一个国家、一个行业，这样可以很好地判断地址是否重复，避免重复给客户发信（给客户多次发送同样的信是不礼貌的）。组一般作为小的分类，如上个月的客户、第一批客户、对某个产品感兴趣的客户，对客户准确分类，方便管理。

3. 编辑网页（HTML）邮件

双翼邮件群发软件可以发送图文并茂的网页（HTML）邮件，在建立群发任务时可以直接编辑，在邮件模板中也可以直接编辑。

4. 发送测试邮件

单击"测试邮件"，出现发送测试邮件窗口，"消息"框中将显示完整的测试过程。如果发送失败，将出现错误码及错误信息，根据这些错误信息可以判断错误的原因。

二、邮件列表

（一）邮件列表概述

邮件列表（Mailing List）的起源可以追溯到1975年，它是互联网上最早的社区形式之一，也是互联网上的一种重要工具，用于各种群体之间的信息交流和信息发布。早期的邮件列表是一个小组成员通过电子邮件讨论某一个特定话题，一般称为讨论组。早期联网的计算机数量很少，讨论组的参与者也很少，随着计算机及信息技术的发展，互联网上产生数以十万计的讨论组，讨论组很快就发展演变出另一种形式，即有管理者管制的讨论组，也就是现在通常所说的邮件列表，其最大的特点是简单方便、传播广泛。只要能够使用E-mail，便可使用邮件列表。

邮件列表通常是由域管理员创建和管理的，可以作为其他信箱用户邮件收件人地址的本域内邮件地址的分组集合。例如：有三个朋友，信箱分别是 xyz@ abcmail. com、123@ lin. net. cn 和 456@ li. net. cn。那么，可新建一个包含上面三个信箱的名为 xiaowu-friend@ lin. net. cn 的邮件列表，这样，只要发邮件给 xiaowu-friend@ lin. net. cn，那三位朋友就能同时收到邮件。

邮件列表不仅广泛应用于企业业务的联络、同学亲友的联系，而且拓展到技术讨论、邮购业务、新闻的发布、电子杂志等，涉及社会的方方面面。

正是由于具有方便快捷的特点，符合了当今社会人们追求个性化的需求，所以邮件列表自问世以来，就受到广大网民的青睐。邮件列表的市场由于蕴涵着巨大商机，更成为各大网站趋之若鹜的对象。目前，国内比较专业的邮件列表服务商有希网、索易、通易、好邮等，而 Sohu、163、腾讯等综合性网站也相继开通了邮件列表的服务。

（二）邮件列表的功能

无论是专业性邮件列表网站，还是综合性的邮件列表网站，主要都提供以下两种服务：一是用户申请邮件列表用户，成为某个邮件列表的管理者，向其他用户提供邮件列表服务；二是普通用户订阅邮件列表，成为信息的接收者。

（三）邮件列表的设置操作流程

下面以网易邮箱为例，详细介绍创建、管理和订阅（邮件列表）方面的使用流程。

（1）打开浏览器并登录已有的网易邮箱账户，然后点击菜单栏的"通讯录"按钮。

（2）单击左侧菜单栏中最下方的"邮件列表"项。

（3）点击右侧的"创建邮件列表"按钮。

（4）输入邮件列表的详细情况，包括邮件列表的账号、名称、分类、描述及隐私设置等，点击下方的"创建邮件列表"按钮。

（5）这样，邮件列表就创建成功了。此时可以复制最下方的链接地址给好友，邀请好友加入。

（6）还可以在邮件列表的主菜单上单击下方的"邀请"按钮，然后复制下面地址给好友，邀请加入；或者通过从通讯录中选择已有好友邀请加入邮件列表，这样等到对方看到邀请信后，就会加入。

（四）邮件列表营销方法及主要问题

电子邮件营销的出色效果早已为网络营销界所认可，而邮件列表是实现 E-mail 营销的主要手段。邮件列表不同于群发邮件，更不同于垃圾邮件，是在用户自愿加入的前提下，通过为用户提供有价值的信息，同时附带一定数量的商业信息，实现网络营销的目的。

在决定采用邮件列表营销时，首先要考虑的问题是：是建立自己的邮件列表呢，还是利用第三方提供的邮件列表服务？应该说这两种方式都可以实现电子邮件营销的目的，但是这两种方式各有优缺点，需要根据实际情况选择。

如果利用第三方提供的邮件列表服务，一般要支付费用，有时代价还不小，而且，不可能了解潜在客户的资料，邮件接收者是否是公司期望的目标用户，也就是说定位的程度有多高，事先很难判断，邮件列表服务商拥有的用户数量越多，或者定位程度越高，通常收费也越贵。另外，也可能受到发送时间、发送频率等因素的制约。

由于用户资料是重要资产和营销资源，因此，许多公司希望拥有自己的用户资料，并将建立自己的邮件列表作为一项重要的网络营销策略。在创建和使用邮件列表时应该重点考虑三个方面的问题。

1. 建立邮件列表的目的和表现形式

每一项营销活动或每一种营销计划都有其特定的目的，邮件列表也不例外。按照邮件的内容，邮件列表可分为新闻邮件、电子刊物、网站更新通知等类型，不同类型的邮件列表表达方式有所区别，所要达到的目的也不一样。当建立自己的邮件列表时，首先应该考虑，为什么要建立邮件列表。

一般来说，网站经营邮件列表有几种主要目的。

（1）作为公司产品或服务的促销工具。

（2）为了方便和用户交流。

（3）获得赞助或者通过出售广告空间获利。

（4）提供收费信息服务。

就目前环境来看，大部分网站的邮件列表主要是前两个目的，因为，一般网站的邮件列表规模比较小，靠出售广告空间获利的可能性较小，而提供收费信息服务的条件还不太成熟。不过，这些目的也不是相互孤立的，有时可能是几种目的的组合。

确定了建立邮件列表的目的之后，接下来要规划通过什么表现形式来建立邮件列表。这个问题和用户的需求行为有关。比如，作为促销工具的邮件列表，要了解用户对什么产品信息感兴趣，并在邮件内容中重点突出该产品的特点、优惠措施等；而一个注重与用户交流的邮件列表，则通常会告诉用户，网站有什么新的变化，更新了哪方面的内容，增加了什么频道等。例如，亚马逊网上书店就有这么一项服务，用户只要告诉网站对哪个作者的新书感兴趣，只要该作者有新书到货时，用户就会收到亚马逊网上书店发来的通知。这种服务对增加顾客忠诚度和公司长期利益无疑有良好效果。

2. 如何发行邮件内容

一些大型网站或者专业的邮件列表服务商都拥有自己的邮件服务器和相应的电脑程序，有专门的技术人员负责系统的运行和维护，对于企业网站或者小型网站来说，通常不具备这样的条件，也不必要为此投入巨资，通常的做法是利用群发邮件程序或者第三方提供的发行平台。

（1）采用群发邮件程序的邮件列表。严格说来，这并不是真正意义上的邮件列表，不过由于这种方式被许多小型网站所采用，因此也可以理解为一种简单的邮件列表形式，通常适合于用户数量比较小的情况，网上经常有此类共享或免费程序可以下载，当然，如果通过正式渠道购买原版软件更好。方法很简单，可以在自己的网页上，设置一个供用户提交电子邮件地址的订阅框，通过表单或 E-mail 的形式将用户输入的电子邮件信息传送给服务器后台管理区或者网站管理员的邮箱中，然后，在需要发送邮件内容（比如新闻邮件或电子杂志）时，利用群发邮件程序将欲发送的内容同时发送给所有订阅用户的邮箱地址。当然，有些程序可能对每次最大发行数量有一定的限制，如果邮件列表订户数超出了最大数量，分若干次发送就可以了。

这种发行方式最大的缺点是需要人工干预，因此，错误在所难免，可能出现漏发、重发、误发、没有按照用户要求及时办理退订手续等情况。因此，在一个网站的邮件列表拥有一定数量用户之后，最好不要利用这种方式。

（2）利用第三方邮件列表发行平台。这是大多数网站邮件列表采取的形式。通常的方法是，在邮件列表发行商的发行平台注册之后，可以得到一段代码，按照发行商的说明，将这些代码嵌入自己网站需要放置的地方，于是，在网页上就出现了一个"订阅"选项（有的同时还有一个"退订"选项），用户可以通过在网页上输入自己的电子邮件地址来完成订阅或者退订手续，整个过程一般由发行系统自动完成。

不同发行商提供的服务方式有所不同，有些发行系统除在网页上完成订阅之外，同时还可以提供利用电子邮件直接订阅或退订的功能，有的则可以提供自动跟踪和抓取等先进技术，有些则允许为用户提供个性化服务。例如，用户不仅可以自己设定邮件的格式（纯文本格式、HTML 格式、RICH MEDIA 格式等），而且还可以设定接收邮件的日期，并决定是否允许通过手机通知邮件到达信息等。

利用第三方邮件列表发行平台的最大优点是减少了烦琐的人工操作，提高了邮件发行效率，但同时也附带了一些明显的影响，尤其在选择的是免费发行平台时。

第一，大部分发行商会在提供的代码中插入类似"由×××（发行商）提供"等字样，并在网页上设指向该发行商网址的链接，这种情况对于非商业性网站或者个人主页来说，也许没有什么影响，但是，对于商业网站，有时会严重影响企业形象，正如使用免费邮箱和免费网页空间对企业造成的影响一样。因此，商业性网站应慎重，不能因为贪图便宜而损害到自己企业的形象。通常，通过和发行商的联系和协商，在达成一定协议的条件下，这种情况是可以解决的。

第二，也许是最麻烦的一点，当用户输入邮件地址，并点击"订阅"或"提交"按钮后，反馈的是发行商服务器上的确认内容，确认订阅的邮件通常也直接来自发行商的邮件服务器，这样不仅会给用户造成一种错觉，似乎是点击错误而进入了一个不相干的网页，而且，确认页面通常没有可以返回到刚刚浏览网站的链接。解决这个问题的办法是和发行商协商订制一个专用的反馈页面，或者选择一个可以提供自己订制反馈页面的发行平台。

第三，无法预计的插入广告。第三方邮件列表发行商吸引其他网站利用其发行系统的主要目的是向邮件列表中的用户投放广告，这本来是互惠互利的合作，但是在某些情况下，由于无法知道发行商将要在邮件中投放的广告数量和字节大小，可能会造成邮件字节数过大而收到用户投诉，或者，如果邮件内本来已经包含广告，再加上发行商投放的广告而显得广告数量过多，一方面影响整个邮件的美观，同时也会使用户对企业产生负面印象。

第四，管理和编辑订户资料不方便。各发行平台大都不同程度地存在着这样或那样的问题，与采用群发邮件方式相比，通常要麻烦一些。例如，无法查看每天加入和退出用户的详细资料、不能批量导入或导出用户资料、不能获取发送不到的用户地址的详细信息等。

除了上述几种主要不方便或不利之处外，也有发行系统会设立用户人数限制，遭受某些邮件服务器的屏蔽，存在发行系统功能缺陷等，需要在实际运用中认真测试和跟踪，并及时排除因邮件列表发行系统可能带来的影响。

实践证明，采用第三方邮件列表发行系统的确存在各种各样的问题，因此，在选择服务商时需要慎重，同时考虑到将来可能会转换发行商，要了解是否可以无缝移植用户资料，同时还要考察服务商的信用和实力，以确保不会泄露自己邮件列表中的用户资料，并能保证相对稳定的服务。

3. 如何吸引用户加入

邮件列表的用户数量是衡量其价值的重要指标之一，在用其作为企业的营销工具之前，首先要对邮件列表进行营销，让尽可能多的人了解并加入。前面讲到，建立邮件列表的主要方法是让用户（网站访问者）通过网页上的"订阅"框自愿加入，但是，这并不意味着只能被动等待用户的加入，也可以采取一些推广措施吸引用户的注意和加入，正如网站推广一样。可以采用如下方法：

（1）将邮件列表订阅页面注册到搜索引擎。如果有一个专用的邮件列表订阅页面，可将该页面的标签进行优化，并将该网页提交给主要的搜索引擎。

（2）其他网站或邮件列表的推荐。正如一本新书需要有人写一个书评一样，一份新的电子杂志如果能够得到相关内容的网站或者电子杂志的推荐，对增加新用户必定有效。

（3）提供真正有价值的内容。一份邮件列表真正能够取得读者的认可，靠的是拥有独特的价值，为用户提供有价值的内容是最根本的要素，是邮件列表取得成功的基础。

第三节　网络营销客户服务工具

在互联网时代，企业首先摆脱了客服需要依赖电话的状态。企业不再是花几百万元建一个电话呼叫平台，配备一个 CRM（客户关系管理系统）；而是首先建设一个企业的客服自助网站，采用大数据技术，针对客户所遇到的 80%～90% 的问题，直接提供解决方案。与此同时，随着移动互联网时代的到来，客服工作被彻底颠覆了。因为移动性的增强，很多企业已经不存在专门的客服人员，而是进入了全员客服时代，真正做到了随时随地处理客户的问题，全员快速完善，改进产品的生态体系。

一、电子邮件

（一）电子邮件概述

电子邮件（E-mail）是企业提供客户服务的一个非常重要的工具。企业的客户服务人员可以通过电子邮件向客户发送调查问卷、客户反馈意见及广告，甚至通过电子邮件进行市场开发。现在很多市场促销活动的信息是通过网络传递的。不少人已经将电子邮件作为与企业沟通的首选工具，企业使用电子邮件也带来更多的便利性与效益。例如，电子邮件不需要实时回答，一些常用的内容也可以采用剪贴的方法而不用逐字输入。但是随着电子邮件应用的推广，客户受到各类垃圾邮件的困扰，因此在使用电子邮件时，应该掌握一定的使用规律。

（二）电子邮件的功能

1. 建立对话掌握用户意图

也许我们习惯给新用户发送关于自己产品的邮件，但没有意识到这样做是试图把产品卖给根本不了解的人。如果没有足够的、真正有用的定性数据，邮件营销很难达到理想的效果，没有正确的邮件内容信息，很难打动用户。所以在执行常规的邮件营销活动或系列邮件营销之前，可以先发送一封简单的对话电子邮件，旨在帮助我们了解用户。

2. 处理客户所投诉的问题

电子邮件能很方便地保存和记录客户的投诉，逻辑性强、证据性高、主观意识少。当投诉部门收到客户投诉邮件时，可以第一时间向客户表达抱歉之意，也可以向客户清楚说明该投诉处理需要走的流程。

3. 对客户的询问做出答复

客户的询问内容可能涉及企业各业务部门的工作内容，采用电子邮件答复可以给客服人员保留充足的时间收集客户询问的相关信息，确保回复的准确性。

4. 广而告之公司的相关事宜

企业广而告之的事宜多用于品牌宣传、新品上市时，以引发购买、增加品牌认知或增进产品的区别性为目的，电子邮件不仅能全面展示企业信息，而且用户对于信息接收与否有主动权，较之于其他手段更易为用户接受。

（三）电子邮件的管理技巧

1. 安排邮件通路

要实现确保每一位顾客的信件都能得到认真而及时答复的基本目标，首要措施是安排好顾客邮件的传送通路，以使顾客邮件能够按照不同的类别有专人受理。正如很多公司服务热线的接线员所感受到的那样，顾客期望他们的问题得到重视。无论是接线员直接为顾客解决问题，或是公司有关负责人解决问题，顾客都希望接线员热心地帮助他们。在顾客电子邮件管理中，存在同样的情况，即如何有效地进行顾客邮件的收阅、归类与转发等管理工作问题。例如，把公司所有的 E-mail 地址放在同一网页上，嵌入"邮向"（"mail to"）指示器发给相关负责部门。

2. 预先对顾客问题分类并落实回答部门

对于顾客提出的各种各样的问题，可按两个层次分类进行管理。

（1）把顾客电子邮件所提出的问题按部门分类，可分为以下几类：

①销售部门：关于价格、供货、产品信息、库存情况等。

②顾客服务部门：如产品建议、产品故障、退货、送货及其他服务政策等。

③公共关系部门：如记者、分析家、赞助商、社区新闻、投资者关系等。

④人力资源部门：如个人简历、面试请求等。

⑤财务部门：如应付账款、应收账款、财务报表等。

（2）为每一类顾客电子邮件分派专人仔细阅读，同时还必须对这类信件的紧急程度进行划分，可分为以下几个等级：

①给公司提出宝贵意见的电子邮件，需要对顾客表示感谢。

②普通紧急程度的电子邮件，需要按顺序排队，并且应在 24 小时内给予答复。

③特殊问题的电子邮件，需要专门的部门予以解决。

④重要问题的电子邮件。

⑤ 紧急情况的电子邮件。

根据以上划分优先级的方式，大部分信件可归入普通紧急程度的优先级中。对于此类问题，在公司的数据库中应准备好现成的答案，这样就可以迅速解决绝大部分问题，并且，应该在回信中告诉顾客，当下一次遇到同样问题时，顾客自己如何在网站上寻找解决问题的答案。特殊问题意味着在公司现有的数据库中还没有现成的答案，这就需要由有关部门或个人，如产品经理、送货员等给予答复。对于答复问题，需相应部门的高层决策者的力量。此时往往需要不断通过电话或其他方式提醒他们，直到他们真正意识到该信件的重要性，并认真阅读和考虑解决答案。紧急情况是很少出现的。如果出现紧急情况，问题严重时，就需要跨部门的商议和决策。因此，应该把紧急情况信件发送到相关的各个部门，公司领导应立即召开部门负责人会议，共同解决。虽然这种紧急情况很少出现，但却需要投入更多的精力对过程进行预先设计，否则，一旦发生将可能使整个公司陷入混乱。

3. 主动服务客户来信

（1）E-mail 大宗信息群发功能。当企业要在短时间内将与企业或产品相关的信息通过 E-mail 邮件发送给客户或合作伙伴时，需要发送大宗 E-mail 邮件。

（2）运用电子邮件新闻，主动为客户服务。尽管随着移动互联网时代的到来，我们的阅读习惯日渐手机化；但并不是所有的内容都适应在手机屏上进行阅读，比如，当你需要阅读 3 000 字的长文时。这也正是许多知名媒体如 Vogue 至今还保留新闻信这一形式的原因。

4. 采用自动应答器，实现客户 E-mail 的自动答复

为了提高回复顾客电子邮件的速度，可以采用计算机自动应答器，实现对顾客电子邮件的自动答复。自动应答器给电子邮件发出者回复一封预先设置好的信件，这样做的目的是让发出电子邮件者放心，并说明邮件已经收悉。这种自动答复可以采用某种特定格式，如"本公司经理对您的建议很感兴趣，并十分感谢您为此花费了宝贵的时间"。采取这一方法是因为经理实际上无法抽出时间来一一阅读这些信件，而电子自动应答系统则可以更好地实现这一功能。自动应答信件或长或短，可以写得非常得体且幽默。当然过度使用自动答复也可能导致答不对题的情况，当需要对某一方面的问题进行详细解答时，自动应答将无能为力。

（四）电子邮件的使用技巧

1. 及时回复 E-mail

收到他人重要邮件后，即刻回复。紧急重要邮件理想回复时间控制在 2 小时内，要注意，不是每封邮件都应立即处理，那样占用时间太多。复杂邮件不能及时确切回复时，不要让对方苦苦等待，及时回应，哪怕只是确认一下收到并告知对方正在处理中等。

2. 针对性回复

当回复问题列表邮件时，应把问题单抄上，并逐一附上答案，进行必要阐述，让对方一次理解；避免反复交流，浪费资源。

3. 回复认真对待

对方发来一大段邮件时，回复字数不能过少，"是的""对的""好的""收到"等字

眼，非常不礼貌。

4. 同一问题的交流回复最好不超过 3 次

如果收发双方就同一个问题多次回复讨论，只能说明交流不畅，一方或双方没说清楚。此时应在电话沟通后进行判断。

5. 及时总结

较复杂问题，多个收件人频繁回复发表看法后，应立即对讨论结果进行小结，突出有用信息。

6. 区分 Reply 和 Reply All

如果只需一人知道，Reply；如果发信人提出的要求需要有结论，Reply All。如果你对发件人提出的问题不清楚或有不同意见，不要当着所有人的面不停地回复，应与发件人单独沟通，有结果后再告诉大家。不要向上司频繁发送没有确定结果的邮件。

7. 主动控制邮件往来

避免将细节性讨论意见发给上司，特别是上司不了解的业务细节。

8. 建立有效的签名

E-mail 信件可以通过签名文件来实现邮件的自动签名，与传统信件不同的是，电子邮件的签名可以包括若干行内容，而且可以通过设置对不同邮件给予不同的签名。

二、FAQ

（一）FAQ 概述

FAQ（Frequently Asked Questions）即常见问题解答，是一种在线帮助形式，主要为顾客提供有关产品、公司的情况，它既能够激发那些随意浏览者的兴趣，也能帮助有目的的顾客迅速找到他们所需要的信息，获得常见问题的现成答案。以前，每个消费者的意见都会通过电话、传真或邮件等方式反馈给企业，企业需要一一进行服务，如果时间滞后，就会导致服务不及时；另外，公司也想把众多的信息提供给顾客，在实施网络营销后，为了解决双方的需要，经过讨论和研究，把这些问题的答案及信息汇总整理，列在一起，形成页面或者栏目，这就是 FAQ。现在，FAQ 是网上顾客服务的主要工具和重要内容之一。

（二）FAQ 功能

在网络营销中，FAQ 被认为是一种常用的在线顾客服务手段，一个好的 FAQ 系统，应该至少可以回答用户 80% 的一般问题。这样不仅方便了用户，也大大减轻了网站工作人员的压力，节省了大量的顾客服务成本，并且增加了顾客的满意度。因此，一个优秀的网站，应该重视 FAQ。

（三）FAQ 的设计技巧

FAQ 页面设计要做到为用户节约访问时间，保证页面的内容清晰易读，易于浏览。做好 FAQ 页面设计要从以下几个方面入手：

1. 保证 FAQ 的效用

经常更新问题、回答客户提出的热点问题，问题要短小精悍（重点问题在保证准确的前提下尽量简短）。

2. 使 FAQ 简单、易寻

在主页上应该设有一个突出的按钮指向 FAQ，进而在每一页的工具栏中都设有该按钮。FAQ 也应能够链接到网站的其他文件上去，这样客户就可以通过 FAQ 进入产品及其他界面。主页还应提供搜索功能，可通过关键词搜索查询到问题，FAQ 搜索功能要适应网站的需求，从客户的角度去设计搜索引擎的关键词。问题较多时，采用分层式目录结构组织问题，将客户最常问的问题放在最前面，对复杂问题可以通过设置超级链接的方式予以解答。

3. 选择合理的 FAQ 格式

FAQ 的格式设置一般将问题分成几大类，并且每类问题对应相应的区域，指引客户查询信息。一般网站的 FAQ 的分类主要有以下几种：

（1）关于产品的常见问题。
（2）关于产品升级的常见问题。
（3）关于订货、送货和退货的常见问题。
（4）关于获得单独帮助的常见问题。

4. 信息披露要适度

FAQ 为客户提供了有关企业的重要信息，但不必把所有关于产品、服务和公司的情况都刊载上去，问题回答要适度，既要满足用户对信息的需要，又要防止竞争者利用给出的信息。

（四）FAQ 的内容技巧

FAQ 的内容主要来源于客户提问，收集客户提问最多的问题，分析出客户提问的真正目的，并将问题进行汇总整理，形成 FAQ 清单。

如果将 FAQ 的内容按照客户角度来划分，则可以分为以下几个方面：

（1）针对潜在客户设计的 FAQ，提供产品和服务特征的 FAQ，激发购买需求。
（2）针对新客户设计的 FAQ，提供新产品的使用、维修及注意事项的 FAQ，主要用来帮助解决问题。
（3）针对老客户设计的 FAQ，提供更深层次的技术细节和技术改进等信息，主要用来提高用户的忠诚度。

三、Call Center

（一）Call Center 概述

Call Center（呼叫中心），是为用户服务的服务中心，所以，又叫客户服务中心，它基于计算机电话集成技术（Computer Telephony Intergration，CTI），充分利用通信网和计算机网的多项功能集成，并与企业连为一体的一个完整的综合信息服务系统。随着通信技术的不断发展，呼叫中心的概念已经扩展为可以通过电话、传真、互联网、E-mail、视频等多种媒体渠道进行综合访问，实现综合客户服务功能和市场营销功能的客户服务及营销中心。

(二) Call Center 的功能

企业呼叫中心最根本的目的在于利用现有的各种先进的通信手段,有效地为客户提供高质量、高效率、全方位的服务:对外有效提高客户服务质量,增加收入;对内大幅提高员工生产力,降低成本。

呼叫中心能为整个企业内部的管理、服务、调度、增值起到非常重要的统一协调作用。呼叫中心可以提高服务质量和用户的满意程度,增加业务代表处理的呼叫数目;可以降低客户服务费用,降低销售开销,减少业务代表培训费用,从而增加企业收入。

(三) Call Center 的分类

对于呼叫中心的建设模式,目前有外包、自建及托管三种方式,其各自有适应的用户群体及业务范畴。三者在呼叫中心系统功能上基本一致,没有本质区别。基本都是由 IVR (互动式语音应答)、ACD (自动分配话务)、CTI (计算机电话集成)、报表系统等系统模块构成。三种方式的特点分析如下:

1. 外包呼叫中心

(1) 优势。

①系统开通较为迅速,没有系统建设成本。用户可以依托外包呼叫中心较为快速开通呼叫中心业务,省略了烦琐复杂的呼叫中心系统及设备的选型,而且没有一次性成本投入。

②运维由外包公司负责。外包公司一般有相应的运维人员,可以提供良好的运营维护,保障系统的稳定运行。呼叫中心系统涉及通信技术及 IT 技术等多方面的集成技术,对于具备一定规模的呼叫中心,运维难度大,对运维团队要求较高。

③外包呼叫中心提供整体呼叫中心业务方案。外包呼叫中心提供包括系统、场地、人员的整体呼叫中心业务方案,客户只需要把项目需求提交给外包呼叫中心,日常运营的开展完全由外包商负责。

④呼叫中心规模有一定的灵活性。由于采用外包模式,呼叫中心座席数量可以具有一定的灵活性,在增加座席数量上更为便捷。

⑤更为专业的呼叫中心运营管理。外包呼叫中心提供的外包服务,更为突出的是其专业的呼叫中心运营能力和人力资源,在呼叫中心的运营管理方面优势明显。

(2) 劣势。

①价格比较昂贵。并不是所有的业务都适合利用外包呼叫中心,通常那些非核心业务、阶段性业务、简单重复业务、尝试性业务、缺乏足够人力支持的业务、没有能力或不愿意提供"7×24 小时"服务的业务,可考虑外包给第三方呼叫中心来开展。

②安全无法保障。选择外包,企业客户资料的安全性及保密性是令人担心的问题,无法保障自身的数据不被泄露。

③管理存在隐患。由于业务具体开展人员是外包呼叫中心员工,在具体业务管理上面存在不小的难度,无法达到实时调度,实时管理。

2. 自建呼叫中心

(1) 优势。

①系统构建选择空间大。呼叫中心厂商及系统集成商数量庞大,企业可根据自己的需求选择。

②符合传统项目建设模式。采购自建是惯用的系统建设模式,尤其是政府及事业单位更适应自建模式。

③系统管理维护自主性高。对于有丰富运营呼叫中心经验的企事业单位及政府相关职能部门来讲,自建模式能更好地发挥其在呼叫中心运营过程中所构建的庞大运维团队的作用。

(2)劣势。

①建设成本很高,周期很长。对于系统功能升级,需要原厂商配合集成商二次开发。在建设前期需要对自身需求准确分析,并对产品选型、供货商、集成商进行反复论证考察。建设过程中,需要把大量的人力、物力从主营业务中抽调出来,参与系统建设,经常会发生系统成功上线运行,却发现由于缺乏呼叫中心运营经验,系统功能与实际需求有很大差异。

②维护困难。呼叫中心是非常专业的通信系统,且跨越多个专业技术领域,普通IT人员管理和维护起来有很大的困难。大多数企业并不具备这样的专业技术人员,系统出现问题后,只能不断地求助于原厂商和集成商。

③功能无法根据需求变化而实时变化。自建呼叫中心由于系统构建的灵活性差,在座席数量及座席分布上很难做到根据企业需求的变化而变化。

3. 托管呼叫中心

(1)优势。

①可有效控制呼叫中心建设成本。托管模式投入成本低,初期投资为零,座席数量可随需增减。

②与企业其他系统融合更为顺畅。托管模式提供更为开放、友好的第三方系统接口,可保证与企业CRM(客户关系管理)、ERP(企业资源计划)等管理系统无缝融合。

③对企业个性化需求反应更快。托管模式更突出专业化服务,对客户个性化需求可以即时响应。

④系统建设周期大幅缩短,呼叫中心部署更为灵活。托管模式由于无须初期建设投资,企业决策更快;而且系统开通迅速,一般没有特殊的要求,一个工作日即可开通服务,座席没有空间限制,可放置于与任何数据网络和电话网络通达的地方。

⑤系统更为安全稳定。在托管模式下,所有系统的维护工作都由专业技术专家负责。呼叫中心系统放置在专业的电信机房里面,保证"7×24小时"稳定运行。

⑥系统维护成本大幅缩减。企业只需要担负本地客户数据库等简单日常维护,与传统自建模式维护成本相比,托管模式企业维护成本几乎可忽略。

(2)劣势。

①长期使用费用高。使用托管呼叫中心,由于设备及系统维护人员都是向供应商租用,随着呼叫中心运营的持续,运营成本会大大超过自建型呼叫中心的初期建设投资。

②品牌强度较低。托管呼叫中心在经营中的作用相对较弱,由于主控制权归供应商所有,在个性化方面,企业就没有绝对的主控权来操作系统。

③资料安全性存在隐患。企业呼叫中心的运营数据及服务数据全部由供应商服务器存储,如果供应商的安全措施不到位,很有可能被他人窃取,从而给企业造成损失。

(四) Call Center 的服务方式

(1) 呼入方式（Inbound）：被动接受客户咨询、处理用户异议。

(2) 呼出方式（Outbound）：由客户服务代表对目标客户群进行某种产品、服务的营销或进行市场调查。

(五) Call Center 的解决方案

1. Call Center 系统组成

(1) PBX/ACD：负责处理电话的接续（呼入、呼出、路由分配）。

(2) IVR：自动语音应答设备，进行语音引导、自动查询及语音播报等。

(3) CTI 中间件：核心软件，负责电话交换机和计算机网络之间的通信接口。

(4) Rec：记录座席的通话语音。

2. Call Center 的系统解决方案

(1) 按系统平台分类。

①PBX 解决方案：内置 CTI-Link，须外挂语音/传真服务器、CTI 服务器、录音服务器。

②一体化解决方案：板卡型，可编程交换机型，一体机型。

③IPCC 解决方案：属于一体化融合通信的一种，平台厂商提供设备，具有 VoIP 语音网关功能，支持基于 H.323 的 IP 语音通信功能，可以搭建基于 IP 技术的分布式呼叫中心。

(2) 按组网模式分类。

①集中式呼叫中心：在公司总部建设一个呼叫中心系统，将分布于不同地理位置的业务集中到此中心统一处理，不再建立各地的分中心。在这种模式下，系统只需要建设一个，建设的成本相对较小。所有的座席人员和数据都集中在一起，管理起来也比较容易。

②分布式呼叫中心：在企业中心建立一个 IP 呼叫中心平台，而在各分支机构建立分布式呼叫中心，各区中心之间通过 ATM 或 DDN 专线与中心的平台相连，从而实现语音和数据的传递和共享。整个系统所需的各种服务器都设在总中心，各分中心仅需 IP 网关和能上网的电脑即可。

 小链接：环信助力优信二手车夯实汽车电商标杆之路

四、微博

(一) 微博概述

微博这一概念于 2009 年 8 月随新浪网推出"新浪微博"内测版而进入广大网民的视野，随之而来的便是微博的迅速推广和普及，以及由此产生的一系列"微博现象"。微博，即"微型博客"，其最大的特点在于简洁便利和迅速，人们只需要在门户网站、通信软件或 SNS 社区等微博平台注册一个账号，便可以任意发表不超过 140 个字的博文。当然，如果你的人气高，你的微博便能在几分钟内被成百上千人转发和评论。正是由于其身份等级的零限制和简单方便的操作，微博迅速为广大网民所接受，甚至突破了名人与普通人之间的门槛和界限,在明星中也风靡一时,成为积攒和衡量人气的极佳工具。与博客相比,微博的"语录体"更适应互联网时代下的语境以及现代人的生活节奏。微博普遍性更强,且广泛分布在桌面、浏览器、移动终端等多个平台上,有多种商业模式并存。

(二)微博的营销思路

微博营销就是企业利用微博进行营销活动,包括宣传企业文化理念、企业品牌运作、提供服务宣传等。企业在微博上可以通过短时间的营销活动获得大量粉丝的关注,进而扩大企业的知名度和品牌影响力,并且具有低成本、高效率的结果。

微博营销中各部分的关系,从一开始建立微博,每一步都是围绕"粉丝"这两个字进行的。图10-2为微博营销各部分关系。

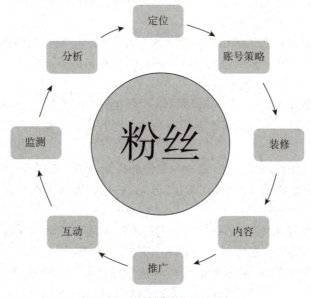

图 10-2 微博营销各部分关系

1. 定位

(1)服务人员定位。要互动,首先需要找到要互动的人,即我们要与哪些人进行互动。因为目标是扩大传播范围,增强影响力,因此互动群体可定位为名人、行业达人等在某些领域具有强影响力的一类人,他们往往拥有大量的忠实粉丝。但其中需要注意的一个关键问题是,自身价值定位要与互动群体价值定位保持高度一致。例如,如果是一个管理类的官方微博,体现的是专业性,那它的互动群体就应该是在管理范畴下的企业高管、行业咨询专家等名人,而不应该是演员、时尚达人等群体。此外,所选择的互动群体应是乐于分享、乐于与其他人进行交流的人,否则,互动很有可能就变成一厢情愿的事情。

除了与名人进行互动,与粉丝的互动也是必不可少的,无论任何时候都不要忘了和粉丝进行互动。与粉丝互动可以增加微博的亲和力,并且让粉丝知道和他对话的是一个活生生的有血有肉的人。良好的粉丝互动可以吸引更多的人,你可以时不时发放一些礼品进行互动,这样的效果更好。

互动内容直接影响到互动群体能否跟自己形成互动,并且对之后的传播也产生重要的影响,因此在设计互动内容时要特别注意。一般来说,每一位名人或专家都会有一定的爱好和研究方向，因此互动内容可以此为基点，内容最好是他们的原话，并且是时下的热点话题。如果没有他们的原话素材，可以以他们所关注的热点话题进行互动。

这就涉及一个问题：怎么才能知道他们的爱好和研究方向？可以通过以下几种方式来发现：

①职业方向：例如，很多有影响力的人都会在微博上进行认证，就可以了解他们的职业背景。

②标签：通过观察他们的微博标签和所关注的人，可以大致了解他们的关注点。

③微博内容：观察他们在微博中经常发布的内容，也能了解他们的爱好和对某些事情的观点。

④相关博客或专栏：一般的名人或专家都会有自己的博客或专栏，通过阅读他们写的内容，可以看出他们的关注点和研究方向。

（2）自身形象定位：在了解了服务对象的喜好之后，要结合自身的优劣势，分阶段性地提供合适的内容，想要一步到位实现微博营销的所有目的反而会适得其反。

（3）目的。

①官方微博（微媒体）：企业的微博必须是官方的，传播的内容也必须是官方的，内容较为正式，可以在第一时间发布企业最新动态，对外展示企业品牌形象，成为一个低成本的媒体。

②企业领袖微博（微传播）：企业领袖微博是以企业高管的个人名义注册，具有个性化的微博，其最终目标是成为所在行业的"意见领袖"，能够影响目标用户的观念，在整个行业中的发言具有一定号召力。

③客服微博（微服务）：与企业的客户进行实时沟通和互动，深度交流，让客户在互动中提供产品服务的品质，缩短了企业对客户需求的响应时间。

④产品微博（微公关）：对于危机能实时监测和预警，出现负面信息后能快速处理，及时发现消费者对企业及产品的不满并在短时间内快速应对。如遇到企业危机事件，可通过微博对负面口碑进行及时、正面的引导。

⑤市场微博（微营销）：通过微博组织市场活动，打破地域人数的限制，实现互动营销。

2. 账号策略与装修

建立一个微博矩阵，首先应该满足：有核心、有理、有节。建立微博矩阵的原则分别是：对症下药、内部利用最大化、一个核心。

①核心。顾名思义，就是微博矩阵的核心账号，作为原点引导和规范其他账号运营方向，做到始终一个声音。核心账号就好比人的大脑，是引导这个微博矩阵运行的关键。不管在微博矩阵中所见到的是哪一种矩阵模式，都需要核心账号，区别在于有多有少。如果是初次建立微博矩阵或者通过微博矩阵营销一般可以采用一个核心账号。

就目前所常见的建立微博矩阵的模式总结来看，主要有三种：一是蒲公英式，像蒲公英一样，适合于拥有多个子品牌的集团。比如：@阿迪达斯旗下有@阿迪达斯跑步、@阿迪达斯足球、@阿迪达斯篮球、@阿迪达斯生活NEO等微博账号。由@阿迪达斯这个核心账号统一管理旗下多个账号。但需要注意的是，作为核心账号不能过多干涉、影响旗下账号的运作。二是放射式，由一个核心账号统领各分属账号，分属账号之间是平等的关系，信息由核心账号放射向分属账号，分属账号之间信息并不进行交互。这是比较常见的模式，像@中国银行就在全国各地就开通了地方账号。作为政府机关中开通微博和使用微博频率比较高的政府机关，共青团的微博可以说遍布全国各地，但是有所区别的是各地的账号转发全国性核心账号的频率还是比较高的。建立这种微博矩阵，前提是覆盖面要大。三是双子星模式，有两个或者多个核心账号了。比如：新东方有一个官方账号，俞敏洪的微博关注度也比较高，两个微博账号其目的都是宣传新东方，两者形成良性互动。

②有理。怎么才让人觉得有道理，首先要表达清楚想表达的东西，其次要了解并且选择适用的矩阵类型，因为不同的组织适用不同的矩阵类型，只有因地因时制宜，才能达到组织所需要的微博传播效果。最关键的是，作为一个管理者能够灵活、有理协调好矩阵中的微博账号，去传播你所在组织的品牌、理念等深层次的内容。

③有节。众所周知，微博运营中每日发布的内容应该控制在一定数量之内，太多就会有刷屏嫌疑，引起反感，从而影响微博的关注度。例如，一个以即时营销为主的微博，每天发布信息数量在 10 条左右比较合适，倘若它还承担品牌宣传、客户管理等其他职能，就要在每天内容规划中加入企业新闻、品牌介绍等信息，这样要么增加微博总数量，要么从 10 条中减少即时营销信息。每日微博数量过多，一部分粉丝反感，而另一部分粉丝则不能尽可能多地获得他们想要的信息。所以作为一个微博管理者，特别是微博矩阵的管理者，要保持清醒的头脑，时时刻刻提醒自己所管理的微博矩阵需要有节。建立一个比较合理的微博矩阵只是前提，管理才是关键，在建立的时候要考虑到后来管理方面的事情。所以这两个方面又有交叉。

装修应该重视以下五点：

（1）微博昵称：一个好的企业微博昵称，是企业开始微博营销的第一步。企业微博昵称应与企业有相关性，且不能仅为通用性词语，新浪微博的昵称是唯一的，不可重名。

（2）微博头像：企业微博头像可以尝试使用清晰的企业 Logo、企业形象代言人、吉祥物、企业照片等。

（3）企业简介：简介尽量使用简练的文字进行说明，让关注你的人知道能够获取到什么样的内容。

（4）友情链接：可添加网页或网站的相关链接。

（5）封面图/背景图：整个企业微博页面的形象体现。

3. 内容

内容是除了定位之外和推广并列第二重要的，一个微博可以没有互动，只要信息够有价值，就会有粉丝关注，例如，如果我国铁道部要是说开微博，并在微博上发布售票信息，那它根本不用互动。营销内容就是给粉丝想要的东西，要了解粉丝喜欢什么，想要什么。

4. 推广

微博也需要推广，它犹如企业官方网站一样，需要通过多种渠道来进行宣传推广，可以将其归结为站内推广和外部推广，具体如下：

（1）站内推广。基于微博平台上的推广方式，主要有以下几种：

①活动推广：新浪平台和自建活动，吸引粉丝参与，增加搜索结果数。

②账号推送：花钱请大号转发。
③异业合作：通过赞助奖品等形式与其他微博开展联合活动。
④微应用：开发微博 App 应用，吸引人参与，同时可以推广企业微博。
⑤主动关注：通过搜索相关关键词，找到潜在用户，主动寻求关注。

(2) 站外推广。站外推广方式有以下几种：
①博客，论坛、贴吧、企业官网上发布企业微博信息。
②微博组件推广，如在官网上添加"一键关注""关注""分享"等微博按钮。
③有条件的企业可以在 EDM（电子邮件营销）、DM 宣传册、名片等添加微博信息。
一般情况下企业需要结合自身优势来增加微博的有效粉丝，可以通过官网、会员营销等方式来增加有效粉丝，因为粉丝数量永远没有粉丝的质量重要。

5. 互动

内容有了，也让人知道了，用户看了你的内容，就该互动了。互动的过程很有讲究，用户能主动和你互动，这就说明变成你粉丝的概率极大。用户不跟你互动，你也要主动互动，当然，要用有价值的方式去互动。互动了之后，你才能知道粉丝的想法，粉丝也能更了解你。需要注意互动的时间和频率。与名人间的互动不需要过于频繁，并且在其经常发微博的时间与他们互动是最好的。与受众的互动可以适当频繁一点，内容形式也可以多样化，有趣、有用、有态度。

6. 监测与分析

微博营销是一个实时的动态营销方式，它本身包含很多数据指标，如粉丝数、微博数、评论转发数、订单销售、流量等；也包括分析行业其他微博的运营情况，也需要跟踪观察，做好记录，一般包括微博日志、活动报表，微博日志是最重要的，应该保持每天更新，活动报表可以周为单位汇报。

(1) 微博日志：包括粉丝增量（增长率）、每日发微博数、转发评论数、搜索结果数（增长率）、订单数、页面浏览量、活动数量等，具体可根据公司情况而定。

(2) 活动报表，一般包括活动类型、时间、参与人数、转发评论数、粉丝增长数、奖品价值、ROI（投资回报率）等必要条件。

数据统计是为了分析指导工作，所以需要根据数据发现问题、总结规律，及时调整微博运营的策略。例如，哪类信息比较受粉丝喜欢，转发评论率很高；什么样的文案更容易引来订单；活动什么时间发布是高峰期，什么时间是低谷等。

（三）微博的人气凝聚方法

1. 起步阶段

刚申请的微博没有粉丝，可以与他人互粉。起步阶段互粉是必需的，可以节约大量时间，当你有了一定的粉丝基础时，别人加关注的概率才大。可多加入互粉群主动出击。

2. 稳步阶段

当粉丝数超过 1 000 后，可以适当发内容，内容要有定位，根据想吸引的人群设定内容。在这个阶段可以加一些粉丝多的微博，并设法让他关注你，你也可以经常@他、私信他。总之，使用一切手段让他关注你。一旦有 1 000 多这样的高质量粉丝，转发量就会大增，新浪的推荐位也会频繁出现你的微博。

出现的频率与关注你微博的粉丝数量有关，不能盲目与粉丝量多的人互粉，要找相关性高的人互粉。在这阶段发微博要多@别人，也可主动出击，发私信让别人看你的微博，他觉得内容好，就会转发你的微博，从而增加曝光率。还要多投稿，向粉丝量多的人投稿，他如果采用就会留下你的名字，显示@××投稿，也会提高你的曝光率。

3. 提高阶段

除以上方法同样适用外，还要互转。此阶段最好粉丝达到 10 000，你的粉丝量少，没人会和你互转，和粉丝量少的互转又没有作用，因此 10 000 是个合适的值。此方法很有效，这样这个雪球就会越滚越大。粉丝是靠养的，勤奋才是微博营销的真理。

（四）微博的内容策划

微博是一个开放性的平台，如果账号专业性不是很强，那么除了提供知识外，可提供一些礼品或者举办一些有趣的活动，这样才能吸引普通网友的关注，也可以增加微博的人气。

1. 有趣

用户喜欢看有趣好玩的内容，而企业在运营微博的时候一定要把握有趣的原则。当然，有趣对于企业来说不是说要发布冷笑话这类的内容，而是需要创造一些用户喜闻乐见的有创意的内容。一旦企业的微博内容有趣好玩，就有了被分享的基因。

2. 实用

用户也喜欢有"料"的内容，用户之所以关注微博，是因为微博提供了实用的知识，比如在@生活小智慧中"夏日美白的 10 个技巧"就很实用，同理，企业的微博内容也要让用户很受用。

3. 相关

（1）用户相关：倾听用户声音，内容自然就有针对性了。

（2）目标相关：说到底内容是为目标服务的，应设定微博的明确目标。

（3）内容相关：内容专注某一领域，为用户减少信息筛选成本，你的企业是在什么行业的，保健行业、旅游行业还是电商行业，对于用户来说，关注你就认为你是代表某一个话题的标杆，企业微博上的每一条内容都要尽可能和企业行业相关，和用户群体的属性相关，而不能泛泛而谈。

4. 多元（文字、图片、视频）

信息整合度越高则价值高，有的用户喜欢看视频，有的喜欢看长篇的文字，而有的则喜欢图片，所以，企业在做微内容要有这方面的意识，尽可能多地为用户提供多样化的内容，能做成图片的做成图片，能拍成视频的拍成视频，能写成比较长的文字也需要写出来，让不同的用户各取所需。

5. 有序（内容、时间、话题都整合起来）

（1）利用标签和话题让零碎变有序。

（2）发布时间和频率的有序性。

（3）掌握好节奏。

以网购企业微博发布内容的反馈情况为例。

①网购企业的黄金时间点，图 10-3 为网购企业账号发布内容及反馈情况。由图可知，

星期一到星期三用户不够活跃,星期四互动性最强,用户在星期四对于网购类微博的互动热情尤为高涨,可能是受即将到来的周末的刺激。建议企业在星期四进行更多营销活动,将前半周的发博量转移一部分到后半周。

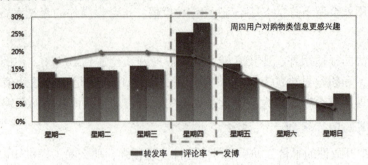

图 10-3　网购企业账号发布内容及反馈情况

②工作日。图 10-4 为工作日网购企业微博发布内容及反馈情况时间分布。由图可知,10 点—11 点,用户忙于工作无暇留意网购信息,13 点—15 点用户更关心网购企业发布的信息。

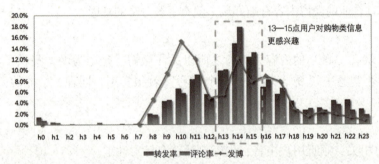

图 10-4　网购企业微博发布内容及反馈情况时间分布(工作日)

③周末,图 10-5 为周末网购企业微博发布内容及反馈情况时间分布。由图可知,午间的互动高峰提前到 12 点—13 点,周末的午间同样是一个互动高峰期,但出现得更早,在 12 点—13 点期间;凌晨 12 点网购热情再次点燃,凌晨 12 点的高峰期反馈量也与午间相当。企业应把握中午和夜间这两个高峰值时段,但这两个高峰期间,企业的发微博量较低,潜力有待开发。

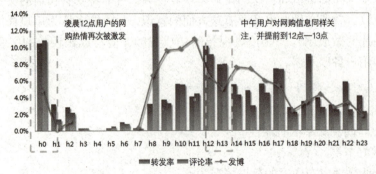

图 10-5　网购企业微博发布内容及反馈情况时间分布(周末)

6. 从用户需求出发，为用户解决实际问题

不知道说什么，没关系，先听听你的用户在说什么。通过微博搜索你的产品、企业，甚至是竞争对手的产品，听听用户关注什么，有什么疑问，通过一段时间的监控总结，把这些用户关心的问题分门别类，然后针对这些问题设计微博内容。另外一点就是，把企业客服部门遇到的问题都拿来分析，把用户问得最多、反馈最多的问题一条条解决，这些解决方案就是用户喜欢的。一句话，用户喜欢解决方案，不喜欢在问题发生之前看产品介绍。

7. 产品的延展知识

用户不喜欢看干巴巴的产品介绍、产品说明书，而喜欢有知识价值的内容。如果你是卖茶叶的，你不能只介绍茶好，是明前的采摘还是茶园在海拔2 000米以上，用户更喜欢看茶叶的饮用方法、存储方法，馈赠时应该送什么茶叶等。而对于一些服装品牌，则可以提供搭配方法、衣服的保养和洗涤方法。只要去挖掘，定会能发现除了产品介绍之外，还有很多未开发的内容。

8. 用户的评价和体验

有很多电商网站，尤其是服装类，都开设了"晒单""上传搭配"的活动。这里举一个例子，@点评团_上海的微博在每月都有点评团晒单活动，目的是让用户把在团购的商品发照片上来。从效果上看，每个月都会产生两三千条粉丝自创的内容，这样加强了和用户的互动，团购不单单是交易完成，更是通过微博把用户在线下的情况反映到线上，对于粉丝也有很大的引导作用。

9. 特别折扣和粉丝专属的新品

有调查显示，有百分之三四十的用户是冲着特别折扣信息才去关注一些品牌的。可见，折扣优惠是很重要的内容。但目前有一个误区，就是把促销信息全部发布，这对于用户来说是一种灾难，这样的企业微博就像小广告，应该设计一些专属于微博粉丝的特别折扣，让用户感觉到特别的待遇。除特别折扣之外，还有一点就是新品，如果能做到微博上首发，比如某一款包包，通过微博先预定，只为粉丝准备，线下还没有销售，这样粉丝也会感觉"很尊贵"。

10. 企业文化和内部的员工工作生活情况

微博也要有血有肉，至少看起来是真实的。比如，可以把企业内部的一些情况进行介绍，包括办公室环境、团队活动、有趣的员工、某款产品背后的故事，让粉丝通过微博完整地了解企业，让信息更加透明化。这类内容还有一个好处，就是吸引更多喜欢企业的人加入企业。星巴克有这么一条微博：#不得不知的星巴克# 在星巴克，我们的员工被称作"伙伴"，因为我们始终认为他们不是星巴克的成本，而是最大的资本。下次来到星巴克，记得说声："伙伴，你好！"

总的来说，微博内容应把握"少关注产品本身，多关注用户"这个总原则，以用户需求为基本点，不断调动用户的参与积极性，挖掘企业内在的信息，构筑企业的立体形象。

（五）微博的活动策划

1. 微博活动分类

微博活动一般分为新浪平台活动与企业独立活动。

（1）新浪平台活动：基于新浪微博活动平台发起的活动，如大转盘、砸金蛋、有奖转发等，通过新浪抽奖系统抽奖。

（2）企业自建活动：是指企业在自己微博中发起的各种活动，如有奖转发、晒单有礼、随手拍等。可分为独立活动和联合活动，独立活动就是自己发起的，联合活动就是与其他微博一起开展的活动。

2. 微博活动特点

（1）新浪平台活动平台特点。

优点：活动形式多样化，数据分析更详尽。

缺点：时间有限制，竞争激烈，不容易被推荐。

（2）自建活动特点。

优点：黏性强，互动性强，深化品牌传播，粉丝质量较高。

缺点：人气不旺（除非本身粉丝基数大），玩法较单一，粉丝增量不大。

3. 微博活动的开展步骤

（1）确定主题。

（2）撰写活动方案，包括活动形式、奖品、时间、执行人、宣传文案。

（3）活动发布和维护，跟踪活动效果，互动维护。

（4）公布活动结果，发奖等事宜。

（5）活动分析，转发、评论、粉丝数、投资回报率等数据分析，并做好记录。

4. 微博活动的流程

以新浪平台为例，详细解析该平台微活动中有奖转发项目的全流程。

（1）进入微活动页面，点击"有奖转发"。

（2）填写活动具体信息（标题、时间、内容、奖项），活动描述中注意发的内容，不能附加任何中奖规则和条件。转发内容中添加的图片为微博内容中显示的图片，应与奖项设置的奖品图片区分开。在高级设置中选定具体的抽奖用户要求（关注本微博、粉丝数、微博达人、地区），规则由新浪设置，不能自定义规则。

（3）确定之后页面。

（4）活动时间结束后在通知里有提醒。

（5）活动结束后的抽奖准备。进入活动页面，自动跳转到"等待抽奖中"，出现"开始抽奖"字样，点击进入。

（6）进入抽奖页面后，在名单中显示具体信息，点击"开始抽奖"。

（7）点击后，系统会显示本次活动的具体奖品。

（8）抽奖完成后，系统自动确定。

（9）再进入抽奖页面，点击中奖名单，显示具体中奖信息。

（10）活动抽奖结束后，系统会在通知中提醒本次活动结束。如果逾期未发奖，新浪微博会以活动平台虚假活动名义进行相应处理。

（11）中奖用户会在通知中提醒。

（12）中奖用户点击进活动页面进入"我的奖品"。

（13）按照要求填写详细的收货信息。

（14）提交发货信息。

（15）主办方进入活动页面查询中奖名单具体信息。
（16）页面正下方点击"通知奖品已发出"。
（17）选择发货通知，完成。

需要注意的是，在活动实施过程中还应遵守不同微博平台的活动规则，例如，在新浪微博上，活动发起人不能在活动描述中自定义中奖规则和任何领奖附加条件，如规定一律视为无效。活动中奖结果均以系统自动下发的中奖通知为准。如出现拒绝兑现情况，将视为虚假活动，新浪微博有权对活动发起者进行处理。

 小链接：丁真出道

五、微信

（一）微信概述

微信营销是网络经济时代企业营销模式的一种创新，是伴随着微信的火热而兴起的一种网络营销方式。一般认为，微信营销诞生于2012年。2012年3月29日，微信诞生一年多之后，马化腾通过腾讯微博宣布微信用户突破一亿大关，微信营销这个词汇开始出现在人们的视线之中。

集文字、语音、视频于一体的微信，深刻改变了我们的社交与生活方式。当自媒体迅速崛起，微信公众号广泛受宠，微信朋友圈成为人们晒心情、晒活动的社交圈时，媒体营销人蓦然发现，以电视、广播和纸媒为途径的传统传播模式，已经遇到了成长的"天花板"，而以微信朋友圈口碑传播为主要表现形式的微信营销，因为拥有了海量用户和实时、充分的互动功能，正成为营销利器。

由于微信不存在距离的限制，用户注册微信后，即可与周围同样注册的"朋友"有所联系，用户订阅自己所需的信息，商家通过提供用户需要的信息，推广自己的产品，从而实现点对点的营销。微信营销主要体现在以安卓系统、苹果系统的手机或者平板电脑中的移动客户端进行的区域定位营销。商家通过微信公众平台，展示商家微官网、微会员、微推送、微支付、微活动，已经形成了一种新的线上线下微信互动营销方式。

（二）微信的营销思路

由于移动互联网的快速发展，一个崭新的传播时代已经来临。微信营销，这个以分众和精众市场为目标诉求的营销模式，正是这个营销新时代的先锋和代表。结合在融媒体营销上的探索与实践，以及当前企业和媒体营销的主要手法，微信营销有以下十种思路：

1. 助力思维：病毒式传播

助力营销，是病毒式传播的一种，它是通过朋友间的不断转发支持，实现快速传播和全民关注。助力思维通常的方式是，技术公司在制作活动微网页时，添加"助力"一栏。用户参加活动时，在活动页面上输入姓名、手机号码等信息后，点击"报名参与"，即进入具体活动页面。用户如想赢取奖品，就要转发至朋友圈并邀请好友助力，获得的好友助力越多，获奖的概率越大。为发挥助力者的积极性，也可以让参加助力的好友抽奖。这样，因为有大奖的吸引，可以通过报名者与其众多好友的关注和转发，达到广泛传播的目的。

以"你登山,我送房"的微信活动为例,在全国征集1 200人参与登山,其中有400人从助力活动中产生。由于登山者有机会赢取价值200万元左右的住宅,因此微网页上线当天,就在微信圈引发了转发、注册报名和助力的狂潮,当天就创造了近40万的点击量,影响力覆盖全国。数据显示,参与助力活动的400人中,大部分人的助力数在500个以上,最高者有1 500多个。也就是说,为了登山,最高者在微信朋友圈发动了1 500多人来支持他。

运用微信助力思维,不但可以在后台清晰地掌握报名者的基本数据和信息,比如名字、性别和手机号码等,也在最大程度上发掘了他的朋友圈资源,让更多人关注甚至参与此项活动。这种经济学上的乘数效应,使活动消息成倍扩散,企业品牌迅速传播。

2. 抢红包思维:精众传播,立竿见影

抢红包思维,顾名思义就是为用户提供一些具有实际价值的红包,通过抢的方式吸引用户积极参与,引起用户强烈关注,找到潜在客户,并实施针对性营销。抢红包的思维方式比较适合电商企业,客户得到红包后即可在网店中消费,这样一来,既起到了品牌推广作用,又拉动了销售。

抢红包思维营销一般由商家提供一笔总体金额,由此分散出多个不同金额的红包。想要参与的用户首先要关注并填写注册信息,成为某商家的会员,然后到活动页面领取红包,并在指定时间内消费。

腾讯公司最先在微信平台上推出抢红包活动,此后,抢红包思维在企业中生根。京东商城在"6·18"活动中,出资10亿元作为红包与全民分享。京东将红包分成了两种,普通红包和群红包,普通红包只要刮开就可得到一定的金额,最高面额618元;而群红包,则是另一种扩散方式,一个群红包内有10~15个普通红包,用户可将群红包分享到朋友圈,让更多的朋友关注这项活动,打开群红包的每个用户也能相应得到随机金额。每个群红包可以被多次分享,直至金额全部领完。在抢红包活动中,商家看似发了红包让了利,但实际上得到了自己的目标消费者,有力地推动了商品销售。因此,抢红包思维对于电商来说,是个十分有效的营销手段。

3. 流量思维:痛点营销,快速传播

互联网时代,流量为王,网站如果没有流量,那就简直是"无源之水,无本之木"。而对手机上网族而言,流量就像"人之于水,车之于油"。因此,抓住消费者的痛点,也就抓住了营销的根本。流量思维的基本思想是转发送流量,用户只要转发某家公司或某个产品的微网页,就可以得到一定的流量。

如果每天准备送出1万元流量,那么按每人5M/2元计,每天将有5 000人受益,而为抢流量转发的可能会达到1万人甚至更多。试想,如有1万人转发活动微网页,以每个转发者平均拥有300个朋友计算,每天就有300万人在关注活动。1万元让1万人参与活动,同时获得300万人的眼球,这就是流量思维的魅力和魔力所在。如果品牌想要实现快速传播,就可以用流量思维。用流量争取客户,是运营商们常用的手法。比如,广东移动曾有活动,只要关注"广东移动10086"微信公众号,即可参与微信流量红包抽奖的活动,在活动中可免费抽奖获得流量,所抽得的流量可以兑换给任意广东移动的手机用户。当然,为了实现更广泛的传播,在抽完奖之后,需"发送给好友"或"分享到朋友圈"

方能完成抽奖,如此一来,短短几天就会引发大规模病毒式扩散。

4. 游戏思维：兴奋点营销，蝴蝶效应

游戏思维的概念很简单,就是通过游戏的转发传播,来认识某个品牌。在微信的战略发展方向中,游戏与社交是其重点,足见游戏在移动互联网上的地位。微信小游戏的特点普遍是设计新颖,而且有趣,规则简单却不单调,可以在短短几分钟内吸引大量用户。

"我用了×步围住神经猫,击败×%的人,获得称号×××,你能超过我吗？"——"围住神经猫"应是2014年微信游戏的经典,这款只用一天半研发出来的微信小游戏,因为简单,因为好玩,也因为有比拼智力的成分,抓住了用户的兴奋点,刚一出现,大家就被这只贱贱的白猫吸引了,不断刷屏,不断转发。短短几天时间,用户数就攀上亿级。仔细分析,"神经猫"游戏用带有比对性的语言,煽动了用户内心深处的攀比心理,更抓住了人们爱玩游戏的天性和兴奋点,从而获得了巨大的蝴蝶效应。如果在这类游戏中植入品牌广告,传播效果是不可想象的。又如,某电商企业在中秋前推出了一款"蟹蟹登月"的游戏,参与者只要不断地戳屏幕,那只卡通蟹就会不断沿着葡萄藤往上爬。如果有120人给参与者助力,卡通蟹就可以成功登月,这时就会跳出一张由商家提供的免费蟹券。一周时间,有5万多人参与游戏。这个活动,是移动电商用游戏思维进行营销的大胆尝试,为国内电商同行寻求流量提供了思路和路径。

5. 节日思维：传递的是温情，传播的是品牌

逢年过节互致问候是中国人的良好传统。在经历了书信、电话和短信贺年祝节后,微信祝福逐渐流行,一段语音、几句文字、一个视频,简单却温暖。节日思维,就是利用节假日人们相互送祝福的机会,在微信文字或视频中植入品牌形象,恰到好处地进行传播推广。一个简单的祝福,传递的是关爱,传播的却是企业品牌。

端午节前夕,作为浙江粽子大王的嘉兴五芳斋,巧妙地在端午送粽微信视频祝福中植入了自身品牌。整个视频画面唯美、流畅,音乐悠扬、古典,在向人们传递中国粽子文化的同时,也传递了五芳斋的品牌。无独有偶,杭州台海岸餐厅借用流行的"这才是我的菜"的卡通短视频,通过一道道精美菜肴,向微信用户表达了端午祝福之情,也很好地推广了台海岸的精品菜肴,让人心生一品为快的欲望。

6. 大奖思维：高转发率，广参与性

"重赏之下,必有勇夫。"自古以来,奖与赏就是很多人难以拒绝的诱惑。借用互联网的说法,设奖促销,是挠到了用户的痒点。在微信营销中,给奖甚至给大奖,是媒体和企业用得最多的招数,实力雄厚的,用房子或车子作为大奖；实力稍弱的,用年轻人最爱的手机或者门票、电影票、旅游券等作为奖品,而且效果良好。

"招商地产三十年3 000万钜惠"的活动,在招商地产微信活动网页登记报名得到助力者,前300名就可以得到1万~3万元不等的优惠券,其中1人还有机会抽取价值10万元的购房抵价券。受大奖的诱惑,活动刚在微信圈露面,就受到了购房者的热捧,半个月时间有3 000多人报名、6万多人点击。此数字远远高于目前一些媒体热衷的房产电商,而且圈客精准。可以说,大奖思维瞄准的是消费者的痒点,只要有奖,就会有人参与有人转发；只要给大奖,就会有很多人参与并转发。而企业和活动品牌,就在用户的广泛参与下,得到了有力的传播与推广。当然,像房产这样的微信活动,由于奖项是购房抵价券,就可以通过微信圈的转发寻找到目标客群,并通过后台数据进行针对性营销。

7. 众筹思维：聚沙成塔，集腋成裘

众筹是指用团购或预购的形式，向用户募集项目资金的模式。相对于传统的融资方式，众筹更为开放、灵活。对圈子的精准把握是微信适合众筹最核心的竞争力。

微信运用众筹思维的案例有很多，比如，"B座12楼"的联合发起人、杭州盈开投资合伙人蔡华为帮朋友转让一家餐厅，在微信平台上发起众筹邀约："景区梅灵路灵隐路附近三层花园餐厅，还有六年租期，因朋友有其他事急转，现我们组织众筹入股 10 000（元）一人，本人可享受终生免费用茶，有兴趣加入的联系我，100 人跨界认识一起玩。"经过 48 小时的传播，一共筹得 123 万元资金，而这 123 位投资者来自各行各业，并有很多是通过转发，向朋友的朋友筹得的资金。筹资开店只是其中一个简单的案例，微信众筹思维更多的是用于产品的售卖，像"低价得正宗大闸蟹"等都是利用了众筹思维。无论是从发起者还是从投资者的角度去考量，众筹都是一个投资效率较高的方式。对于发起者来说，筹资的方式更灵活，而对于投资的用户来说，可以在最短的时间内获得较好的收益。因此众筹也是一个较好的微信营销方式，传播方式快，扩散范围广，产生效益大。

8. 生活思维：自然而然，润物无声

生活思维是把人们所关心的日常生活知识，发布到微信平台上，通过这些信息的转发，起到良好的传播作用。如今，人们对生活质量的要求越来越高，对生活知识的需求也越来越大，有关生活类的知识在网络上的转发率相当高，比如冬病夏治、节假日旅游、十大美食去处、最美民宿等，凡是与生活、旅游、美食、教育等相关的信息，都会引起人们的关注。而这些信息不但适合转发，而且很多人还会收藏，这样一来，即是对信息进行了二次传播。因此，在这些生活类信息中植入产品图片、文字或者通过链接进行传播，是不错的思维方式。

医药类的微信公众号，比如回春堂、同仁堂等，经常发布养生、医药方面的生活资讯，通过这些资讯传播自己。一些旅游类的微信公众号发布景点信息，或者美食、住宿情况，通过这些信息的高转发率来推广自己或相关酒店与景点。用生活思维所传播的信息，必须是公众关注度高、实用性强的。在这样高、强的信息中推广活动信息或企业品牌，可以起到润物细无声的作用。

9. 新闻思维：让品牌随新闻飞扬

新闻思维是借助突发性新闻或关注度较大的新闻夹带图片进行传播。移动互联网时代，新闻的传播速度以秒计算，地球上任何一个地方发生的重大新闻，都能在瞬间传递到地球的各个角落。而它在微信圈的阅读量，往往是以十万甚至百万计。因此，如果在转发率高的新闻中植入广告，其传播影响力自是不可估量。很多新闻媒体在微信平台上开设了突发新闻板块，将新闻事件第一时间进行还原、报道，发布到网络上，让受众更快地了解到详细内容。

10. 测试思维：因为风靡，所以广泛

测试思维就是通过一些小测试，比如智商测试、情商测试、心理测试等来对一些品牌进行传播。今天的微信圈内，各类测试风靡，这些测试情商、智商的题目，吸引人眼球，很容易让人点进去。而这些测试的最后，往往会跳出"分享到朋友圈，分享后测试答案会自动弹出"，这么一来，无疑进行了二次传播，而藏在这些题目开篇或结尾的网站或咨询

机构，也宣传了自己。

国内移动互联网和微信的快速发展，给予传统媒体营销人的是巨大的营销舞台。微信朋友圈，因为聚集了一群信任度高、相互了解的朋友，是口碑营销的最佳场地，而它的高关注度和高转发率，为营销提供了快跑和飞翔的机会。虽然有人反感朋友圈营销，但如果用得恰到好处，给用户带来知识、乐趣和好处，那么用户就会欣然接受。

（三）微信的人气凝聚方法

微信营销的根本是粉丝，是推广的关键。要扩大推广的范围，增粉是重要途径。可以这样说，粉丝等同于流量，甚至是销量。而且，粉丝也是一个传播推广的媒介，这是一种免费的宣传。这也是众多微信运营者力求增加粉丝的原因。那么，怎样才能提升粉丝数量呢？

1. 利用相关的平台，引入定向流量

二维码无处不在，如今随便打开一个较为正规的网站，都可以看到二维码。这种新兴的推广方式也成为引流的重要途径，但很多人对这种推广方式的效果不以为然，试想一下：如果你有个做得较好的个人网站或者网页，每天的点击率为600，然后会扫描二维码的有2%，那么粉丝的增加量也是挺可观的。有些有名的电商分享平台，经常分享电子商务从业者的原创文章等，如果粉丝对这方面有需求，自然会持续关注。

2. 构建个性鲜明的公众号内容

个性鲜明的精品内容是公众号吸引粉丝的核心，内容主题统一、原创性和价值越高，越容易形成公众号的风格，读者转变为粉丝的概率就会大大增加。同时，通过粉丝的点赞、评论和转发，又会进一步扩大内容传播的受众范围。

3. 以个人微信号带动公众号

以点带面，但是这里要注意发送的频率和内容。如今有些个人微信号在发布营销内容时，一天不停地发广告，而且内容一样，这种毫无"营养"可言又要耗费流量的资讯，最终的结局是被屏蔽。

4. 提高微信公众号的排名

微信公众号的排名提升，关注度也会相应提高，而影响公众号的排名因素有很多，如公众号的认证、微信发布文章的分享数、阅读数、粉丝的增长量及公众账号的互动情况等，这些要不断优化。同时，要注意公众号采用的关键词，多分析、多总结，提高搜索排名。

（四）微信的内容策划

无论何种微信账号，想要成功，都应以内容为王。当内容有实用性、贴近实际、有趣味性，并满足粉丝分享的满足感、炫耀感时，可以说就成功了一大半。具有上述特征的内容，粉丝会主动分享，辐射到用户强关系链上的好友，促使更多基于真实关系的传播。

1. 内容定位

内容定位就是内容个性，在筛选内容时，要结合内容个性进行有效选取。不同微信公众号所体现的内容个性可能有所不同，应根据自身微信号的定位，选取符合定位的发布内容。

2. 内容筛选

结合所设定位，进行内容筛选，制定范围和标准。通常，发布文章是为了吸引用户的注意。不同的文章可以有不同的特性，可以根据文章的性质来筛选合适的内容。就微信内容而言，可以从下列八个方面进行筛选：

（1）关联性：内容要与定位受众的生活或者兴趣相关，并结合平台内容定位撰写编辑。

（2）趣味性：内容要创新，不庸俗，足够吸引人，符合大家的审美趣味。

（3）实用性：内容需要能向用户提供一定的帮助，比如信息服务、生活常识或者折扣信息等。

（4）独特性：需要根据自己的公众号特点打造有个性的内容，向粉丝展示公众号价值。

（5）多元性：内容的形式需要多元化，可以用图片、视频或者语音等形式发布。

（6）一致性：内容需要连贯一致，尽量用单条图文把想要传递的信息表达完整。

（7）互动性：经常和粉丝沟通交流可以形成长久的用户黏性，哪怕是一句简单的问候或者寒暄。

（8）热点话题：了解当前的热门话题是非常重要的，拥有一定量粉丝的平台可以利用热点话题带动粉丝主动分享。

内容只有体现价值，才能引来更多粉丝的关注和热爱。所以，内容的筛选对微信的互动起着重要作用。

3. 内容编制

做好微信内容定位、确立内容筛选的范围后，就要对内容进行编制和管理。系统化的内容管理机制有助于运营专员快速地对微信内容进行判断、筛选和发布，同时也能大大减少因层层上报这种烦琐流程而浪费的时间。其中，按照内容来源方式，可将微信内容分为下面六种类型：

（1）专业知识型。

（2）幽默搞笑型。

（3）促销活动型。

（4）文艺小资型。

（5）信息播报型。

（6）关怀互动型。

4. 内容推送

微信公众账号的后台可以获取订阅用户的全部信息，并提供强大的订阅用户分组功能，可以按地域、性别、喜好、需求等不同的指标分组，这为新闻信息的分组精准推送提供了实现渠道。

例如，涉及福建省的公共政策新闻，其他地区的用户可能不太关注，媒体就可以单独向福建省的微信订户推送。分组推送一旦实现，能够避免用户的信息过载，让媒体的各类信息资源发挥相应的最大价值。

5. 图文排版

由于公众账号变成企业的"标配"，公众账号的排版风格和网站、logo 的视觉要求是一致的，所以排版风格也就变成了企业宣传应考虑的重要内容。

(1) 标题。用户通常通过点击"文章标题"去阅读"文章内容"，从而获取信息。图文标题是提高阅读的首要动力，所以应花精力去拟标题，建议标题尽可能简洁，以便快速被用户解读并能转化为文章的阅读。

那么，标题中含有怎样的信息才会吸引用户去点击？很显然，这些信息要满足用户的某些需求，这样才能激发用户阅读正文。当然，标题中除了要有用户想要的东西，用户还会考虑付出成本。所以，要想让目标读者尽可能地产生"点击标题"的行为，需要不断提高能够满足读者需求的程度，并降低他们满足需求所付出的成本。

例如，下面文章标题中带有这些极具感染力的因素，能牢牢抓住用户的眼球，让用户肯定这就是他想要的信息，进而激发用户的阅读动机。

①数据法。图 10-6 为运用数据法编写的标题。

《2 个技巧，提高你 PPT 的 90% 颜值》

《想赢得下一个 10 年，你必须拥有这 4 种全新的核心能力》

图 10-6　数据法

②干货分享法。图 10-7 为使用干货分享法编写的标题。

《如何完整运营一场线上活动？这有 12 个**典型案例**，你慢慢读》

《从 0 到 10 亿，这 10 家互联网巨头实现了爆发式增长，**他们是怎么做的？**》

图 10-7　干货分享法

③对比法。图 10-8 为使用对比法编写的标题。

《工作两三年，为什么**别人**可以涨薪 5 倍，你却拿着几千的低工资？》

《为什么工作做得**越好**的人，**越**有时间跑步？》

图 10-8　对比法

标题的字数也不容忽视。建议一篇文章的标题控制在手机显示的一行之内，大概是 13~15 个字，如果超出，标题就会换行。

(2) 图文封面。

①封面选择基准。在为图文封面配图时，建议遵循干净、简洁的原则。所以，封面图片最好选择干净简洁而又能突出主题的风格。

②封面尺寸。图文封面尺寸为 900px×500px，因此建议对封面头图设计好固定的尺寸。封面图主要信息居中显示，以免遗漏图片中的重要信息，因为分享到朋友圈或者分享给微信好友预览图仅仅保留居中的 500px×500px 部分的内容。而如果是多图文配图，二条的封面尺寸则显示为 200px×200px。

(3) 正文配图。正文配图同样遵循干净、简洁的原则。在挑选图片时，尽量选择与文章内容贴近的图片。此外，也要注意图片内容、色彩色调冷暖一致。注意，正文配图的尺寸与封面配图的尺寸会有所差异。正文配图宽幅320像素就可以铺满手机屏幕，如果宽幅小于320像素就要居中。

（五）微信的活动策划

目前，移动互联网时代下通过新媒体微信来进行营销活动是最为常见也是最热门的一种方式。然而做微信上的活动不容易，一场小小的活动都需要经过无数次的讨论、策划、否定、修改、确认、测试。可想而知，策划出一场成功的活动就更加不容易了。我们要怎样做，才能让活动更加理想化或者成功呢？一场好的活动策划离不开这四步：主题、文案、奖品和环节设置。

1. 明确活动主题

对内，主题始终贯穿活动的整个过程，统筹活动策划和执行的方向。只有确定好主题，接下来的步骤才能有条不紊地进行，包括活动文案的撰写、传播渠道的选择和投放等等。对外，主题担当着传播者的角色，直观地向受众展示关键的活动信息：可能会出现主办方的名称，以告知受众谁是发起者；也可能会出现活动的形式（如"××直播活动"），告诉受众是以怎样一种方式进行等。除此之外，活动主题还兼具了吸引受众目光、激起其参与兴趣的作用。所以，策划一个足够好的主题非常有必要。

2. 通俗易懂的文案

活动文案是比活动主题更加详细的信息显露，其内容主要包括具体时间、地点、参与方式、奖品设置（规则、奖项公布时间、兑奖时间）、活动简单介绍、主办方介绍等。如果不是有意而为（创意需要等），不要让受众去猜。文案本来就是为了进一步传达活动的信息，太过晦涩的表达，刻意咬文嚼字，造成受众理解不了或者理解错误，都会打击其参与的兴趣，甚至引起反感。

3. 让用户心动的活动奖品

奖品具有足够的吸引力，是用户参与活动最关键的因素之一。因为参与活动，需要花费一定的时间和精力，大多数人会事先加以衡量。假如，参加一个活动，又要关注公众号，还要下载App注册登录，填写一堆资料后再转发到朋友圈，才能获得抽奖机会，而奖品仅仅只是10M的手机流量，用户的积极性自然不高。

4. 易操作又令人惊喜的活动环节

活动的环节很重要，一定要简单易操作，这无疑是最基本的。每增加一个步骤，坚持下来的参与者就会减少，以至于刚开始参与的人数相当可观，但大部分中途放弃，这样是达不到效果的。因此，不要挑战受众的耐性，设置毫无意义的障碍步骤，精简甚至一步到位会是受欢迎的。另外，在活动中可以发挥足够的创意，设置一些好玩的、意想不到的惊喜环节，给参与者额外的满足感。增加与活动对象之间的互动，炒热活动的氛围，也是很有必要的。

小链接： 一场没有发布会的上市发布会——首个微信社交超级品牌发布会

本章小结

网络营销工具在实现营销效果的同时,也要坚持网络营销传播三大原则:事实原则、价值原则和方法原则,在传播过程中切实承担起网络营销传播的社会责任。引导学生遵循网络礼仪,营造文明、和谐的网络环境。

网络营销工具是企业或个人为实现营销目标而使用的各种网络技术、方法和手段。凡是以网络技术为基础,进行营销活动时采用的技术和手段都可以称为网络营销工具,包括基于搜索引擎的工具、邮件群发工具、网站视频在线客服工具、社会化书签工具,同时也包括微博工具、微信工具等。虽然信息技术的快速发展使网络营销工具的迭代速度非常快,但在功能上大致可以分为即时通信工具、电子邮件工具及客户服务工具三类,这三类工具的表现形式随着年代的不同有所变化,但其网络营销运用的原理基本类似,掌握这些基本原理,就能在进行网络营销时,对各种工具的运用游刃有余。

当今社会,因特网将数十亿人连接起来并创建了一个全新的营销环境,这便是网络营销。网络营销为营销者创造了新的商业机会和挑战。当然,网络营销需要营销信息传递的工具,只有借助这些工具,网络营销才可以实现信息的发布、传递、与用户的交互,以及为实现销售营造有利的环境。在现阶段的网络营销活动中,网络营销的常用工具包括即时通信工具(如QQ、旺旺、Skype)、电子邮件工具(如邮件群发软件、邮件列表)及客户服务工具(如E-mail、FAQ、Call Center、微博、微信)等。

关键术语

即时通信工具、综合类即时通信、跨网络即时通信、垂直即时通信、营销QQ、Skype、阿里旺旺、邮件群发软件、邮件列表、自建邮件列表、第三方提供邮件列表、CRM、E-mail、FAQ、Call Center、微博、账号矩阵、微信、公众号

配套实训

1. 选择2~3个网站,了解它们提供哪些许可E-mail营销服务模式,是否收费,如何计费,如何操作。

2. 选择一款E-mail群发软件,进行邮件群发操作。

3. 选择2~3个企业微博,了解它们如何通过微博推广企业和产品,如何提高企业微博的点击率。

4. 吸引微博粉丝,策划一次加粉丝的活动,要求新加粉丝不少于100人,到交报告为止微博总粉丝不少于300人。截图提交,如果是之前注册的,要把之前和活动后的粉丝情况都截图。

5. 根据微博的定位,发布微博,博文不少于10篇;也可以为网站或产品进行微博宣传,积赞和转发,在微博里按热门排行,把排名前五的微博截图。

6. 了解如何加V,进入自己的微博管理中心,了解熟悉管理中心的内容。

7. 注册微信公众账号。

8. 以圣诞节为背景做一次微信营销,以某品牌的天猫商家的名义,给公司已有的微信朋友和潜在客户设计一份促销广告文案,将策划好的营销广告文案编辑到微信公众账号素材管理里面,素材内容审核后发布到公众账号。

复习思考题

一、单选题

1. 下列选项中,不是即时通信(IM)工具的是( )。
   A. MSN B. QQ C. Skype D. Hotmail
2. 内部列表和外部列表是按照( )分类的。
   A. E-mail 营销的功能 B. E-mail 地址的所有权
   C. 营销计划 D. E-mail 营销的方式
3. 下列选项中,不属于销售部门客户服务时处理的邮件内容范畴是( )。
   A. 价格 B. 投资者关系 C. 供货 D. 库存情况
4. 常见问题解答的缩写是( )。
   A. FAQ B. QOA C. FOQ D. FQA
5. Call Center 指的是( )。
   A. 新闻组 B. 邮件列表 C. 呼叫中心 D. 常见问题解答
6. 世界范围内最早也是最著名的微博是( )。
   A. 新浪 B. Facebook C. Amazon D. Twitter
7. 由创作者所创建,通过一定的发送平台发送到自愿订阅用户的邮箱中的邮件是( )。
   A. 邮件列表 B. 电子邮件 C. 新闻组 D. 论坛
8. 关于利用邮件列表发布信息,下列说法中不正确的是( )。
   A. 利用邮件列表可以同时向许多加入邮件列表的人发送预备好的邮件
   B. 利用邮件列表,邮件内可以携带需要发布的各种信息
   C. 可使用任意免费信箱接收来自邮件列表的信息
   D. 邮件列表的英文为"Mailing List",利用它可以实现邮件批量发送
9. 微信最佳推送时间下,对推送内容的要求有( )。
   A. 内容要浓缩精华,不要浪费用户太多时间
   B. 文章质量一般即可
   C. 文章篇幅一定要够长
   D. 推送的文章数量一定要多
10. 以下微信营销策略中,不正确的是( )。
    A. 原创内容的推送非常有利于获得客户的忠诚度
    B. 多收集热门话题,直接使用,寻找共鸣
    C. 互动可以让用户体验出你公众账号的与众不同
    D. 个性化的信息推送,让用户很难忘记

二、填空题

1. _____工具是指互联网上用以进行实时通信的系统服务。
2. _____是互联网上最早的社区形式之一,也是 Internet 上的一种重要工具,用于各种群体之间的信息交流和信息发布。
3. 腾讯(QQ)、新浪等邮箱都设有受信任的邮件地址列表,也就是常说的"_____

_____"。

4. 在决定采用邮件列表营销时，首先要考虑的问题是建立自己的邮件列表，还是利用_____邮件列表服务。

5. _____是一种在线帮助形式，主要是为顾客提供有关产品、公司情况。

6. 对于呼叫中心的建设模式，目前有_____、_____及托管等方式。

7. 微博营销就是企业利用微博进行营销活动，包括_____、_____、提供服务宣传等。

8. 微博是一个基于用户关系的信息分享、传播以及获取平台，用户可以通过 Web、Wap 及各种客户端组建个人社区，以_____字左右的文字更新信息，并实现即时分享。

9. 建立微博矩阵的原则分别是_____、_____、一个核心。

10. 微信公众平台账号包括_____、订阅号和企业号三类。

三、简答题

1. 即时通信工具有哪些类型？
2. 如何管理好有营销功能的 Q 群和旺旺群？
3. 什么是邮件群发软件？
4. 什么是邮件列表？邮件列表网站提供哪两类服务？
5. 网站经营邮件列表有几种主要目的？
6. 在 E-Mail 的主题编辑过程中需要注意哪些问题？
7. 简述呼叫中心的三种建设模式的优劣势。
8. 呼叫中心按组网模式可以分为哪两类？
9. 简述微博活动的开展步骤。
10. 微信的内容编制可以分为哪几种类型？

四、案例讨论

长城酒业在京首轮铺设百余家网红餐厅

第十一章 数据化营销

学习目标

知识目标
1. 理解并掌握网店数据化营销的基本概念、基础知识。
2. 了解实用的数据化营销案例。
3. 掌握数据化营销推广分析的指标体系。
4. 掌握网店数据化营销的工具和表格。
5. 掌握网店数据化营销的职业技能。

技能目标
1. 能够对网店流量来源进行详细解析。
2. 掌握优化网店流量的方法来提升企业的流量效能。
3. 掌握网店各级页面的转化率提升要点。
4. 能够通过消费者行为的分析提出优化流量转化率的方案。
5. 掌握影响日均客单价的因素、关联销售及产品定价问题。
6. 能够通过调整客单价提高客户购买频次，建立新型客户关系管理体系。

思政目标
数据化营销的分析过程要以真实数据为基础，注重隐私保护与数据安全，选择合法的分析工具，获得客观的结果。

导入案例

合法商用与侵犯隐私的边界

在大数据时代，商业信息和个人隐私之间，并没有明显的边界。目前大数据的落地应用中，精准营销是比较常见的，互联网电商平台大多会通过大数据技术来完成精准营销。而要想通过大数据技术完成精准营销就离不开用户数据的采集。

一个典型的 App 运营者，需要从近 30 个维度来收集个人信息，包括用户性别、年龄、婚姻状况、收入、教育程度、星座、腰围、身高、体型、家中是否有孕妇、是否有小孩、孩子年龄、孩子性别、是否有车、是否有房、活跃程度、购物类型、评价关注程度、颜色偏好、品牌偏好、促销敏感度、购物忠诚度、消费信用水平等。然后再从购买能力、行为特征、社交网络、心理特征、兴趣爱好等方面进行数据分析，形成"用户画像",从而进行个性化营销。由此可见,精准营销对用户数据的需求,原则就是"越多越好"。

在法律层面,大数据精准营销的前提是收集用户个人信息,收集前除了应明确告知并征得用户同意外,还应遵守法律规定的正当、合法、必要原则,尤其是必要原则,即要求企业收集的个人信息的范围应该与提供的产品或服务本身有关联,而非随意扩大收集范围。但是否是必要边界较为模糊。当你完成一次消费支付,可以把它视为个人隐私,但这同时也是服务商的一次服务过程,是经营记录的一部分。在这种情况下,商业大数据与个人隐私是交叉的。哪些信息类型可以被互联网平台搜集和提供给第三方?哪些情况下将被视为侵犯用户隐私?立法与执法环节都还未能跟上商业环境的新变化。

讨论:在日常生活中大家遇到过哪些未授权却被采集信息的例子?

第一节 数据化营销概述

一、数据化营销定义

数据化营销是在 IT、Internet 与 Database 技术发展上逐渐兴起和成熟起来的一种市场营销推广手段,在企业市场营销行为中具备广阔的发展前景。它不仅仅是一种营销方法、工具、技术和平台,更是一种企业经营理念,改变了企业的市场营销模式与服务模式,从本质上讲是改变了企业营销的基本价值观。通过收集和积累消费者大量的信息,经过处理后预测消费者有多大可能去购买某种产品,以及利用这些信息给产品以精确定位,有针对性地制作营销信息,达到说服消费者去购买产品的目的。通过数据库的建立和分析,各个部门对顾客的资料有详细全面的了解,可以给予顾客更加个性化的服务支持和营销设计,使"一对一的顾客关系管理"成为可能。

二、数据化营销的特点

(一)数据化营销是以现代信息技术为支撑

数据化营销的核心是以计算机信息技术为基础,通过 Internet 和 Intranet 网络实现企业营销活动的信息化、自动化与全球化。数据化营销时代,企业营销活动从信息收集、产品开发、生产、销售、推广直至售后服务与售后评价等一系列过程均需要以现代计算机信息技术为支撑。数据化营销系统通过构筑客户信息数据库,建立企业与每一个用户之间一致的界面。用户的每一次访问都被记录下来,用以分析客户的使用需求和访问习惯,以便于定制个性化的产品和网页,以此了解用户全面的需求和心理,进而有针对性地去提供令客户满意的产品和服务,同时提升客户的满意度。

(二)数据化营销提供个性化的服务

数据化营销方式势必对标准化产品造成强有力的冲击,例如数据化营销通过互联网可以获得关于产品概念和广告效果测试的反馈信息，也可以测试顾客的不同认同水平，从而更加容易对消费者行为方式和偏好进行跟踪。因此，对不同的消费者提供不同的商品将不再是梦想。

（三）数据化营销信息来源的复杂性

由于网络的开放性和公众参与性，数据化营销所面对的市场环境是完全开放的，并因其丰富多彩的内容和灵活、便利的商业信息交流，吸引越来越多的网络用户。另外，由于网络的自由开放性，网络时代的市场竞争是透明的，人人都能掌握竞争对手的产品信息与营销行为。因此竞争的关键在于如何适时获取、分析和运用这些信息，并形成具有优势的竞争策略。

（四）数据化营销渠道扁平式的转变

传统市场营销依赖从生产商、批发商、零售商再到最终用户这种层层严密的渠道，并以大量的人力和广告投入市场，增加了企业成本却未达到预期效果，数据化营销与传统市场营销的一个很大差别就是渠道结构向扁平化转变。如有的企业由多层次批发环节变为一层批发，还有一些企业在大城市设立配送中心，直接面向经销商、零售商提供服务。这种扁平化结构的销售渠道通过层次的减少来增加企业与消费者之间的直接沟通，提高企业和消费者的利益。一方面降低了企业成本，同时也有利于企业把握消费者需求。

（五）数据化营销再造客户关系

随着市场转变，企业竞争面临的是一种以客户为焦点的竞争形态，争取客户、留住客户群、建立亲密客户关系、分析客户需求、创造客户需求等，都是数据化营销企业最关心的营销议题。数据化营销成功的关键在于如何与散布在全球各地的客户群保持紧密的关系，并掌握客户的特性，再经由客户教育与企业形象的塑造，建立起客户对于数据化营销的信任。数据化营销是同客户一对一的营销，它增加了倾听客户声音的机会，易于增强对客户的了解，能加快企业对客户需求的反应速度，提升客户服务质量，将销售渠道、利益点、品牌、技术和客户的购买流程整合在一起，因而很好地贯彻了客户关系管理的哲学。

数据化营销的实施不仅是将企业营销业务与数字化技术相匹配的过程，而且要以适应数字化生存环境为目的，改造营销管理手段，优化营销业务流程，从而实现营销管理创新。因此数据化营销必然是一个以营销管理创新为导向的变革，是企业在数字化生存时代的营销指导思想。

 小链接：旅游交通类 App 依靠数字化运营

第二节　数据化营销分析指标体系

信息流、物流和资金流是电子商务的三个最为重要的平台。而电子商务信息系统最核心的能力是大数据能力，包括大数据处理、数据分析和数据挖掘能力。无论是电商平台还是在电子商务平台上销售产品的商家,都需要掌握大数据分析的能力。越成熟的电商平台,越需要通过大数据能力驱动电子商务运营的精细化,更好地提升运营效果,提升业绩。构建系统的电子商务数据分析指标体系是电子商务平台及商家精细化运营的重要前提,下文将重点介绍数据化营销分析指标体系。

数据化营销分析指标体系分为八大类,包括总体运营指标、流量指标、销售转化指标、客户价值指标、商品及供应链指标、营销活动指标、风险控制指标和市场竞争指标,不同类别指标对应电子商务运营的不同环节。

一、总体运营指标

总体运营指标主要面向电子商务平台及网络商家的运营人员,可通过总体运营指标评估电子商务平台及网络商家运营的整体效果。总体运营整体指标包括四方面的指标:

(一)流量类指标

(1)浏览量(PV):店铺或商品详情页被访问的次数,一个人在统计时间内访问多少次记为多少次。所有终端的浏览量等于 PC 端浏览量和无线端浏览量之和。

(2)PC 端浏览量:店铺或商品详情页在电脑浏览器上被访问的次数,一个人在统计时间内访问多少次记为多少次。

(3)无线端浏览量:店铺或商品详情页在无线设备(手机或 PAD)的浏览器上被访问的次数,称为无线 Wap 的浏览量;在无线设备的 App 上被访问的次数,称为无线 App 浏览量,无线端浏览量等于无线 Wap 和无线 App 浏览量之和。

(4)访客数(UV):店铺页面或商品详情页被访问的去重人数,一个人在统计时间内访问多次只记为一个。所有终端访客数为 PC 端访客数和无线端访客数相加去重。

(5)PC 端访客数:店铺或商品详情页在电脑浏览器上被访问的去重人数,一个人在统计时间范围内访问多次只记为一个。

(6)无线端访客数:店铺或商品详情页在无线设备(手机或 PAD)的浏览器上,或者在无线设备的 App 上被访问的去重人数,记为无线端访客数。如果通过浏览器和通过 App 访问的是同一人,无线端访客数记为一个。

(7)人均浏览量:浏览量/访客数,多天的人均浏览量为各天人均浏览量的日均值。该指标反映的是网站访问黏性。

(二)订单产生效率指标

(1)总订单数量,即访客完成网上下单的订单数之和。

(2)下单转化率:统计时间内,下单买家数与访客数的比率,即来访客户转化为下单买家的比例,为下单转化率。

(三)总体销售业绩指标

(1)网站成交额(GMV):电商成交金额,即只要网民下单,生成订单号,便可以计算在 GMV 里面。

(2)支付金额:买家拍下后通过支付宝支付的金额,未剔除事后退款金额,预售阶段付款在付清当天才计入内。所有终端的支付金额为 PC 端支付金额和无线端支付金额之和。

(3)PC 端支付金额:买家在电脑端拍下后,在统计时间范围内完成付款的支付宝金额，未剔除事后退款金额，预售分阶段付款在付清当天才计入内。特别说明，支付渠道不论是电脑上还是手机上，拍下为电脑上，就将后续的支付金额计入 PC 端。

（4）无线端支付金额：买家在无线终端拍下后，在统计时间范围内完成付款的支付宝金额，未剔除事后退款金额，预售分阶段付款在付清当天才计入内。特别说明，支付渠道不论是电脑上还是手机上，拍下为手机或 PAD 上，就将后续支付金额计入无线端。

注：无论这个订单最终是否成交，有些订单下单未付款或取消，都算 GMV，支付金额一般只指实际成交金额，所以，GMV 的数字一般比销售金额大。

（5）客单价：统计时间内，支付金额、支付买家数的比值，即平均每个支付买家的支付金额，为客单价。

（四）整体指标

（1）销售毛利：销售收入与成本的差值。销售毛利中只扣除了商品原始成本，不扣除没有计入成本的期间费用（管理费用、财务费用、营业费用）。

（2）毛利率：衡量电商企业盈利能力的指标，是销售毛利与销售收入的比值。

二、流量指标

（一）流量规模类指标

常用的流量规模类指标包括浏览量（PV）和访客数（UV），相应的指标定义在总体运营指标中已经描述，在此不再赘述。

（二）流量成本类指标

单位访客获取成本是常用的流量成本类指标。该指标指的是在流量推广中，广告活动产生的投放费用与广告活动带来的独立访客数的比值。单位访客成本最好与平均每个访客带来的收入以及这些访客带来的转化率进行关联分析。若单位访客成本上升，但访客转化率和单位访客收入不变或下降，则很可能流量推广出现问题，尤其要关注渠道推广的作弊问题。

在此基础上，还可将单位访客获取成本再按推广工具来细分，如直通车单位访客获取成本、钻石展位单位访客获取成本、聚划算单位访客获取成本、淘宝客单位访客获取成本等。因各网络销售平台的流量推广工具众多，在此不再细分，网店可以通过对自身常用推广工具的单位访客获取成本进行比较，从而选择最优的推广工具。

（三）流量质量类指标

（1）跳失率：一天内，来访店铺浏览量为 1 的访客数与店铺总访客数的比值，即访客数中，只有一个浏览量的访客数占比。该值越低表示流量的质量越好。多天的跳失率为各天跳失率的日均值。如果投资进行推广，则网页的跳失率高，很可能是因为推广渠道选择出现失误，推广渠道目标人群和被推广网站的目标人群不够匹配，导致大部分访客访问一次就离开。

（2）人均停留时长：来访店铺的所有访客总的停留时长除以访客数，单位为秒，多天的人均停留时长为各天人均停留时长的日均值。并不是页面访问时长越长越好，要视情况而定。对于电商平台，人均停留时长要结合转化率来看，如果人均停留时间长，但转化率低，则页面体验出现问题的可能性很大。

(3) 人均浏览量：浏览量/访客数，多天的人均浏览量为各天人均浏览量的日均值。该指标反映的是网站访问黏性。

（四）会员类指标

(1) 注册会员数：指一定统计周期内的注册会员数量。

(2) 活跃会员数：指在一定时期内有消费或登录行为的会员总数。

(3) 活跃会员率：即活跃会员占注册会员总数的比重。

(4) 会员复购率：指在统计周期内产生二次及二次以上购买的会员占购买会员的总数。

(5) 会员平均购买次数：指在统计周期内每个会员平均购买的次数，即订单总数/购买用户总数。会员复购率高的电商网站，平均购买次数也高。

(6) 会员回购率：指上一期末活跃会员在下一期时间内有购买行为的会员比率。

(7) 会员留存率：会员在某段时间内开始访问网站，经过一段时间后，仍然会继续访问这个网站就被认作留存，这部分会员占当时新增会员的比例就是新会员留存率，这种留存的计算方法是按照"活跃"来计算的，另外一种计算留存的方法是按"消费"来计算，即某段时间的新增消费用户在往后一段时间周期（时间周期可以是日、周、月、季度和半年度）还继续消费的会员比率。留存率一般看新会员留存率，当然也可以看活跃会员留存率。留存率反映的是电商留住会员的能力。

三、销售转化指标

（一）收藏夹购物车类指标

(1) 收藏人数：通过对应渠道进入店铺访问的访客数中，后续有商品收藏行为的人数。对于有多个来源渠道的访客，收藏人数仅归属在该访客当日首次入店的来源中。同一个访客多天有收藏行为，则归属在收藏当天首次入店的来源中，即多天都有收藏行为的收藏人数，多天统计会体现在多个来源中。收藏人数不等同于收藏宝贝和收藏人气等其他指标。

(2) 加入购物车人数：通过相应渠道进入店铺访问的访客数中，后续有商品加入购物车行为的人数。对于有多个来源渠道的访客，加入购物车人数仅归属在该访客当日首次入店的来源中。同一个访客多天有加入购物车行为，则归属在加入购物车当天首次入店的来源中，即多天都有加入购物车行为的人，多天统计会体现在多个来源中。

(3) 加购件数：统计时间内，访客将商品加入购物车的商品的件数总和。

(4) PC端加购件数：统计时间内，访客通过电脑将商品加入购物车的商品的件数总和。

(5) 无线端加购件数：统计时间内，访客通过无线设备（PAD或手机）将商品加入购物车的商品的件数总和。

(6) 购物车支付转化率：一定周期内加入购物车商品支付买家人数与加入购物车购买家人数的比值。

（二）下单类指标

(1) 下单件数：统计时间内，宝贝被买家拍下的累计件数。

（2）下单买家数：统计时间内，拍下宝贝的去重买家人数。一个人拍下多件或多笔，只算一个人。

（3）下单金额：统计时间内，宝贝被买家拍下的累计金额。

（4）下单转化率：统计时间内，下单买家数与访客数的比值，即来访客户转化为下单买家的比例。

（三）支付类指标

（1）支付买家数：统计时间内，完成支付的去重买家人数，预售分阶段付款在付清当天才计入内；所有终端支付买家数为 PC 端和无线端支付买家去重人数，即统计时间内在 PC 端和无线端都对宝贝完成支付，买家数记为 1 个。

（2）PC 端支付买家数：在电脑上拍下后，统计时间内，完成付款的去重买家人数。不论支付渠道是电脑还是手机，在电脑上拍下，就将该买家数计入 PC 端支付买家数。

（3）无线端支付买家数在手机或 PAD 上拍下后，统计时间内，完成付款的去重买家人数。特别说明，不论支付渠道是电脑还是手机，在手机或 PAD 上拍下，就将该买家数计入无线端支付买家数。

（4）支付件数：统计时间内，买家完成支付的宝贝数量，如出售手机，16G 内存的售出两个，32G 内存的售出一个，那么支付件数为 3。

（5）浏览-支付转化率：统计时间内，支付买家数与访客数的比值，即来访客户转化为支付买家的比例。

（6）下单-支付转化率：统计时间内，下单且支付的买家数与下单买家数的比值，即统计时间内下单买家中完成支付的比例。

支付类指标还包括支付金额，相应的指标定义参照总体运营指标中的描述。

四、客户价值指标

（一）客户指标

常见客户指标包括一定统计周期内的累计购买客户数和客单价。

客单价是指每一个客户平均购买商品的金额，也即平均交易金额，即成交金额与成交用户数的比值。

（二）新客户指标

常见新客户指标包括一定统计周期内的新客户数量、新客户获取成本和新客户客单价。

新客户客单价是指第一次在店铺中产生消费行为的客户所产生交易额与新客户数量的比值。新客户客单价除了与推广渠道的质量有关外，还与电商店铺活动及关联销售有关。

（三）老客户指标

常见老客户指标包括消费频率、最近一次购买时间、消费金额和重复购买率。

（1）消费频率是指客户在一定期间内所购买的次数。

（2）最近一次购买时间表示客户最近一次购买的时间离现在有多久。

（3）客户消费金额指客户在最近一段时间内购买的金额。

（4）消费频率越高，最近一次购买时间越近，消费金额越高的客户，越有价值。

（5）重复购买率指消费者对该品牌产品或者服务的重复购买次数，重复购买率越多，则消费者对品牌的忠诚度就越高，反之则越低。重复购买率可以按两种口径来统计：第一种，从客户数角度，重复购买率指在一定周期内下单次数在两次及两次以上的人数与总下单人数之比，如在一个月内，有 100 个客户成交，其中有 20 个是购买两次及以上，则重复购买率为 20%；第二种，按交易计算，即重复购买交易次数与总交易次数的比值，如某月内，一共产生了 100 笔交易，其中有 20 个人有了二次购买，这 20 人中的 10 个人又有了三次购买，则重复购买次数为 30 次，重复购买率为 30%。

五、商品及供应链指标

（一）产品总数指标

产品总数指标包括 SKU、SPU 和在线 SPU。

（1）SKU（Stock Keeping Unit）是物理上不可分割的最小存货单位。

（2）SPU（Standard Product Unit）即标准化产品单元，SPU 是商品信息聚合的最小单位，是一组可复用、易检索的标准化信息的集合，该集合描述了一个产品的特性。通俗点讲，属性值、特性相同的商品就可以称为一个 SPU。如 iPhone11 是一个 SPU，而 iPhone11 配置为 128GB、颜色为白色、4G 网络制式：移动 TD-LTE、联通 TD-LTE、联通 FDD-LTE、电信 TD-LTE、电信 FDD-LTE 则是一个 SKU。

（3）在线 SPU 是在线商品的 SPU 数。

（二）产品优势性指标

（1）独家产品的收入占比：即独家销售的产品收入占总销售收入的比例。

（2）商品动销率：统计时间内，所选终端条件下，店铺整体商品售出率，即支付商品数与店铺在线商品数的比值，PC 端商品动销率＝PC 端支付商品数/店铺在线商品数，无线端商品动销率＝无线端支付商品数/店铺在线商品数。动销率越高，说明商品越受用户喜欢。

（三）品牌存量指标

品牌存量指标包括品牌数和在线品牌数指标。
（1）品牌数指商品的品牌总数量。
（2）在线品牌数则指在线商品的品牌总数量。

（四）上架

上架包括上架商品 SKU 数、上架商品 SPU 数、上架在线 SPU 数、上架商品数和上架在线商品数。

（五）首发

首发包括首次上架商品数和首次上架在线商品数。

六、营销活动指标

（一）市场营销活动指标

市场营销活动指标包括新增访问人数、新增注册人数、总访问次数、订单数量、下单转化率以及投资回报率。

（1）下单转化率是指活动期间，某活动所带来的下单次数与访问该活动的次数之比。

（2）投资回报率（ROI）是指，某一活动期间，产生的交易金额与活动投放成本金额的比值。

（二）广告投放指标

广告投放指标包括新增访问人数、新增注册人数、总访问次数、订单数量、UV（独立访客）订单转化率、广告投资回报率。

（1）下单转化率是指某广告所带来的下单的次数与访问该活动的次数之比。

（2）投资回报率（ROI）是指，某广告产生的交易金额与广告投放成本金额的比值。

七、风险控制指标

（一）买家评价指标

买家评价指标包括买家评价数、买家评价卖家数、买家评价上传图片数、买家评价率、买家好评率以及卖家差评率。

（1）买家评价率是指某段时间参与评价的卖家与该时间段买家数量的比值，反映用户对评价的参与度。电商网站目前都在积极引导用户评价，以作为其他买家购物时的参考。

（2）买家好评率指某段时间内好评的买家数量与该时间段买家数量的比值。

（3）买家差评率指某段时间内差评的买家数量与该时间段买家数量的比值。尤其是买家差评率，是非常值得关注的指标，需要加以监控，一旦发现买家差评率在加速上升，就要提高警惕，分析引起差评率上升的原因，及时改进。

（二）买家投诉类指标

买家投诉类指标包括发起投诉（或申诉）、撤销投诉（或申诉）、投诉率（买家投诉人数占买家数量的比例）等。投诉量和投诉率都要及时监控，以发现问题，及时优化。

（三）DSR 动态评分指标

DSR 动态评分指标包括店铺好评率、DSR 分值、信誉点、产品好评率等。

（1）店铺好评率：好评人数与总评价人数的比值。

（2）DSR 分值：DSR 评分有三个方面数值，但计算是分开独立的，计算公式为：DSR 分值＝总分数/总人数。

（3）信誉点：顾客一单生意中如果有若干笔，每 1 笔好评加 1 点信誉，中评不加分，差评扣 1 分。每月同一个客户最多 5 笔订单评价是有效的。

（4）产品好评率：每一笔成功交易的产品都有好评、中评或差评，获好评的数量与全部评价数量的比值，为产品好评率。

八、市场竞争指标

（一）市场份额相关指标

市场份额相关指标包括市场占有率、市场扩大率和用户份额。

（1）市场占有率指电商网站交易额占同期所有同类型电商网站整体交易额的比重。

（2）市场扩大率指购物网站占有率较上一个统计周期增长的百分比。

（3）用户份额指购物网站独立访问用户数占同期所有 B2C 购物网站合计独立访问用户数的比例。

（二）网站排名

网站排名包括交易额排名和流量排名。

（1）交易额排名指电商网站交易额在所有同类电商网站中的排名。

（2）流量排名指电商网站独立访客数量在所有同类电商网站中的排名。

数据化营销分析指标体系涵盖了流量、销售转化率、客户价值、商品类目、营销活动、风控和市场竞争指标，这些指标都需要系统地进行统计和监控，才能更好地发现电商运营中的问题，以及时改进和优化，提高电商收入。

小链接：车险差异化定价引擎

第三节　数据化营销的常用工具

一、生意参谋

（一）生意参谋概述

生意参谋诞生于 2011 年，最早是应用在阿里巴巴 B2B 市场的数据工具。2013 年 10 月，生意参谋正式走进淘系。2014 年至 2015 年，在原有规划基础上，生意参谋分别整合量子恒道、数据魔方，最终升级为阿里巴巴商家端统一的数据产品平台。

（二）生意参谋功能

生意参谋是阿里巴巴官方出品的为卖家提供店铺经营分析和预测的数据工具，是店铺经营分析、店铺流量分析的数据化参谋平台，包括页面分析、宝贝温度计、无线专题分析等功能，能够帮助卖家精细化运营店铺。特色功能有页面分析、宝贝温度计等视觉工具，无线总况等无线分析工具，其他预测类功能在逐步完善中。

（三）生意参谋解析

运用生意参谋对店铺的运营现状进行分析时，要从首页、实时直播、经营分析、自助取数和专题工具五个核心板块入手。

1. 首页

首页包含的功能模块有店铺实时数据、商品实时排行、店铺行业排名、店铺经营概况、流量分析（流量构成、PC 端与无线端的流量来源、入店关键词）、商品分析、交易分析、服务分析、营销分析、市场行情，展示店铺经营全链路 360 度无死角的核心数据。

（1）实时指标（自动更新最新的店铺实时数据）。生意参谋提供了访客数、支付金额、支付买家数的前一日全天数据和实时数据及实时的无线占比；如想查看更多的实时数据可以点击实时概况。

（2）实时商品访客排行。提供了商品实时访客数 TOP 3 的列表，如想查看更多的商品列表，可以点击实时榜单。

（3）行业排名。提供店铺近 30 天支付宝金额排名与层级及与前日对比。若是天猫商家，则显示"以下层级与排名根据天猫商城商家最近 30 天的支付宝成交金额计算"；若是淘宝商家，则显示"以下层级与排名根据淘宝集市商家最近 30 天的支付宝成交金额计算"。

2. 实时直播

实时直播提供店铺实时流量交易数据、实时地域分布、流量来源分布、实时热门宝贝排行榜、实时催付榜单、实时客户访问功能，采用实时数据大屏模式。

（1）实时概况。提供店铺实时的概况数据，主要包括实时支付金额、实时访客数、实时买家数及对应的排名和行业平均值，还提供小时粒度的实时趋势图。并提供与历史数据对比功能，所有数据都按所有终端、PC 端、无线端三种模式查看，采用实时数据大屏功能。

（2）实时来源。实时来源主要提供店铺实时访客地域分布、实时流量来源分布，根据访客数和下单买家数可了解店铺实时访客 TOP 10 地域分布；数据分 PC 端、无线端，可了解到店铺细分实时来源效果，实时了解当前店铺流量来源，及时调整引流策略。

（3）实时榜单。主要提供商品 TOP 50 榜单及实时催费宝，商品 TOP 50 榜单主要根据支付金额、访客数两种排序下的前 50 商品列表，并且提供搜索功能，支持查询用户想知道的商品实时效果数据。实时催付宝主要提供潜力买家 TOP 50 榜单，该榜单买家有很高的转化率，这些买家是在店铺实时下单没有支付且未在其他店铺购买同类商品的买家。

（4）实时访客。主要提供店铺的实时访客记录，能实时了解店铺访客的浏览情况。2015 年升级新增了来源筛选过滤分析，过滤来源有店铺收藏、宝贝收藏、购物车、直通车、钻石展位、淘宝客、淘宝搜索、天猫搜索。

3. 经营分析

经营分析主要提供流量、商品、交易等全链路店铺经营分析。

（1）流量分析。流量分析提供了全店流量的概况，流量地图（包括流量的来源和去向），来访访客时段、地域等特征分析，店铺装修的趋势和页面点击分布分析。可以帮助我们快速盘清流量的来龙去脉，识别访客特征，同时了解访客在店铺页面上的点击行为，从而评估店铺的引流、装修等健康度，帮助我们更好地进行流量管理和转化。

（2）商品分析。商品分析提供了店铺商品的详细效果数据，包括商品概况、商品效果、异常商品、分类分析、采购进货五大功能模块，让你轻松识别哪个宝贝有潜力，哪个宝贝有问题，从而快速打造出爆款。

（3）交易分析。交易分析主要功能有交易概况和交易构成，让运营者全面掌握网店的交易情况。

4. 自助取数

自助取数是生意参谋相比其他数据分析工具更具人性化的功能，顾名思义，自取数据就是直接在生意参谋导出丰富的店铺维度的指标数据，并且提供不同时间段（自然天、自然周、自然月）的数据查询服务，这对于做数据分析来说非常方便，省去了烦琐的流程。自助取数包含我要取数、我的报表、推荐报表三大功能。

（1）我要取数。

①通过分析维度，在目前默认的维度下，可能会增加商品的维度。选择汇总周期，有自然天、自然周、自然月可供选择。另外，要注意的是，访客数、PC 端访客数、无线端访客数的指标在汇总周期内是去重计算的。同时，根据汇总周期的选择会有所不同：选择查询日期，查询日期的样式汇总周期为"自然天"时，可以选择昨日之前的任意允许范围内的一天；汇总周期为"自然周"时，只能以一个完整自然周的时间段进行选择；汇总周期为"自然月"时，只能以完整自然月的时间段进行选择。无论汇总周期为自然天、自然周还是自然月，输入框的查询日期起始值只显示开始的第一天、结束值只显示结束的最后一天。

②选择指标：在选择指标区域单击对应的指标名称区域即可选择该指标。如果要删除已选择指标，则在下方已选择指标上单击"×"。操作小提示：鼠标停留在指标选择区的指标名称上 3 秒以上，即可出现该指标的解释含义；对已选择指标可以单击按住拖动指标块进行排序；在选择指标时，可在搜索框输入"PC 端"或"无线端"关键字快速地将 PC 端或无线端的指标筛选出来。

③预览数据/下载数据：以上两步完成以后，点击"预览数据"按钮，可弹出预览数据的窗口；如果单击"加入我的报表"按钮，可将可取数所填写的记录保存到"我的报表"页面。注意，"重置"按钮是将表单所填写的选项恢复到刚进入"我要取数"页面时的默认状态。在预览数据弹出窗里，最多可提供 10 条数据，还可以下载全部数据为 Excel 文档。

④加入我的报表（可选）：为今后快速进行指定指标的数据查询与下载服务，可将"我要取数"经常用到的查询保存到"我的报表"中。在"我要取数"页面单击"加入我的报表"，弹出"加入我的报表"补充信息填写窗口，需要补充"报表名称"与"查询日期"，"报表名称"填写时不得超过 20 个字，且不可以与"我的报表"已有的报表重复命名；"查询日期"可以在允许范围内自由选择，如果要经常查看最新的数据，建议查询日期选择"自动更新"模式。

（2）我的报表。如果报表默认为空，则需要手动在"我要取数"页面单击"加入我的报表"，从而加入"我的报表"。如果已经保存过报表，则都会在此页面。最多只允许卖家添加 10 个报表。

①通过单击"全部"，可显示或隐藏"我的报表"名称导航区。

②迅速定位到对应的报表信息区域，可通过单击"全部"展开，然后单击某一个报表名称。

③对已经保存的报表进行预览数据（包括下载数据）、删除报表、修改报表的操作。

（3）推荐报表。推荐报表是由系统推荐给用户的已经预设好取数指标等信息的报表快捷入口。单击"开始取数"，即可以对预设的指标等信息进行查询。推荐报表包括店铺日报、店铺周报、店铺月报以及从流量、交易方面预设的报表信息，还有无线的专题报表。

5. 专题工具

生意参谋专题工具不仅提供选词助手、行业排行、单品分析、商品温度计等功能，还引入第三方服务商提供的专项工具和数据实验室提供的创新工具。

（1）选词助手功能。选词助手从 PC 和无线两个终端，分别提供给店铺引流的店外搜索关键词、反映用户需求的店内搜索关键词、根据所选关键词相关的行业内搜索关键词，同时提供这些关键词的搜索热度、引导效果等。通过选词助手，可以快速盘清搜索来源的关键词，验证和调整关键词投放策略；了解访客在店内的搜索行为，明确访客精准需求；通过行业搜索词的拓展，找到更多适合店铺的可拓展关键词，用于调整广告投放、标题优化或品类规划。

（2）行业排行功能。行业排行榜包含店铺交易榜、店铺流量榜、宝贝交易榜、宝贝流量榜、搜索词榜五大类。提供卖家专属的店铺排行与宝贝排行，提供 PC 与无线两个终端的独立榜单，让榜单更加细分精准。

（3）单品分析功能。单品分析关注单品的效果如何，哪个来源引来的访客质量高，哪个关键词转化高，哪个地域流量大。

（4）商品温度计功能。商品温度计帮助诊断商品问题，优化商品。如商品引流能力强但转化低是怎么回事，是页面加载慢、价格高还是评价差。

①量化商品转化率。清楚展示转化环节存在的问题。

②商品诊断。从页面性能、标题、属性、促销导购、描述等多角度诊断商品，提供诊治方法。

③效果解读。对转化效果数据进行解读，优先关注哪些地方存在问题。

④无线分析。无线端有描述区页面高度、图片查看、页面打开时长三个角度诊断。

二、数据罗盘

（一）数据罗盘概述

数据罗盘为京东商城的广大商家提供实时智能运营分析工具，从而实现精准营销，大幅提升运营效率和收益。

（二）数据罗盘功能

数据罗盘提供了全方位的数据服务，包含店铺分析、行业数据和京东实验室三大主要板块。在这些板块下，又涵盖了相应的主题分析及其各自的扩展分析项，维度包含售前、售后及推广分析，时间粒度从分钟、小时、天、周到月。

（三）数据罗盘解析

下面对京东的数据罗盘进行解剖，从而了解我们到底需要什么样的数据，通过这些数据我们又能做些什么。

我们在进行数据分析的时候，通常进行两种分析，一种是自有店铺分析，另一种是同行店铺分析。

1. 自有店铺分析

（1）经营报告。从经营报告可以看到整体的运营情况，不管是流量还是销售额，一天的数据、一周的数据、一月的数据都能看到，又或者单独的 PC 端、无线端，都能独立查看，以便知道流量、销售额、转化率在两个端口上各是多少，了解到底应该优化 PC 端还是无线端，抑或是两者都需要优化。实时经营报告就要看当天的实时动态基础数据。

（2）销售分析。重点强调商品统计排行和商品销售明细，先说商品统计排行，从中可以看到店铺前 15 位产品的流量、访客、访问次数、下单金额及下单商品件数，这些数据中又可以拆分为 PC 端和无线端，从这些数据当中可以了解到产品的流量款、热销款、高客单价款，在做促销活动的时候，可以通过这些数据来选择合适的产品进行营销活动。通过对 PC 端和无线端的单独分析，我们可以在各自的端口做不同的、适合各端口的活动，从而将营销活动效果达到最大化。而且通过销售分析可以得出单个产品那个颜色或者尺码卖得好，能够及时对接后面的采购环节，及时补货，避免出现断货。

（3）流量分析。不管是线上还是线下，没有流量就意味着没有销售额，就好比实体店要选在黄金地段一样，流量是销售额的保障。现在的运营都很注重流量，想尽办法在引免费流量和付费流量，却不知自己到底需要哪方面的流量。我们只有通过分析，找出自身到底是哪一块缺少流量，对症下药，才能取得最好效果。

①商品页流量分析。可以清晰地了解到每一个流量来源，知道哪些流量入口是主要抓的，有没有将想要的流量全都引进，特别是有没有从京东搜索、三级类目获取足够多的流量；然后分析这些流量给这个产品产生了多大的价值，转化率怎么样，需不需要改变营销策略等问题。

②按小时流量分析。通过小时流量分析，可以看到每一个时间段的流量数据，从而知道什么时间点是流量和销售高峰；可以制定只针对流量高峰期时效性的促销策略，来提高店铺转化及销售额。

（4）无线端分析。京东的无线流量入口比较多，共有四个，通过无线可以清晰地了解到每个无线流量入口的流量情况，从而评价这个活动效果，为后期进行活动策划打下基础，进行完善。

（5）商家评级。通过商家评级，可以看到商品评分、服务评分、时效评分，通过这个与行业均值进行对比，可以实时了解自身与同行之间的差距，以此来进行整改、完善，将最好的一面回馈给买家用户。

（6）装修分析。通过装修分析，可以详细了解到一个页面设计的好坏、页面的流量、点击率等，从而不断地对页面进行改进，最终呈现给客户最完美的页面，使视觉效果最大化，来提高转化率等。

（7）客户分析。客户分析分为买家分析、客户规模分析和区域分析，通过买家的购买行为、会员等级和用户地域细分，我们可以了解到不同的买家、不同的地域、不同的购物行为，来选择不同的促销方案，将促销落到实处。

（8）营销分析。通过营销分析，可以清晰地知道有多少人下单，下单件数有多少，优惠力度大不大；在下一次的活动中，该在哪方面改进，是多一些优惠力度，还是加大活动曝光量等。此外，还有承诺时效分析和售后服务，这两项反馈的是用户售中和售后的购物体验。通过数据分析，改进这两块的效果，来增强用户的黏性和好感，是电商必须加强的使命。

以上所解剖的是自有店铺数据分析，接下来还需要了解行业分析，通过行业分析，进行自我评定，以便及时调整产品策略，真正做到及时有效。同时，还要分析竞争对手的优势和劣势，以确保店铺保持稳定的业绩。

2. 行业分析

行业分析分为行业快讯、行业分析、属性分析、行业关键词分析和流失客户分析五大项。

（1）行业快讯。该项主要了解自有产品所处的类目排在什么位置，以及竞争对手处在什么位置，从而知道自身和别人的差距。

（3）行业分析。该项是至关重要的。热销商品和飙升商品排行是每天都要研究的，只有了解别人是怎么做的、做了些什么、我能不能这样做，才有希望赶超人家。

此外，还有热销商品排行，从中可以详细知道竞争对手产品的流量来源、热搜关键词以及关联购买情况，从而找出差异，进行弥补，优化自己的产品。飙升商品排行也一样。这两项分析透彻之后，就能有针对性地进行优化完善，比盲目引流有用得多。

（3）属性分析。该项可参考行业分析的方法来进行。

（4）行业关键词分析。顾名思义，就是在整个行业中，所有用户搜索行为下的数据分析，如哪些关键词的转化高，点击率高，成交指数高等。通过关键词分析，可得出有用的、切合产品本身的关键词。通常这部分多运用在产品标题方面。

（5）客户流失分析。通过该项可以了解到某个产品有多少用户没有购买，或者之后又去其他店铺购买，去其他店铺购买是因为产品本身，还是优惠力度等，从而判断是否有必要进行调整，避免买家流失过多。

数据化营销，不管是运营也好，还是客服也好，都是通过数据来评判效果。虽然数据罗盘里的数据非常详细，但并不是所有的数据对每个人都是有用的，关键是找到重点部分。京东数据罗盘能够让我们更深刻、更细致地了解到数据的重要性。只有有了数据，才知道下一步该怎么做，不管是引流也好，提高转化也好，一切都建立在数据的基础上。

本章小结

数据化营销不论采取何种工具收集数据，都要秉持原始数据的合法性、真实性，实事求是，才能分析出客观的结果，为营销决策服务。

数据化营销分析指标体系蕴含着两个更深层的意思，第一是指标并不是一成不变的，它会根据你的行业、公司所处的阶段而改变；第二是要找到能够发现问题并且帮助企业解决问题的关键性指标，因为只有这些正确的指标才能指导运营工作。数据化营销分析指标体系分为八大类指标，包括总体运营指标、流量指标、销售转化指标、客户价值指标、商品及供应链指标、营销活动指标、风险控制指标和市场竞争指标，不同类别指标对应电子商务运营的不同环节。运营人员日常需要密切关注这些指标，它们就像电子商务企业运营的温度计，可以时时监控企业的健康状况。

企业在运营过程中关心的新增用户、用户活跃度、停留时长、常用功能或者各渠道转化率等，都是很重要的用户行为数据。这些数据告诉我们，用户是谁，从哪里来，在网站/App干了什么。这些数据，应该成为数据分析的基础数据，基于这些行为数据去做更深度的分析。正是为了能够更好地找到正确的指标来指导企业的运营，各种各样的数据化营销工具应运而生。这些工具不仅仅能记录企业自身的各项数据，同时还能全面地体现同行企业的数据，一方面给电子商务企业的发展提供了参考与学习的对象，另一方面也加强了行业内的竞争，使企业需要不断创新才能找到新的发展空间。

数据化营销在企业市场营销行为中具备广阔的发展前景，它不仅仅是一种营销方法、工具、技术和平台，更重要的是一种企业经营理念，改变了企业的市场营销模式与服务模式，从本质上讲改变了企业营销的基本价值。

关键术语

数据化营销、数据化营销分析指标体系、总体运营指标、流量指标、订单产生效率指标、总体销售业绩指标、整体指标、流量指标、流量规模类指标、流量成本类指标、流量质量类指标、会员类指标、销售转化指标、收藏夹购物车类指标、下单类指标、支付类指标、客户价值指标、客户指标、新客户指标、老客户指标、商品及供应链指标、产品总数指标、产品优势性指标、品牌存量指标、营销活动指标、市场营销活动指标、广告投放指标、风险控制指标、买家评价指标、买家投诉类指标、DSR 动态评分指标、市场竞争指标、市场份额相关指标、实时直播、经营分析、流量分析、商品分析、交易分析、营销推广、自助取数、选词助手、行业排行、单品分析、商品温度计

配套实训

1. 学生对新开网店所属行业进行简单的行业分析，分析网店所属行业的竞争情况和新开网店的进入门槛。

2. 学生在新开网店内选择 1~2 款宝贝作为主推产品，为网店运营吸引流量带动店铺流量和成交做准备。利用借鉴行业内的热销宝贝的需求数据、属性及好评数据来分析确定主推宝贝。

3. 学生对新开网店进行简单的顾客人群分析，包括男女比例、地域分配情况和买家等级及消费者层次分析，为营销部门提供顾客人群的报表信息，以确定产品样式、颜色等属性的时候考虑。

4. 学生对新开网店的主推宝贝进行简单的关键词数据分析，找出行业内热销关键词，确定主推宝贝的关键词。

复习思考题

一、单选题

1. 淘宝店铺的流量主要有两种：（　　）和站外流量。
  A. 站内流量　　　　B. 免费流量　　　　C. 付费流量　　　　D. 老客户流量
2. 下列选项中，属于免费流量来源的是（　　）。
  A. 淘宝客　　　　　B. 淘宝直通车　　　C. 阿里旺旺广告　　D. 用户随机搜索
3. 下列选项中，不属于付费流量来源的是（　　）。
  A. 直接访问　　　　B. 淘宝客　　　　　C. 淘宝直通车　　　D. 阿里旺旺广告
4. （　　）是一个店铺的门面，承载店铺的推广活动。
  A. 首页　　　　　　B. 宝贝页　　　　　C. 分类页　　　　　D. 自定义页
5. 影响搜索流量最重要的因素是（　　）。
  A. 店铺装修　　　　B. 关键词　　　　　C. 价格　　　　　　D. 客户服务
6. 下列选项中，不属于关联营销的是（　　）。
  A. 茶具和茶叶　　　B. 奶粉和奶瓶　　　C. 气球和打气筒　　D. 男装和女装

7. "蘑菇街"和"美丽说"这类社区类站点主要通过（　　　）产生关联销售。
   A. 比价　　　　　　B. 推荐　　　　　　C. 代理　　　　　　D. 微商
8. 影响客户对同一宝贝产生重复购买的关键因素是（　　　）。
   A. 店铺装修　　　　B. 品牌　　　　　　C. 价格　　　　　　D. 客户服务
9. 下列选项中，不属于网店数据分析部门的工作内容是（　　　）。
   A. 数据采集　　　　B. 数据统计　　　　C. 数据分析　　　　D. 客户维护

二、填空题

1. 在淘宝网上最常用的三种付费引流工具分别是_____、_____、_____。
2. 提升旺旺咨询转化率需要从_____、_____、_____、_____、_____五个方面入手。
3. 影响日均客单价的三个因素是_____、_____、_____。
4. 网店数据分析的常规内容可以分为_____、数据统计、数据分类、_____、协助决策和_____。
5. 影响店铺转化率的五大因素分别是_____、_____、_____、_____、_____。
6. 符合国内电商行业和买家行为的三种关联营销分别是基于_____的关联销售、基于_____的关联销售、基于_____的关联销售。
7. 买方市场数据主要研究三个方面：_____、买家的行为习惯、根据商品特点画出买家肖像。卖方市场数据研究主要看两个方面：_____和_____。

三、简答题

1. 什么是数据化营销？
2. 简述数据化营销的特点。
3. 简述 UV 和 PV 的区别。
4. 什么是跳失率？
5. 什么是静默转化率？
6. 数据化营销分析指标体系包括哪些核心指标？
7. 总体运营指标由哪些指标构成？
8. 哪些指标会影响 DSR 动态评分？
9. 商品分析要从哪些方面展开？
10. 交易分析要如何实施？

四、案例讨论

用数据变革家具营销

参 考 文 献

[1] 马莉婷，李捷，陈宇，等. 电子商务概论［M］. 2 版. 北京：北京理工大学出版社，2019.

[2] 马莉婷，林桓，施玮，等. 客户关系管理基础与实践［M］. 北京：北京理工大学出版社，2019.

[3] 刘宇涵，韦恒. 网络营销实务［M］. 北京：机械工业出版社，2015.

[4] 乔辉，曹雨. 网络营销［M］. 北京：机械工业出版社，2015.

[5] 李莉. 网络营销［M］. 北京：机械工业出版社，2014.

[6] 梁新弘. 网络营销［M］. 北京：中国人民大学出版社，2016.

[7] 贝圣颉. 大数据时代消费者行为变迁及对商业模式变革的影响［J］. 财经界，2016（35）：337.

[8] 陈心德. 大数据时代消费者行为与精确营销研究［D］. 上海：上海工程技术大学，2015.

[9] 霍金斯，马瑟斯博. 消费者行为学［M］. 11 版. 北京：机械工业出版社，2014.

[10] 原达. 大数据时代 FJ 邮政电商策略研究——基于消费者行为的调查［D］. 厦门：厦门大学，2014.

[11] 杜新丽. 网络消费者行为影响因素与网上商店营销策略研究［J］. 河南社会科学，2009（3）.

[12] 汤云，朱云松. 浅析网上交易中影响消费者行为的因素［J］. 科技经济市场，2012（10）.

[13] 赵霞. 浅析电子商务中的消费心理和消费行为［J］. 时代经贸，2008（12）.

[14] 欧德罗伊德. 市场营销环境（第二辑）［M］. 杨琳，译. 北京：经济管理出版社，2011.

[15] 涂平. 市场营销研究方法与应用［M］. 北京：北京大学出版社，2012.

[16] 郑红. 市场调查与预测［M］. 大连：大连理工大学出版社，2015.

[17] 周静. 市场调查与预测［M］. 北京：科学出版社，2014.

[18] 刘瑞娟，王旺青，徐征，等. 网络营销［M］. 长春：吉林大学出版社，2015.

[19] 吕一林，陶晓波. 市场营销学［M］. 北京：中国人民大学出版社，2014.

[20] 杨立钒. 网络广告学［M］. 北京：电子工业出版社，2016.

[21] 杨坚争，杨立钒，周杨. 网络广告学［M］. 北京：电子工业出版社，2011.

[22] 李雪平，刘丽彦. 网络广告策划、设计与制作［M］. 北京：化学工业出版社，2012.

[23] 王成文, 莫凡. 网络广告案例评析 [M]. 武汉: 武汉大学出版社, 2011.

[24] 杨路明, 陈曦, 罗裕梅, 等. 网络营销 [M]. 北京: 机械工业出版社, 2011.

[25] 冯英健. 网络营销基础与实践 [M]. 4版. 北京: 清华大学出版社, 2013.

[26] 昝辉. SEO实战密码: 60天网站流量提高20倍 [M]. 3版. 电子工业出版社, 2015.

[27] 江礼坤. 网络营销推广实战宝典 [M]. 2版. 北京: 电子工业出版社, 2016.

[28] 陆志良. 电子邮件营销推广原理与策划探析 [J]. 中国商贸, 2015 (1).

[29] 王德利. 浅谈网络口碑营销 [J]. 电子商务, 2010 (9).

[30] 赵芮. 浅议网络口碑营销及其策略运用 [J]. 市场周刊: 理论研究, 2016 (5).

[31] 杨艳. 网络营销理论与实务 [M]. 北京: 知识产权出版社, 2015.

[32] 商玮, 段建. 网络营销 [M]. 2版. 北京: 清华大学出版社, 2015.

[33] 刘燕. 浅议网络会员制营销的运用 [J]. 经营管理者, 2013 (32).

[34] 刘春青. 网络营销 [M]. 北京: 清华大学出版社, 2014.

[35] 徐迪, 夏伍. 新媒体营销的特点及营销策略研究 [J]. 中国经贸, 2015 (13).

[36] 张波. 新媒体通论 [M]. 济南: 山东人民出版社, 2015.

[37] 张梅贞, 陈嫒嫒. 新媒体营销整合运作模式研究 [J]. 编辑学刊, 2014 (3).

[38] 刘行芳. 新媒体概论 [M]. 北京: 中国传媒大学出版社, 2015.

[39] 刘杨. 微博营销模式探究 [J]. 编辑学刊, 2015 (4).

[40] 徐艟. 淘宝网络营销 [M]. 合肥: 中国科学技术大学出版社, 2013.

[41] 王玮, 梁新弘. 网络营销 [M]. 北京: 中国人民大学出版社, 2016.

[42] 杨金宇. 谈定制营销的优缺点及发展趋势 [J]. 合作经济与科技, 2014 (18).

[43] 施放. 现代市场营销 [M]. 2版. 杭州: 浙江大学出版社, 2014.

[44] 张兵. 网络营销实战宝典: 知识策略案例 [M]. 北京: 中国铁道出版社, 2015.

[45] 方建华. 企业微信实战解密: 营销、运营与微信电商O2O [M]. 北京: 机械工业出版社, 2014.

[46] 李智. 微博营销20天全搞定 [M]. 武汉: 长江文艺出版社, 2012.

[47] 藏峰者. 网络营销实战指导: 知识策略案例 [M]. 2版. 北京: 中国铁道出版社, 2013.

[48] 熊涛, 张兵. 玩转微信营销实战手册 [M]. 北京: 中国铁道出版社, 2013.

[49] 苏高. 大数据时代的营销与商业分析 [M]. 北京: 中国铁道出版社, 2014.

[50] 黄成明. 数据化管理: 洞悉零售及电子商务运营 [M]. 北京: 电子工业出版社, 2014.

[51] 谭磊. 数据掘金: 电子商务运营突围 [M]. 北京: 电子工业出版社, 2013.